KB206214

카리스마 있는 믿음생활 하실 분의 책

카리스마로 영적세계를 장악하는법

강요셉지음

하나님은 카리스마로 영육환경을 장악하기 원하신다.

성령

카리스마로 영적세계를
장악하는 법

성령

들어가는 말

크리스천은 육적인 동시에 영적인 존재들입니다. 영이신 하나님의 생기가 영 안에 있기 때문입니다. 크리스천은 무엇보다도 영적인 세계를 알고 보며, 주님의 카리스마로 영육환경을 장악해야 합니다. 하나님의 말씀인 성경은 영적세계와 현실세계를 대하여 적나라하게 풀어 논책입니다. 크리스천이 영적세계가 열리지 않으면 성경말씀이 정확하게 보이지 않을 수도 있습니다. 인간적인 지식이나 사고로 성경을 이해하여 근본적인 하나님의 뜻을 이해할 수가 없을 것입니다.

그래서 크리스천이 영적인 세계를 모르고, 보지 못한다는 것은 안대를 하고 서울 시내를 걸어다니는 격이 될 수가 있습니다. 한번 생각하여 보세요. 안대를 하고 서울 시내를 걸어가면 얼마가 답답하며 좌충우돌을 경험하게 될 것입니다. 마찬가지로 영적인 세계가 열리지 않으면 예수를 믿으면서도 좌충우돌 오만가지 문제를 당하면서 사는 것은 물론이고, 이유를 모르고 고통을 당한다는 것입니다. 하나님께서 주신 아브라함의 복을 누리지 못하면서 인생을 산다는 것입니다. 모든 인간의 문제 뒤에는 영적인 세계가 결부되어 있습니다. 그렇기 때문에 인생의 모든 문제를 결정을 하는데 있어서 영적인 세계를 최우선으로 고려하고 결정을 해야 문제가 발생하지 않는 것입니다. 크리스천이 영적인 세계를 모르고 산다는 것은 참으로 위험 천만한 일입니다. 크리스천은 무엇보다도 영적인 세계가 있다는 것을 아는 것은 물론이고 영적인 존재들의 활동에 대하여 밝히보고 대처 할 수 있어야 합니다. 그래야 하나님께서 주시고자 하는 전인 추복을 받아 누릴 수가 있는 것입니다.

　이 책은 저자가 그동안 성령사역을 하면서 체험한 영적인 세계에 대한 기본적이고 전문적인 모든 것들이 수록되어 있습니다. 이 책을 통하여 영적인 세계가 밝히 열려서 하나님의 예비한 축복을 누리면서 살기를 바랍니다. 또한 예수님께서 위임한 카리스마를 활용하여 영적인 세계를 지배하시기를 바랍니다. 영적인 세계를 밝히 보는 눈이 열리기를 바랍니다. 하나님의 군사로 쓰임을 받으며 하나님을 기쁘시게 하시기를 바랍니다. 하나님의 자녀다운 권세 있는 삶을 영위하기 바랍니다. 이 땅에서 천국과 아브라함의 복을 누리면서 건강하게 지내시다가 주님이 오라고 부르시면 영원한 천국에 입성하시기를 바랍니다.

주후 2016년 8월 20일
충만한 교회 성전에서
저자 강요셉목사.

세부적인목차

1부 영안으로 영적세계의 실체를 보라.

1장 영안으로 영적실체를 보고 정립하라.

> (엡6:12)"우리의 씨름은 혈과 육을 상대하는 것이 아
> 니요 통치자들과 권세들과 이 어둠의 세상 주관자들과
> 하늘에 있는 악의 영들을 상대함이라."

하나님은 영적존재인 크리스천들이 영적인 세계를 밝히 보고 대처하기를 원하십니다. 크리스천이 영적세계를 모르고 생활하는 것은 시각장애인이 서울 시내를 걸어 다니는 것과 같습니다. 생각해보시기를 바랍니다. 시각장애인이 서울 시내를 혼자 다닌다면 얼마나 불안하고 답답하겠습니까? 크리스천은 먼저 영적 세계를 보는 식견이 열려야 합니다.

하나님은 예수를 믿고 성령으로 거듭난 성도가 영안이 열려 영적인 세계를 알고 영적전쟁을 하여 이 땅에 하나님의 나라를 이루기를 원하십니다. 영적인 세계에는 성령이 계시고, 마귀가 있고, 하나님을 시중드는 천사가 있고, 성령으로 거듭난 성도가 거합니다. 성령은 예수를 영접한 사람의 영 안에만 주인으로 임재하여 거하십니다. 그러나 마귀는 들어오라고 초청하지 않아도 혈과 육을 통하여 들어와 좌정하고 있습니다. 그것은 아담의 죄악으로 옛 사람, 육은 마귀의 종이기 때문입니다. 그래서 마귀는

저같이 나름대로 성령으로 충만하고 능력이 있다는 사람도 생각이 세상으로 향하다가 육신적으로 행동을 하게 되면 가차 없이 들어옵니다. 그러므로 영적인 세계는 한 마디로 영적 투쟁의 세계입니다. 그래서 우리는 영적인 세계를 알고 대비하여 자신의 귀중한 영을 지켜야 하는 것입니다. 그래서 예수를 믿고 성령으로 거듭난 우리는 우리의 대적 마귀의 전술을 알아야 하는 것입니다. 손자병법에도 지피지기(知彼知己)이면 백전무퇴(百戰無退)라고 했습니다. 여기서 '피'는 상대, '기'는 자신을 뜻합니다. '알지'자를 붙이면, '상대를 알고 나를 안다'라는 뜻이 되겠고, 일백 백, 싸울 전, 없을 무, 물러날 퇴입니다. 여기서 '무'는 없다는 뜻 보다는 아니한다는 뜻에 가깝습니다. '백번 싸워서 물러나지 않는 다'입니다. '상대를 알고 나를 알면 백번 싸워서 물러나지 않는 다' 우리도 우리의 대적인 마귀의 능력을 알아야 하고, 자신의 권세를 알아야 하나님의 군사로서 백전백승할 수가 있습니다. 예수를 믿어 성령으로 거듭나 하나님의 영으로 인도함을 받는 성도는 하나님의 군사입니다. 하나님의 군사라면 하나님이 자신에게 주신 권세(카리스마)를 알아야 합니다. 그리고 주신 카리스마를 사용할 줄 알아야 군사로서 임무를 제대로 감당할 수가 있습니다. 저는 원래 군인 이였습니다. 그래서 군대 여러 보수교육 과정에서 전략과 전술에 대하여 많이 배우고 실습을 했습니다. 그래서 인지는 몰라도 목회자가 되어서도 하나님이 저에게 주신 권세(카리스마)도 알고 싶었습니다. 또, 저의 적인 사단에 대하여도 알고 싶었습니다. 그리고 하나님이 주신 권세(카리스마)를 어떻게 사용하는 지도 알고 싶어서 많이 노력을 했습니다. 그래서 제가 지금까지 성령치유 사역을 하면서 경험한 영적세계에 대하여 이론을 적립하여 책을 쓰게 되었습니다.

크리스천에게 하나님께서 주신 텍스트 성경은 영적 존재와 영적 세계에 대해 적난하게 설명하는 책입니다. 세상에 그 많은 책들 중에 보이지 않는 영적 존재와 영적 세계를 체계적으로 다루는 책은 성경뿐입니다. 하나님은 보이지 않는 분이시나, 그가 보내신 예수 그리스도를 통해 하나님의 실존을 보여주셨고, 천사는 눈에 보이지 않으나, 그들의 활동을 통해 천사의 위치와 그 사역을 보여주셨습니다. 또한 인간의 영혼은 눈에 보이지 않으나 성령의 감동을 혼에 전달하여 순종하게 하는 일들을 통하여 그 실존을 알게 하셨습니다. 이 모든 것을 때로는 비유로 때로는 실상으로 우리에게 그 영적실상들을 보여주는 것이 성경입니다.

성경은 우리에게 하나님, 천사, 인간, 이 세 영적 존재의 위치와 역할 및 상호관계를 말해줍니다. 사람들은 하나님과 하늘을 동일시하여 하늘을 바라보며 막연히 머릿속에 어떤 신을 떠올리기도 합니다. 또 흰옷을 입고 날개 짓을 하고 있는 아름다운 아기 천사를 떠올리기도 합니다. 그러면서도 하나님이나 천사에 대해 영적 존재라고는 생각지 않습니다.

아직도 많은 그리스도인들이 여전히 하나님을 관념적 존재로 여기고 있고, 천사를 숭배할 대상으로 생각하고 있는 것입니다. 결국 영적으로 분명해야 할 하나님과의 관계가 불분명하고, 적극적으로 부리고 사용해야 할 종인 천사들의 도움을 받지 못하다보니, 신앙생활 자체가 관념적이고 무능력할 수밖에 없습니다. 하나님의 자녀가 마귀에게 당하면서 살아가는데 정작 자신은 이유를 알지 못한다는 것입니다.

영적세계를 모르면 눈은 떠있으나 소경이나 마찬가지입니다. 개척목회자가 영적인 세계를 모르면 개척목회가 힘들어집니다. 목회는 성령께서 직접 하시는 일이기 때문입니다. 성령의 임재와 역사를 알지 못하고 목회를 할 수가 없습니다. 성령의 역사를 보지 못하고 모르면 살아계신 하나님을 증명할 수가 없습니다. 개척교회는 살아계신 하나님의 역사가 일어나야 개척교회가 자립하고 성장할 수가 있습니다. 개척교회만이 아니고 성도들의 가정도 마찬가지입니다. 살아계신 하나님의 역사가 일어나야 가정이 천국을 누리며 영육의 축복을 받으면서 살아갈 수가 있는 것입니다. 가정에 살아계신 하나님의 역사가 일어나지 않으니 가정에 우환과 환란과 풍파와 부부불화가 일어나는 것입니다. 크리스천은 무엇보다도 생명의 말씀과 성령으로 영적세계를 보고 지배하는 눈이 열려야 합니다.

영원하신 하나님은 우리가 성령으로 영안을 열어 영적인 세계에 대하여 바르게 알고 분별하여 대처하기를 소원하십니다. 유일하신 하나님은 우리가 영적 세계를 알고 실제로 체험하고 5차원의 성령의 권능으로 4차원 이상의 영적인 세계와 3차원의 인간세계와 물질세계를 지배하기를 원하십니다. 5차원의 영적 세계에는 두 가지 형태의 영이 존재합니다. 하나님의 성령과 성령으로 거듭난 사람입니다. 4차원의 세계에는 타락한 마귀의 영이 거합니다. 하나님의 일반 은총으로 누구나 사용하면서 살아가는 인간세계, 물질세계는 3차원에 속합니다. 3차원은 보이는 세계입니다. 인간계 물질계입니다. 그렇다면 3차원의 인간세계와 물질세계를 지배하는 것은 무엇입니까?

5차원의 성령의 세계와 4차원에 속한 영의 세계입니다. 저는 이 책에서 편의상 물질세계와 인간세계를 3차원이라고 지정하여 부르고, 영적인 세계를 5차원의 성령의 세계와 4차원의 마귀의 세계라고 지정하여 부르겠습니다.

필자가 지정한 1차원, 2차원, 3차원, 4차원, 5차원을 좀 더 세부적으로 자세하게 설명하겠습니다. 1차원은 식물세계를 말합니다. 2차원은 동물세계를 말합니다. 3차원을 인간세계와 물질세계를 말합니다. 영적인 세계는 보이지 않는 세계로서 4차원인 마귀의 세계와 5차원인 성령의 초자연적인 세계를 말하는 것입니다. 다른 표현으로는 사람(3차원)입니다. 마귀와 귀신인 초인적인(4차원) 존재가 있습니다. 하나님=성령님은 초자연적인(5차원)입니다. 이렇게 두 가지로 이해하시고 책을 읽어 가시기를 바랍니다. 그래서 1차원인 식물은 2차원인 동물이 지배하고 살아갑니다. 2차원인 동물세계는 3차원인 인간이 지배하고 다스리며 살아갑니다. 그리고 3차원의 인간세계와 물질세계는 4차원인 타락한 마귀의 세계에 지배를 당하고 살아가는 것입니다.

4차원의 타락한 마귀의 세계는 5차원인 성령님과 성령으로 거듭난 크리스천에게 지배당하고 살아가는 것입니다. 그래서 3차원의 세계에 속한 성령으로 거듭나지 못한 인간(자연인)이 4차원의 마귀의 세계를 지배할 수가 없는 것입니다. 왜 그렇습니까, 아담이 마귀의 미혹에 속아서 선악과를 먹음으로 사람의 영적인 지위가 마귀 아래로 내려갔기 때문입니다. 그래서 예수를 믿지 않는 인간은 4차원에 속한 마귀를 이길 수가 없고, 마귀의 종이 되어 마귀의 지배를 당하며 살아가는 것입니다. 그래서 예수를 믿지 않는 세상 사람들은 모두 마귀의 종으로 살아가는 것입니다. 세상 사람들은 마치 이스라엘 백성들이 애굽에서 바로왕의 수하에 속해서 종살이를 하면서 살아가는 것같이 마귀의 종으로 살아가는 것입니다.

그래서 세상 사람들이 환란과 풍파를 당하면 인간 스스로 해결할 수가 없다는 것을 알고 무당이나 신접한 잡신들을 찾아가는 것입니다. 그래서 그들에게 무엇을 얻어서 환란과 풍파를 면해보려고 하지만 할 수가 없고 물질을 빼앗기면서 고통만 더 당하면서 살아가는 것을 신문 지면과 매스컴을 통하여 우리는 잘 알 수가 있는 것입니다.

그러나 인간이 예수를 믿고 성령으로 세례 받으면 영적인 권위가 5차원으로 상승되는 것입니다. 그래서 성령으로 거듭난 크리스천이 4차원의 마귀 귀신을 지배하고 살아갈 수가 있는 것입니다. 우리 크리스천이 마귀와 귀신으로부터 자유 함을 누리려면 성령으로 세례를 받아야 합니다. 그리고 성령의 인도와 지배를 받아야 합니다. 그래야 영육의 자유함을 누리며 살아갈 수가 있는 것입니다.

그러면 영의 세계는 어떤 세계입니까? 보이지 않는 영의 세계입니다. 그러나 실존하는 세계입니다. 살아서 역사하는 세계입니다. 영적세계가 인간세계(3차원)를 지배합니다. 하나님의 성령과 마귀와 성령으로 거듭난 사람의 영이 거하는 보이지 않는 영적인 세계입니다. 이 보이지 않는 영의 세계가 보이는 인간세계와 물질세계를 지배하는 것입니다. 좀 더 깊이 있게 설명하면 우리가 성령을 요청할 때 어떻게 기도합니까? 성령이여 임하소서라고 기도합니다. 이는 성령이 임해야 보이는 세계가 지배되기 때문입니다. 다시 말해서 인간세계의 문제나 환란과 풍파가 성령에게 장악을 당해야 해결되는 것입니다. 왜냐하면 보이는 세계에 일어나는 악의 문제의 배후에는 4차원의 영적존재인 마귀가 있기 때문입니다.

그래서 마귀보다 강한 5차원의 성령이 임하여 장악해야 성령의 역사로 문제나 환란과 풍파가 떠나가고 사람의 눈에 보이는 하나님의 창조물이 생겨나는 것입니다. 이것은 성경에 잘 기록되어있습니다. 창세기 1장2절부터 3절만 읽어보면 이해가 되는 것입니다. "땅이 혼돈하고 공허하며 흑암이 깊음 위에 있고 하나님의 영은 수면 위에 운행하시니라. 하나님이 이르시되 빛이 있으라 하시니 빛이 있었고(창1:2-3)" 땅이 공허하며 흑암이 깊음 위에 있었는데 하나님의 영(성령)은 수면에 운행을 했다고 했습니다. 이는 하나님의 영(성령)이 공허하고 흑암이 깊은 곳을 장악하니 하나님의 말씀대로 빛이 있으라 하시니 빛이 생겨났다고 말씀하고 있습니다.

이는 성령이 혼동하고 공허한 세상을 장악하고 하나님의 말씀이 떨어지면 하나님의 말씀대로 창조물이 생겨난다는 것입니다. 영의 세계는 말로서 보이는 형상이 나타나는 것입니다. 그러므로 성도는 말을 잘해야 합니다. 말이 씨가 되는 것입니다. 성령으로 거듭난 성도가 말한 그대로 이루어지는 것입니다. 그래서 하나님이 천지를 창조하실 때 성령으로 천지를 장악하시고 말씀으로 천지를 창조하신 것입니다. 그리고 성령으로 거듭난 성도가 아니더라도 영의 세계의 영향을 받아 우상을 숭배하는 신비 종교들도 말로서 보이는 형상을 이루어내는 것입니다.

이는 애굽의 현인들과 마술사들을 보면 잘 알 수가 있는 것입니다. "모세와 아론이 바로에게 가서 여호와께서 명령하신 대로 행하여 아론이 바로와 그의 신하 앞에 지팡이를 던지니 뱀이 된지라. 바로도 현인들과 마술사들을 부르매 그 애굽 요술사들도 그들의 요술로 그와 같이 행하되 각 사람이 지팡이를 던지매 뱀이 되었으나 아론의 지팡이가 그들의 지팡이를 삼키니라(출7:10-12)" 이렇게 마술사들도 지팡이로 뱀을 만듭니다. 그러나 아론의 지팡이가 그들의 지팡이를 삼켰다고 했습니다. 그러므로 마술사들이 만들어내는 형상은 미혹하는 허구에 불과한 것입니다. 그러므로 우리는 영안을 열어 영적인 세계를 분별해야 합니다.

그럼 원래 사람이 마귀의 지배아래 있었습니까? 아닙니다. 하나님은 아담보고 에덴동산을 지키고 가꾸라고 했는데 아담이 에덴동산을 지키지 아니했었습니다. 왜냐하면 마귀가 마음대로 출입하도록 내버려 두었습니다. 마귀는 에덴동산에 조그마한 제재도 없이 마음대로 들락날락 했습니다. 하나님이 아담에게 에덴동산을 지키라고 했는데 안 지켰습니다. "여호와 하나님이 그 사람을 이끌어 에덴동산에 두어 그것을 경작하며 지키게 하시고 (창2:15)" 분명히 하나님이 지키라고 하셨습니다. 우리들도 성령의 임재가운데 하나님의 축복을 지켜야 합니다. 그러데 안 지킨 것은 아담의 잘못인 것입니다. 그리고 마귀의 유혹에 찬 말에 귀를 기우렸습니다. 마귀가 나쁜 것을 알면서도 마귀와 대화를 하고 마귀의 유혹에 귀를 기우렸다는 이 자체가 대단히 잘못된 것입니다.

창세기 3장 4절로 5절에 "뱀이 여자에게 이르되 너희가 결코 죽지 아니하리라. 너희가 그것을 먹는 날에는 너희 눈이 밝아져 하나님과 같이 되어 선악을 알 줄 하나님이 아심이니라"고 선악과를 따먹으라고 유혹해서 하와가 따먹고 아담에게도 주어서 아담도 먹고 하나님을 반역하고 그들은 마귀의 종이 돼 버리고 말은 것입니다. 그러므로 사람은 성령을 힘입지 않고는 4차원의 마귀를 지배할 수가 없습니다. 그리고 마귀는 하나님으로부터 창조된 피조물이므로 초자연적으로 역사하는 5차원인 성령을 지배할 수가 없습니다. 왜 그렇습니까? 성령은 하나님이십니다. 성령은 세상에 초자연적으로 역사하는 삼위일체 하나님이십니다. 고로 성령 하나님이 이 천지 만물을 지배합니다.

창세기 1장 2절에 "땅이 혼돈하고 공허하며 흑암이 깊음 위에 있고 하나님의 영은 수면 위에 운행하시니라."고 말씀하시므로 성령께서 보이는 세계를 장악하시는 것으로 묘사되어 있습니다. 그러므로 성령께서는 하나님의 모든 능력을 실제로 행하시고 역사하시는 영원한 차원의 세계에 속한 분입니다. 그러나 성령은 예수를 영접한 사람에게만 내주 하십니다. 절대로 강압적으로 인간의 영을 지배하지 않습니다. 반드시 예수를 영접한 사람의 영 안에 내주하십니다. 그러나 마귀는 그렇지 않습니다. 옛사람(예수를 영접하지 않은 아담 안에 있는 사람)은 마귀의 종이었기 때문에 마음대로 인간을 점령하는 것입니다. 그리고 사탄에 의해 지배되는 악령의 세계인 흑암도 사람보다 강한 초인적인 힘으로 영적인 세계에 능력을 행사하지만, 그것은 진정한 의미의 영적인 세계가 아닙니다. 이는 성령의 세계와는 전적으로 다른 것입니다.

그래서 5차원인 성령의 역사가 일어나면 떠나가야 하는 것입니다. 그러나 애굽의 마술사들이 하나님의 능력을 모방한 것과 같이 악령의 세계에도 일시적이고 허위 적인 치료와 기적들이 일어나기도 합니다. 사탄은 이러한 허위적이고 특이한 기적의 사건들을 일으키면서 이에 속아 현혹되고 미혹된 사람들을 끌어들입니다. 사탄은 예수 그리스도 안에서 성령으로 거듭나지 않더라도 영적인 체험을 할 수 있다고 사람들을 속이고 미혹합니다.

그러나 우리가 여기서 똑바로 기억해야 할 점은 사탄이 사람들을 미혹하기 위해 아무리 하나님의 능력을 모방한다 하더라도, 그 능력은 역시 하나님의 권세 아래 제한되어 있다는 점입니다. 사람을 변화시키고 살리는 진정한 능력과 권세는 전능하신 하나님께 속한 것입니다. 영원한 삶의 변화를 일으키는 성령의 영원한 세계에 사탄의 제한된 능력이 절대로 관여할 수 없습니다.

첫째, 영안을 열어 영적인 세계를 보라. 그래서 우리는 성령의 능력을 받아 영안을 열어 영적인 세계를 보고 마귀와 영적인 전쟁을 하여 지금까지 빼앗겼던 것을 되 찾아와야 합니다. 그래서 베드로가 요엘 선지자의 글을 인용하여 설교한 것입니다. "이는 곧 선지자 요엘을 통하여 말씀하신 것이니 일렀으되 하나님이 말씀하시기를 말세에 내가 내 영을 모든 육체에 부어 주리니 너희의 자녀들은 예언할 것이요 너희의 젊은이들은 환상을 보고 너희의 늙은이들은 꿈을 꾸리라 (행2:16-17)" '너희의 자녀들은 예언할 것이요.'란 성령으로 하나님 말씀을 읽고 알아듣는 것을 말합니다. 너희의 젊은이들은 환상을 보고란 하나님이 자신에게 예비해 놓은 축복을 성령이 열어준 환상으로 바라보니 마귀가 가지고 있습니다.

그래서 성령의 권세를 가지고 마귀를 대적하여 몰아내고 지금까지 마귀에게 빼앗겼던 것을 마귀에게 빼앗아 오는 것을 말합니다. 성령으로 환상이 열린 성도는 마귀와 영적인 전쟁을 해서 지금까지 마귀에게 빼앗겼던 모든 것을 되 찾아와야 되는 것입니다. 너희의 늙은이들은 꿈을 꾸리라는 말씀의 영적인 뜻은 믿음으로 하나님이 나에게 주시기로 작정한 축복, 즉, 아브라함, 야곱, 요셉 등이 꿈에 본 것이 이루어지는 것을 보고 마음으로 누리는 것을 말하는 것입니다. 하나님이 보여주신 것이 이루어진 것을 보고 달려가는 믿음입니다. 그래서 성령으로 열린 환상으로 마귀와 영적인 전쟁을 해서 승리해야 평안한 하나님의 나라가 이루어지는 것입니다.

그러나 성령으로 환상이 열린 성도는 마귀와 수많은 영적인 전쟁을 해야 되는 것입니다. 이것은 누구나 피할 수 없는 일전입니다. 그러나 우리는 성령님이 도우시면서 함께하시기 때문에 승리하는 것입니다. 여러분 성령으로 환상으로 열어 마귀와의 영적인 전쟁에서 승리하여 지금까지 마귀에게 빼앗겼던 모든 것을 되찾아 회복하시기를 바랍니다.

여기서 마귀와의 영적인 전쟁에 대하여 우리가 바로 알아야 할 것은 사단은 아담으로부터 물질세계에 대한 권리를 넘겨받았습니다. 사단은 세상의 부귀와 권세를 가지고 있습니다. 그러기 때문에 성령의 권세로 빼앗아 와야 한다는 것입니다. "이르되 이 모든 권위와 그 영광을 내가 네게 주리라 이것은 내게 넘겨 준 것이므로 내가 원하는 자에게 주노라(눅 4:6)" "또 아는 것은 우리는 하나님께 속하고 온 세상은 악한 자 안에 처한 것이며(요일 5:19)" 그러므로 성도들의 이 세상의 삶은 영적인 전쟁터인 것입니다.

그래서 우리가 영적인 세계를 알고 확실하게 대처해야 하나님께서 원하시는 인생을 살아가며 성공한다는 것입니다. 그런데 우리 성도가 세상을 살아가면서 마귀와 전쟁을 끝없이 해야 하는데 우리 인간의 힘으로는 마귀를 이길 수가 없으므로 항상 성령으로 충만하고 깨어있어야 하는 것입니다. "술 취하지 말라 이는 방탕한 것이니 오직 성령으로 충만함을 받으라(엡 5:18)"

둘째, 영적인 세계는 인간영역과 밀접한 관계가 있다. 아담이 죄를 짓자, 죄는 인간 영역에서 발생했지만, 죄의 파급은 영적인 세계와 연결되어, 하나님과의 관계, 계약이 파괴되고, 인간 세계와 영적 세계와의 질서가 파괴됩니다. 원래 인간은 자연계와 영계의 지배 권한을 가지고 있었으나, 타락으로 인하여 영성을 소멸함으로 영적 세계의 지배권을 마귀에게 양도 당하게 되었습니다. 그래서 우리는 문제를 해결할 때 한 차원 더 깊은 수준으로 영적인 배후를 분별하여 문제의 원인을 찾아 해결해 하는 것입니다.

그러므로 우리가 문제를 해결하려면 하나님의 권능이 와야 문제의 배후에 역사하는 마귀를 이길 수가 있는 것입니다. 이는 모세가 손을 들고 기도할 때, 아말렉 군대와의 전쟁에서 승리했습니다. 하나님의 힘을 받으니 이스라엘이 이긴 것입니다. "여호수아가 모세의 말대로 행하여 아말렉과 싸우고 모세와 아론과 훌은 산꼭대기에 올라가서 모세가 손을 들면 이스라엘이 이기고 손을 내리면 아말렉이 이기더니 모세의 팔이 피곤하매 그들이 돌을 가져다가 모세의 아래에 놓아 그가 그 위에 앉게 하고 아론과 훌이 한 사람은 이쪽에서, 한 사람은 저쪽에서 모세의 손을 붙들어 올렸더니 그 손이 해가 지도록 내려오지 아니한지라. 여호수아가 칼날로 아말렉과 그 백성을 쳐서 무찌르니라(출 17:10-13)" 하나님이 도와야 우리가 마귀와 싸워 이길 수가 있습니다. 하나님과 인격적인 관계가 되시기를 바랍니다.

성경에 보면 이스라엘의 불순종이 전쟁과 기근과 온역으로 연결되었습니다. "여호와께서 네 재앙과 네 자손의 재앙을 극렬하게 하시리니 그 재앙이 크고 오래고 그 질병이 중하고 오랠 것이라. 여호와께서 네가 두려워하던 애굽의 모든 질병을 네게로 가져다가 네 몸에 들어붙게 하실 것이며(신28:59-60)" 사울이 하나님께 불순종하자 사울에게 악귀가 들어왔습니다. "사울이 그 말에 불쾌하여 심히 노하여 이르되 다윗에게는 만만을 돌리고 내게는 천천만 돌리니 그가 더 얻을 것이 나라 말고 무엇이냐 하고 그 날 후로 사울이 다윗을 주목하였더라. 그 이튿날 하나님께서 부리시는 악령이 사울에게 힘 있게 내리매 그가 집 안에서 정신없이 떠들어대므로 다윗이 평일과 같이 손으로 수금을 타는데 그 때에 사울의 손에 창이 있는지라. 그가 스스로 이르기를 내가 다윗을 벽에 박으리라 하고 사울이 그 창을 던졌으나 다윗이 그의 앞에서 두 번 피하였더라. 여호와께서 사울을 떠나 다윗과 함께 계시므로 사울이 그를 두려워한지라(삼상 18:8-12)" 무엇이든지 땅에서 풀면 하늘에서 풀리며, 땅에서 묶으면 하늘에서도 묶입니다. "진실로 너희에게 이르노니 무엇이든지 너희가 땅에서 매면 하늘에서도 매일 것이요 무엇이든지 땅에서 풀면 하늘에서도 풀리리라(마18:18)"

우리는 하나님을 의지해야 합니다. 하나님의 도움이 없이는 문제를 해결할 장사가 없고 문제에 눌려서 마귀의 종으로 살아가게 되는 것입니다. 성령으로 기도합시다. 영적인 세계가 열리게 해달라고 기도합시다. 하나님은 우리의 기도에 응답하십니다. "진실로 다시 너희에게 이르노니 너희 중의 두 사람이 땅에서 합심하여 무엇이든지 구하면 하늘에 계신 내 아버지께서 그들을 위하여 이루게 하시리라(마18:19)" "우리 하나님 여호와께서 우리가 그에게 기도할 때마다 우리에게 가까이 하심과 같이 그 신이 가까이 함을 얻은 큰 나라가 어디 있느냐(신 4:7)"

영적인 세계를 보고 알아서 마귀에게 속지 말아야합니다. 마귀의 미혹에 속지 말고 하나님의 축복을 보존하는 크리스천이 되어야 합니다. 영적인 권세(카리스마)를 회복하여 마귀를 나와 나의 가정 교회 세상에서 몰아냅시다.

2장 영적세계를 장악하는 군사가 되라.

(요일5:19)"또 아는 것은 우리는 하나님께 속하고 온 세상은 악한 자 안에 처한 것이며."

하나님은 크리스천들이 눈을 열어 영적인 세계를 밝히 보고 대처하기를 원하십니다. 영적인 세계가 보이는 인간 세계를 지배하기 때문입니다. 크리스천이 영적인 세계에 대하여 관심이 없고 모른다면 안대를 하고 서울 시내를 걷는 격입니다. 영의 눈을 열어 영적인 세계를 밝히 보고 대처하며 살아야 지금 천국을 누리고 아브라함의 복을 받으면 하나님의 군사로서 세상을 살아갈 수가 있는 것입니다. 크리스천은 육체를 가진 영적인 존재입니다. 영적인 존대가 영적인 세계를 알지 못한다면 눈은 열려있으나 보지 못하는 격입니다. 영적세계를 모르니 예수를 믿으면서도 날마다 이유를 모르고 고통을 당하면서 살아갈 수밖에 없는 것입니다. 분명하게 보이지 않는 영적인 세계가 보이는 세계를 지배하는 것입니다.

첫째, 보이지 않는 영의 세계가 보이는 인간세계를 지배. 영적인 세계를 바르게 알아야 세상의 삶에서 성공할 수가 있습니다. 제가 그동안 성령치유 사역을 하다가 체험한 사실로는 영적인 세계를 모르면 아무것도 안 된다는 것입니다. 왜 그렇습니까?

세상이 악한 자 안에 처해 있기 때문입니다. "또 아는 것은 우리는 하나님께 속하고 온 세상은 악한 자 안에 처한 것이며(요일 5:19)" 그래서 필자가 영적인 세계에 대하여 관심을 갖다가 그동안 체험한 바를 책으로 발간하게 된 것입니다.

성령께서 이렇게 말씀하십니다. 2차원인 짐승이 1차원의 식물을 지배하고, 3차원의 인간은 2차원의 짐승을 지배하고, 4차원의 마귀의 세계는 3차원의 인간을 지배하고, 5차원인 성령은 4차원인 마귀의 세계를 지배하면서 여러 가지 눈에 보이는 기적을 행하는 것이라고 말씀하십니다. 그래서 인간은 3차원에 속합니다. 마귀는 4차원의 초인적인 세계에 속합니다. 성령은 5차원의 초자연적인 세계에 속합니다. 모든 인간은 육체적인 동시에 영적인 존재입니다. 예수를 영접하지 않은 채, 그리스도 밖에 있는 모든 남녀는 어느 누구든지, 그들의 죄로 인해 영적으로 죽은 상태이기 때문에 5차원의 성령의 세계를 체험할 수 없습니다. 그들이 그리스도를 영접하여 성령으로 거듭나지 않고서는 성령께서 역사하시는 5차원의 초자연적인 세계에 거할 수 없습니다.

사람은 영적 존재이므로 구원받지 못한 사람이나, 구원받고 거듭 난 사람이나 할 것 없이 모두가 자신이 속한 영적 세계의 지배를 받습니다. 사람의 영은 악령의 세계에 속하든지, 아니면 예수 그리스도를 영접하여 예수 안에서 삶을 안내하고 도와주는 성령의 세계에 속해 있습니다. 절대로 아무런 영적인 세력의 지배 없이는 살아갈 수가 없습니다. 아무리 자신이 무신론을 주장해도 그의 영은 마귀의 지배하에 있는 것입니다. 왜냐하면 사람은 영적인 동시에 육적인 존재이기 때문입니다. 그래서 우리는 영적인 세계를 잘 알고 대처해야 하는 것입니다.

그리고 예수를 주인으로 영접하지 않아 구원받지 못한 사람들의 영은 하나님의 복과 능력이 아닌, 사탄이 주는 허구적인 능력과 평안을 갖게 하는 어떤 환영과 그런 류의 잡신인 영적 세계를 경험함으로써 신적인 세계와 가까워지려고 노력합니다. 왜냐하면 사람은 육적인 존재인 동시에 영적인 존재이기 때문입니다. 자신이 추구하는 영적세계에 따라서 마귀에게 속할 수도 있고 성령에 속할 수도 있는 것이 사람입니다. 그러나 마귀는 성령으로 거듭난 사람은 지배할 수가 없습니다. 성령은 초자연적으로 역사하는 하나님의 영이시고, 마귀는 초인적인 힘을 가진 존재이기 때문입니다.

그래서 우리가 정확하게 알아야 할 것은 3차원의 인간의 힘과 능력으로는 4차원의 마귀를 이길 수가 없습니다. 3차원의 인간의 힘만으로는 4차원인 마귀를 이길 수가 없어 마귀의 지배하에 종노릇하면서 살아가는 것입니다. 왜 그렇게 되었습니까? 아담이 하나님의 말씀에 순종하지 못하고 마귀의 미혹에 속아서 선악과를 먹으므로 사람의 권위가 마귀의 아래로 내려간 것입니다.

그래서 성경 누가복음 11장에 보면 예수님께서 말을 못하게 하는 귀신에게 눌려서 말을 못하며 고생하는 사람에게서 5차원의 성령의 권능으로 귀신을 쫓아내시니 귀신이 나갔습니다. 그러니까 말을 못하던 사람이 말을 하기 시작했습니다. 이는 말을 못하게 하는 배후에는 귀신이 있었다는 것입니다. 4차원인 말을 못하게 하는 귀신이 3차원의 사람의 언어를 지배하니까 말을 하지 못한 것입니다. "예수께서 한 말 못하게 하는 귀신을 쫓아내시니 귀신이 나가매 말 못하는 사람이 말하는지라 무리들이 놀랍게 여겼으나(눅11:14)" 이 소문이 퍼지자 바리새인들이 예수님을 비방합니다. 예수님이 귀신의 왕 바알세불을 힘입고 귀신을 쫓아낸다는 것입니다. 이는 바리세인들이 알고 있는 인간적인 지식으로는 사람의 능력으로는 귀신을 쫓아내지 못한다는 것입니다. 귀신을 쫓아내려면 다른 영적인 세력의 힘을 빌려야 되는데 예수님은 귀신의 왕 바알세불의 힘을 입고 귀신을 쫓아낸다고 말하는 것입니다.

이 바리새인들이 말한 대로 사람의 힘만으로는 귀신을 쫓아내지 못하는 것이 맞습니다. 왜냐하면 3차원의 인간이 4차원의 귀신을 지배할 수가 없기 때문입니다. "바리새인들은 듣고 이르되 이가 귀신의 왕 바알세불을 힘입지 않고는 귀신을 쫓아내지 못하느니라 하거늘(마12:24)" 이와 같이 3차원인 사람이 4차원에 속한 귀신을 쫓아내지 못하는 것입니다. 4차원에 속한 귀신보다 강한 5차원의 능력을 가져야만 귀신을 쫓아낼 수가 있는 것입니다. 그러므로 3차원의 사람이 4차원에 속한 귀신을 쫓아내려면 5차원인 성령의 능력을 힘입어야 가능한 것입니다. 3차원의 인간은 4차원인 마귀의 지배를 당하고 살아가기 때문입니다. 그래서 성도는 영적인 세계를 알아야 하는 것입니다. 그런데 바리새인들이 예수님을 비방하는 말을 주님이 아시고 예수님은 이렇게 반박을 하십니다.

"예수께서 그들의 생각을 아시고 이르시되 스스로 분쟁하는 나라마다 황폐하여지며 스스로 분쟁하는 집은 무너지느니라. 너희 말이 내가 바알세불을 힘입어 귀신을 쫓아낸다 하니 만일 사탄이 스스로 분쟁하면 그의 나라가 어떻게 서겠느냐(눅11:17-18)" 이 말씀은 예수님이 귀신의 왕 바알세불을 힘입고 귀신을 쫓아낸다면 사탄이 스스로 분쟁하는 것이니 어떻게 사단의 나라가 서겠느냐고 반박을 하십니다. 이는 예수님이 귀신의 왕 바알세불을 힘입고 귀신을 쫓아내는 것이 아니라는 것입니다. 그러면서 예수님은 제자들에게 이렇게 말씀을 하십니다.

"그러나 내가 하나님의 성령을 힘입어 귀신을 쫓아내는 것이면 하나님의 나라가 이미 너희에게 임하였느니라(마12:28)" 예수님이 성령님의 능력을 힘입어 귀신을 쫓아낸다는 것입니다. 그러므로 하나님의 나라가 이미 제자들에게 임했다는 것입니다. 예수님은 당시 성령의 인도를 받으면서 사역을 하셨습니다. 그러므로 예수님이 5차원인 성령님의 권능을 힘입어 귀신을 쫓아내는 것입니다.

그래서 3차원인 사람이 4차원인 귀신을 제압할 수가 없고, 5차원인 성령의 능력을 힘입어야 귀신을 쫓아낼 수가 있는 것입니다. 그러므로 마귀는 어떻게 하든지 성도가 성령으로 충만하지 못하도록 기를 쓰고 방해하는 것입니다.

그러니까 사람이 5차원의 성령의 능력으로 귀신을 쫓아낸다면 이미 그 심령에 하나님의 나라가 임했다는 것입니다. 성령은 하나님의 영이시기 때문입니다. 성령은 예수를 영접한 사람의 영 안에 거하시는 것입니다. 그래서 여기서 말씀하시는 하나님의 나라는 사람의 영 안(심령성전)을 말하는 것입니다. 성령의 능력으로 귀신을 쫓아내는 사람의 영 안(심령성전)에는 하나님의 나라가 임한 것입니다. 왜냐하면 성령의 능력은 사람의 영 안(심령성전)에서 올라오기 때문입니다. 그러면서 예수님은 이렇게 알려주십니다. "강한 자가 무장을 하고 자기 집을 지킬 때에는 그 소유가 안전하되 더 강한 자가 와서 그를 굴복시킬 때에는 그가 믿던 무장을 빼앗고 그의 재물을 나누느니라(눅11:21-22)" 이 말씀은 귀신을 쫓아내려면 귀신보다 더 강한 자가 와야만이 가능하다는 말씀입니다. 귀신보다 강한자가 자신을 지배하면 귀신은 얼씬도 못한다는 것입니다.

그러므로 4차원인 귀신을 쫓아내려면 5차원인 성령의 능력을 힘입어야 가능한 것입니다. 고로 3차원인 인간이 4차원에 속한 귀신을 쫓아내지 못합니다. 반드시 5차원인 성령의 능력을 힘입어야 가능한 것입니다. 그래서 3차원에 속한 인간은 4차원에 속한 마귀의 지배를 받고 살아가는 것입니다.

그리고 예수를 주인으로 영접하지 않아 구원받지 못한 사람들의 영은 하나님의 복과 능력이 아닌, 사탄이 주는 허구적인 능력과 평안을 갖게 하는 어떤 환영과 그런 류의 잡신인 영적 세계를 경험함으로써 영적인 세계와 가까워지려고 노력합니다. 이런 무리의 최고 경지에 이른 사람들은 악마의 지배권에 속한 동양의 신비주의 같은 데서 자주 그러한 경험을 하게 됩니다. 그들은 사탄이 주는 허구적인 환영과 정신적 영상으로 3차원에 속한 자신의 육체를 지배합니다. 그러나 이들은 5차원인 성령에 의하여 능력이 제한 받고, 예수를 영접한 5차원의 성령의 사람에게는 제한된 능력을 행사할 수밖에 없습니다.

왜냐하면 성령의 사람이라도 육체를 가지고 있기 때문입니다. 사람은 육체를 가지고 있기 때문에 5차원의 성령으로 충만하지 않으면 성령으로 장악되지 않은 성도의 육체에 마귀가 역사할 수가 있다는 것입니다. 그러나 성도가 성령으로 충만하면 마귀가 성도를 지배할 수가 없습니다. 그래서 이들은 성도가 성령으로 충만해지는 것을 방해하는 것입니다. 그리고 성령의 역사에 대하여 두려움을 갖습니다. 성도에게서 성령의 역사가 일어나면 떠나가야 하기 때문입니다.

일본에서 온 일련종정(일명 '남묘호랭객교'라고도 함)은 사탄의 지배에 속한 더러운 미신인 것입니다. 이것은 필자가 시화에서 목회할 때 우리 교회에 등록하여 다니는 성도의 간증을 듣고 알게 된 사실입니다. 이 성도가 하는 말이 자신이 예수를 믿게 된 동기는 몸이 하도 많이 아프고 가정의 여러 가지 환란과 풍파가 있어 고통을 당하는 데, 옆집에 살던 예수 믿는 성도가 와서 예수를 믿으면 모든 문제가 예수 이름으로 해결된다고 하여 예수를 믿었습니다. 그런데 예수를 믿고 교회를 열심히 다녀도 아픈 몸을 치유되지 않았답니다. 그러는 즈음에 '남묘호랭객교'를 믿는 사람이 자신의 처지를 알고 찾아와서 자꾸 자기가 다니는 곳에 한번만 같다오면 병이 낫는다고 자꾸 설득을 하는 바람에 그 사람을 따라서 '남묘호랭객교'를 믿는 사람들이 모여 있는 신전에 갔답니다.

두 번에 걸쳐서 가서 기도를 받았는데 병이 나아버린 것입니다. 그래서 계속 다니다가 예수님 외에는 구원이 없다는 것을 깨닫게 되어, 내가 여기 계속 다니다가는 지옥에 간다는 생각이 들어서 다시 교회에 와서 예수를 믿기 시작했다는 것입니다. 그래서 제가 단단하게 주의를 시키고 회개를 하게하고 다시는 그런 일이 없게 하라고 하고 남묘호랭객교의 귀신을 축사하고 이 말씀을 가슴에 새기라고 알려주었습니다. "한 번 빛을 받고 하늘의 은사를 맛보고 성령에 참여한 바 되고 하나님의 선한 말씀과 내세의 능력을 맛보고도 타락한 자들은 다시 새롭게 하여 회개하게 할 수 없나니 이는 그들이 하나님의 아들을 다시 십자가에 못 박아 드러내 놓고 욕되게 함이라(히6:4-6)" 이렇게 이방신들도 신유의 역사를 일으킵니다. 병 고치려고 아무 곳에나 가면 절대로 안 됩니다. 특히 기 치료는 위험한 사탄의 역사입니다. 그래서 우리는 영적인 세계를 바로 알고 대처해야 하는 것입니다.

그러나 이들은 육신에 속한 3차원의 사람에게만 능력을 행사할 수 있습니다. 그러니까 우리 성도들도 성령으로 충만하지 못하고 하나님을 멀리하고 세상을 사모하고 세상을 향하여 있게 되면 이들에게 침입을 당할 수가 있습니다. 그래서 마귀의 능력 수준을 보면 사람보다 약간 강한 4차원인 초인적인 수준 밖에 되지 못하는 것입니다. 성령께서 우리에게 저들이 사악한 영에 의해 여러 가지 이적을 행하는 것은 출애굽기에 나오는 애굽의 마술사들이 모세의 이적을 흉내 낸 것과 같은 방식임을 알려 주셨습니다.

"모세와 아론이 바로에게 가서 여호와께서 명령하신 대로 행하여 아론이 바로와 그의 신하 앞에 지팡이를 던지니 뱀이 된지라. 바로도 현인들과 마술사들을 부르매 그 애굽 요술사들도 그들의 요술로 그와 같이 행하되 각 사람이 지팡이를 던지매 뱀이 되었으나 아론의 지팡이가 그들의 지팡이를 삼키니라(출7:10-12)" 애굽의 바로왕의 수하에 있던 현인들과 마술사들이 요술로 뱀을 만들었으나 아론의 지팡이로 만든 뱀이 그들의 지팡이로 만든 뱀을 삼켜 버렸습니다. 이렇게 사탄의 역사는 5차원인 하나님의 초자연적인 역사에는 힘을 발휘하지 못합니다. 고로 성령은 마귀에게 능력을 행사할 수 있지만, 마귀는 성령에 역사에 아무런 능력도 행사할 수 없습니다. 또 사람이 성령으로 거듭나지 아니하면 마귀를 대적할 수도 마귀 세계를 지배할 수도 없습니다. 마귀를 대적할 힘도 능력도 없어서 마귀에게 매일 지배를 당하면서 종으로 살아가게 됩니다. 하나님께서는 예수 그리스도를 믿음으로 거듭난 사람들에게는 하나님의 자녀가 되는 권세를 주셨습니다. "영접하는 자 곧 그 이름을 믿는 자들에게는 하나님의 자녀가 되는 권세를 주셨으니(요 1:12)"

창조주 하나님의 자녀는 5차원인 성령의 세계에 속하므로 불신자들보다 더 위대한 권세가 있는 것입니다. 불신자는 최고의 경지에 이르러도 사탄의 능력을 초과할 수 없습니다. 모세의 지팡이로 만든 뱀이 바로 왕 술객들이 만든 뱀을 삼킨 것을 보면 압니다. 하나님을 찬양합시다! 우리는 하나님의 자녀들이기 때문에 성령 안에서 창조적인 삶을 살 수 있습니다. 예수를 믿고 5차원의 성령으로 충만한 우리는 4차원의 마귀의 세계와 3차원의 환경을 다스리며 큰 권능을 행사할 수 있습니다. 이 모든 일은 우리 안에 계신 성령의 능력에 의해서 되는 것입니다. 우리가 악한 영에게 속지 않고, 지배당하지 않고, 대적하여 승리하기 위해서는 영적 세계를 잘 알고 대처해야 합니다.

고로 우리가 살고 있는 세계는 보이는 3차원의 인간세계와 물질세계와, 보이지 않는 영적인 세계로 구분 됩니다. 4차원 이상의 영적인 세계는 인간의 감각, 이성으로 접촉할 수 없는 세계를 말합니다. 반면 3차원인 물질세계와 인간세계는 인간의 감각과 이성으로 접촉할 수 있는 눈에 보이며 만져지는 현존 세계를 말합니다.

이 두 구분된 세계는 분리되어 있지만 서로 밀접하게 연관되어 있습니다. 사람들은 대부분 물질세계와 인간세계에 많은 관심을 가지고 있습니다. 세대에 따라 약간의 차이는 있으나, 특히 현대인은 물질계에 더 많은 관심을 가지고 있습니다. 믿음에 따라 물질계→인간계→영계→하나님 나라로 관심이 부여됩니다. 옛 사람인 육의 사람은 돈이 제일이다 하고 돈에만 관심을 쓰다가 어느 정도 나이가 들면 사람과의 관계에 관심을 가집니다. 그러다 문제가 생기면 영적인 것에 신경을 쓰게 됩니다.

예수를 믿는 사람은 처음에는 돈에 관심을 갖다가 사람에 관심을 갖습니다. 그러다가 영적인 세계에 관심을 갖다가 하나님 나라(천국)에 관심을 갖게 됩니다. 구분된 세계는 공통적인 질서가 형성되어 있으며 상호 작용의 법칙과 원리가 있습니다. 인류는 인간세계와 물질(자연)계의 원리와, 이에 따른 상호 관계 작용의 법칙(과학, 물리학, 의학 등의 현대과학)을 발견하는데 모든 시간을 바쳤으며, 그로 인하여 물질계를 어느 정도 다스리는데 성공하였고, 인류는 그 혜택을 누리고 있습니다.

그러나 아무리 인간이 연구 발전시킨 것으로 그 혜택을 누려도 예수를 영접하지 않아 성령으로 장악당하지 않은 사람들은 모두 사탄의 지배하에 있다는 것을 명심해야 합니다. 그래서 사탄에게 메여서 종으로 살아가는 것입니다. 필자의 체험으로 말한다면 영적인 세계를 모르면 박사도 어찌할 수 없이 사탄에게 당한다는 것을 그동안 성령 사역을 통하여 알게 하셨습니다. 박사도 귀신에게 눌려서 고통을 당하다가 필자에게 와서 귀신을 축사하고 치유받고 간 성도가 여러 명이 됩니다.

둘째, 영적 세계와 인간 세계와의 관계성. 인간이 행할 수 있는 범위와 한계를 넘어 초자연적이면서 초인간적인 능력을 베풀 수 있는 두 권위를 가진 세력이 있습니다. 그들은 하나님과 사탄입니다. 두 존재는 초자연적이며 초인간적인 능력을 베풀 수 있는 존재이나 서로 동일하지 않습니다. 인간의 눈으로 볼 때, 사단은 굉장한 능력을 소유하였지만, 그들은 인간처럼 하나님으로부터 창조된 피조물이며 제한된 존재입니다. 사단은 현재 세력을 행사하지만 이미 십자가에서 패배한 존재이며 멸망당할 존재들입니다. "통치자들과 권세들을 무력화하여 드러내어 구경거리로 삼으시고 십자가로 그들을 이기셨느니라(골 2:15)"

사단은 하나님의 일을 방해 할 수 있습니다. 사단은 하나님이 다니엘에게 보낸 천사를 막아 하나님의 일을 방해하려 했으나 천사장 미가엘의 도움으로 다니엘에게 하나님의 응답을 21일이 지난 후에 전달했습니다.

"그가 내게 이르되 다니엘아 두려워하지 말라 네가 깨달으려 하여 네 하나님 앞에 스스로 겸비하게 하기로 결심하던 첫날부터 네 말이 응답 받았으므로 내가 네 말로 말미암아 왔느니라. 그런데 바사 왕국의 군주가 이십일 일 동안 나를 막았으므로 내가 거기 바사 왕국의 왕들과 함께 머물러 있더니 가장 높은 군주 중 하나인 미가엘이 와서 나를 도와주므로 이제 내가 마지막 날에 네 백성이 당할 일을 네게 깨닫게 하러 왔노라 이는 이 환상이 오랜 후의 일임이라 하더라(다니엘 10:12-14)" 이로보아 기도는 응답을 받을 때까지 하는 것이 정상입니다. 사단을 포함하여 천사들은 하나님의 창조 질서에 있어서 인간보다 하위에 있었습니다. 하나님은 인간을 천사보다 뛰어나게 지으셨으며, 모든 피조물 중에 유일하게 인간만을 하나님의 형상을 따라 만드셨습니다. "하나님이 이르시되 우리의 형상을 따라 우리의 모양대로 우리가 사람을 만들고 그들로 바다의 물고기와 하늘의 새와 가축과 온 땅과 땅에 기는 모든 것을 다스리게 하자 하시고 하나님이 자기 형상 곧 하나님의 형상대로 사람을 창조하시되 남자와 여자를 창조하시고 하나님이 그들에게 복을 주시며 하나님이 그들에게 이르시되 생육하고 번성하여 땅에 충만하라, 땅을 정복하라, 바다의 물고기와 하늘의 새와 땅에 움직이는 모든 생물을 다스리라 하시니라(창1:26-28)"

하나님이 에덴을 창설하시고 거기 살도록 하면서 인간이 지켜야할 법을 주셨습니다. "여호와 하나님이 그 사람을 이끌어 에덴동산에 두어 그것을 경작하며 지키게 하시고 여호와 하나님이 그 사람에게 명하여 이르시되 동산 각종 나무의 열매는 네가 임의로 먹되 선악을 알게 하는 나무의 열매는 먹지 말라 네가 먹는 날에는 반드시 죽으리라 하시니라(창2:15-17)"

그러나 하와가 하나님의 말씀을 믿지 못하고 마귀의 꾀임에 속아 이 법을 지키지 못하고 타락하고 말았습니다. "그런데 뱀은 여호와 하나님이 지으신 들짐승 중에 가장 간교하니라 뱀이 여자에게 물어 이르되 하나님이 참으로 너희에게 동산 모든 나무의 열매를 먹지 말라 하시더냐? 여자가 뱀에게 말하되 동산 나무의 열매를 우리가 먹을 수 있으나 동산 중앙에 있는 나무의 열매는 하나님의 말씀에 너희는 먹지도 말고 만지지도 말라 너희가 죽을까 하노라 하셨느니라. 뱀이 여자에게 이르되 너희가 결코 죽지 아니하리라. 너희가 그것을 먹는 날에는 너희 눈이 밝아져 하나님과 같이 되어 선악을 알 줄 하나님이 아심이니라. 여자가 그 나무를 본즉 먹음직도 하고 보암직도 하고 지혜롭게 할 만큼 탐스럽기도 한 나무인지라 여자가 그 열매를 따먹고 자기와 함께 있는 남편에게도 주매 그도 먹은지라(창3:1-6)"

이렇게 인간이 사단의 말을 믿고 선악과를 먹으므로 타락한 후, 사단에게 인간의 권위를 빼앗겼기에 능력 면에 있어서 하위로 내려왔으나, 예수 그리스도의 십자가 보혈의 공로로 예수를 믿고 하나님의 자녀가 되면서 우리는 타락 이전의 지위를 되찾게 되었습니다. 따라서 영적인 권위의 서열 이동이 있어 예수를 믿은 우리의 권위가 올라가게 됩니다. 우리가 예수를 믿기 전에는 하나님→ 천사(사단) →인간의 순위에 있었습니다. 그러나 예수를 믿은 후 하나님→인간→천사(사단의 세력)순으로 원래의 지위가 회복되고 있습니다. 그래서 인간이 본래의 권위를 회복하려하니 마귀가 가만두지를 안는 것입니다. 성도가 성령으로 세례를받으면 영적인 전쟁은 필연코 일어나는 것입니다.

우리가 예수를 믿고 불같은 성령세례를 체험하면 그때부터 마귀와의 일전이 시작이 됩니다. 이는 피할 수 없는 일전입니다.

예수님도 성령으로 세례를 받고 40일 동안 주리시면서 마귀와 일전을 치루셨습니다. 그러나 예수님은 말씀과 성령이 충만함으로 세 번의 마귀의 시험을 이기셨습니다. 그러므로 예수를 믿고 성령으로 세례를 받은 우리도 마귀와의 일전을 치러야 하는 것입니다. 이는 우리의 권위가 회복되어 본래의 지위가 회복되면 성령의 권능에 의하여 마귀가 사람에게 지배를 당해야 하니 결사적으로 막고 방해하는 것입니다. 그것도 가장 가까운 사람을 통해서 방해하는 것입니다. 그러므로 우리는 영적인 세계를 알고 대처 할 줄 알아야 하는 것입니다.

그러나 우리가 성령의 인도를 받으며 마귀와 일전을 치루기 때문에 종국에는 우리가 마귀를 이기게 되는 것입니다. 그러므로 우리는 마귀의 시험이 아무리 강해도 굴복하지 말고 끝까지 싸워야 하는 것입니다. 그런데 필자가 지금까지 성령사역을 하면서 임상적으로 경험한 바로는 끝까지 인내하면서 싸워서 승리하는 성도가 그렇게 많지 않다는 것입니다. 참으로 안타까운 일입니다. 그래서 우리는 마귀를 이기기 위하여 항상 성령님을 찾고 구하고 성령님을 나의 주인으로 모시고 성령의 인도에 순종해야 하는 것입니다. 그래야 하나님의 권세(카리스마)로 마귀를 밟으며 하나님의 일을 할 수가 있는 것입니다. 하나님은 크리스천들이 건강하게 장수하면서 하나님의 나라를 건설하기 원하십니다. 건강 장수에 관한 것들은 필자가 저술한 "백세시대 예수 안에서 장수하는 법"을 참고하시기를 바랍니다.

3장 영적실체를 바르게 보고 대처하라.

(엡6:10-13)"끝으로 너희가 주 안에서와 그 힘의 능력으로 강건하여지고 마귀의 간계를 능히 대적하기 위하여 하나님의 전신 갑주를 입으라. 우리의 씨름은 혈과 육을 상대하는 것이 아니요 통치자들과 권세들과 이 어둠의 세상 주관자들과 하늘에 있는 악의 영들을 상대함이라. 그러므로 하나님의 전신 갑주를 취하라 이는 악한 날에 너희가 능히 대적하고 모든 일을 행한 후에 서기 위함이라"

하나님은 말씀과 성령으로 영안을 열어 영적인 세계를 보고 지배하라고 하십니다. 우리가 영적인 세계를 지배하려면 마귀의 궤계를 모르고는 안 됩니다. 오늘날 사람들은 눈에 마귀가 안 보이니깐 마귀가 어디에 있느냐 그런 미신 같은 소리하지 말라고 하는 것입니다. 오늘날 과학도 모두 다, 미세한 세계에, 눈에 보이지 않는 세계를 가지고서, 승패를 겁니다. 눈에 보이는 것은 잠깐이요, 눈에 보이지 않는 것은 영원한 것입니다.

우리 눈에 보이지 않는 세계에는 하나님과 성령의 역사와 사탄과 귀신의 역사가 우리 주위에 있는 것을 알아야 하는 것입니다. 그러므로 마귀의 궤계를 우리는 오늘날 분명히 깨달아 알아 마귀와 대적해야 되는 것입니다. 영적 세계에서는 끝임없는 우리가 싸움을 하고 있습니다. 마귀는 와서 귀신과 오히려 우리에게 하나님의 말씀을 의심하게 만드는 것입니다. 영적으로 자꾸 하나님의 말씀이 거짓되고 참되지 않다고 의심하게 만듭니다.

첫째, 인간 세계에 미치는 영적 세계의 영향. 인간 세계에서 일어나는 일들이 단순히 물질세계와 인간세계의 관계에 의해 일어나기보다는 물질(자연)세계와 인간세계와 영적인 세계 차원의 관계성에 의해 발생합니다. 그래서 우리는 문제를 해결하려고 할 때 보이는 현상만 가지고 문제를 해결하려고 하면 안 된다는 것입니다. 한 단계 더 깊은 영적인 차원으로 문제의 원인을 찾아 해결방법을 강구해야 하는 것입니다.

그래서 우리의 주변에서 일어나고 있는 일들을 분석하고 결정하고 해결하는데 있어서, 단순히 인간적이고 물질적인 영역에서 벗어나서, 한 차원 더 깊은 영적 차원에서 살펴보는 자세를 지녀야 합니다. 이는 습관이 되어야 합니다. 문제를 해결하려 할 때, 영적인 문제가 무엇이 있는지를 볼 줄 알고 분별할 줄 알아야 합니다. 그래야 문제의 원인을 바르게 알고 처방할 수가 있는 것입니다. 즉, 영적 세계를 볼 줄 아는 영 안이 열려야합니다. 예수를 믿고 불같은 성령으로 세례 받은 성도는 영안을 열어 영적인 세계를 분별하고 바라볼 줄 알아야합니다.

그러므로 인간의 제반사를 계획하고 결정함에 있어 영적 차원의 요소들을 함께 다루지 않는, 동기, 결정, 을 은 불완전하며 실패의 요인이 되기 쉽습니다. 반드시 영적인 자원의 요소를 함께 다루어야 합니다. 하나님의 뜻을 구하여 행동에 옮겨야 한다는 것입니다. 그리고 한 개인이 영적 세계와 갖은 관계는, 다음 세대로 계속 이어져 그 후손에게 전달되며, 영적인 관계는 그 관계를 청산하기까지 다음 세대로 이어집니다. 그러기 때문에 우리가 예수를 믿고 교회에 들어오면 먼저 말씀을 듣고 불같은 성령으로 세례를 받고 세상에서 육신의 몸으로 살아갈 때 들어온 상처와 악한 혈통을 타고 역사하는 악한 영을 축사해야 하는 것입니다. 이를 해결하지 않으니까, 예수를 30년을 믿었는데 아직도 마귀의 영향에서 완전하게 벗어나 자유를 찾지 못하고 여러 가지 이유모를 문제를 당하면서 살아가는 것입니다.

"그것들에게 절하지 말며 그것들을 섬기지 말라 나 네 하나님 여호와는 질투하는 하나님인즉 나를 미워하는 자의 죄를 갚되 아버지로부터 아들에게로 삼사 대까지 이르게 하거니와 나를 사랑하고 내 계명을 지키는 자에게는 천 대까지 은혜를 베푸느니라(출 20:5-6)" 우리가 구약 성경을 보면 한 개인이 영적 세계와 어떤 관계를 맺고 있느냐는 그가 가진 영향력 범위에 큰 영향을 준다는 것을 알 수 있습니다. 하나님께 순종하는 다윗과 같은 왕이 나라를 다스릴 때, 온 이스라엘이 축복과 안정된 삶을 누렸으며, 반대로 아합 왕과 같이 왕이 패역하고 우상을 섬겼을 때, 백성들은 그로 인해 많은 고통을 받았습니다. 그러므로 우리는 영적인 세계를 알고 바르게 대처하고 하나님과 바른 관계를 맺어야 합니다. 그리고 나라를 영도하는 대통령을 뽑을 때도 영적인 면을 고려하여 뽑아야 됩니다. 뽑고 난 다음에도 하나님을 두려워하고 바르게 하나님을 섬기게 해달라고 기도해야 되는 것입니다.

영적인 관계는 물질, 재산과 같은 물질세계의 영역에도 영향을 끼치게 됩니다. 예를 들어서 하나님과 관계가 밀접했던 아브라함에게 은과 금이 풍부했습니다. 욥은 마귀가 시기하여 온갖 고난을 당했지만 믿음으로 승리하여 욥의 재산을 회복했습니다. 그러나 이세벨을 아내로 삼은 아합 왕 시절에는 이스라엘 나라 전역에 삼 년 반 기근이 찾아와 고통을 당하다가 엘리야가 갈멜산에서 이세벨의 상에서 먹던 450명의 선지자들과 아세상상에서 먹던 400명의 선지자들과 영적대결을 승리하고 모두 기손 시냇가에서 죽이고 기도하자 이스라엘 나라에 비가 내리고 기근이 사라졌던 것을 잘 알고 있습니다.

둘째, 하나님과 사탄의 차이점. 하나님은 공개적, 정당함, 공의, 정직, 질서, 진리로써 역사 하시며, 계획이 변하지 않는 일관성 있는 행동을 하시고 약속을 지키시는 성품을 갖고 계십니다. 그래서 하나님은 거짓말을 못하는 것입니다. 하나님은 신실하십니다. 그래서 우리가 하나님과 하나님의 말씀을 믿는 것입니다. 그러나 반대로 사탄은 속임수, 기만, 비겁함, 거짓, 위장을 통하여 자신의 일을 진행해 나갑니다. "이것은 이상한 일이 아니니라 사탄도 자기를 광명의 천사로 가장하나니(고후11:14)" 그래서 우리가 말씀과 성령으로 영안을 열어 분별력을 가지고 마귀의 미혹을 분별하여 속지 말아야 하는 것입니다. 그리고 하나님은 자신을 따르는 자에게 축복과 은혜를 주십니다. 그리고 진리 안에서 자유 하도록 하십니다. 반대로 사단은 저주와 속박을 줍니다. 사단은 어찌하든지 사람들을 공갈과 협박과 저주로서 두려움을 주어 사단을 섬기도록 하는 속성이 있습니다. 이는 사람을 자신으로 종으로 삼아서 복종하게 하기 위하여 그러는 것입니다. "도둑이 오는 것은 도둑질하고 죽이고 멸망시키려는 것뿐이요 내가 온 것은 양으로 생명을 얻게 하고 더 풍성히 얻게 하려는 것이라(요10:10)" 그래서 사탄을 섬기는 자들은 사단의 비위를 맞추는데 급급하며 살아가는 것입니다.

하나님은 자신을 믿고 순종하는 자에게, 하나님 자신의 영인 성령으로 우리에게 오셔서 함께 거하시면서, 은사와 성령의 열매를 맺게 하십니다. 사단은 자신의 졸개인 악한 영들을 사람에게 거하게 하여 악하고 더러운 열매를 맺게 합니다.

그리고 하나님은 영원하시며 참된 것을 주시지만, 사단은 모조이며, 거짓 위장된 것, 순간적인 것을 줍니다. 사단은 하나님이 주시는 것을 위조하여 우리에게 진품인 것처럼 다가옵니다. 그래서 사단의 소리를 듣고 따라가면 순간은 잘되는 것 같지만 종국에는 멸망의 구렁텅이에 빠지는 것입니다.

셋째, 어떻게 영적인 세계와 관계를 맺는 가? 인간이 어떤 영적 능력과 권세를 소유하고, 누릴 수 있는 것은 영적 세계의 존재와 관계를 맺음으로 가능하며, 이 관계는 충성과 순종함으로 이루어집니다. "너희 자신을 종으로 내주어 누구에게 순종하든 지 그 순종함을 받는 자의 종이 되는 줄을 너희가 알지 못하느냐 혹은 죄의 종으로 사망에 이르고 혹은 순종의 종으로 의에 이르느니라(롬6:16)" 그러므로 우리는 말씀과 성령으로 바른 분별력을 가지고 하나님만을 섬겨야 합니다. 그러나 하나님은 우리가 예수를 믿다가 마귀에게 가도 무어라고 말하지 않습니다. 그것은 하나님이 인간에게 자유의지를 부여했기 때문입니다. 그래서 우리는 자신을 위하여 하나님만을 섬기려고 의지적인 노력을 해야 하는 것입니다.

1)예수님은 제자들에게 모든 귀신과 질병을 제어할 수 있는 권세와 능력을 부여 하셨습니다. "예수께서 열두 제자를 불러 모으사 모든 귀신을 제어하며 병을 고치는 능력과 권위를 주시고 하나님의 나라를 전파하며 앓는 자를 고치게 하려고 내보내시며(눅 9:1-2)" "내가 진실로 진실로 너희에게 이르노니 나를 믿는 자는 내가 하는 일을 그도 할 것이요 또한 그보다 큰 일도 하리니 이는 내가 아버지께로 감이라. 너희가 내 이름으로 무엇을 구하든지 내가 행하리니 이는 아버지로 하여금 아들로 말미암아 영광을 받으시게 하려 함이라(요 14:12-13)" 절대로 예수님은 그냥 세상에 가서 하나님의 나라를 만들라고 하지 않으십니다. 반드시 성령의 권세를 가지고 세상에 나가 마귀의 진을 훼파하고 하나님의 나라를 만들라고 하십니다. "오직 성령이 너희에게

임하시면 너희가 권능을 받고 예루살렘과 온 유대와 사마리아와 땅 끝까지 이르러 내 증인이 되리라 하시니라(행1:8)” 이는 성령의 권능이 없이는 세상에 나가 하나님의 나라를 만들 수가 없기 때문에 반드시 성령의 권능을 받으라고 하십니다. 여러분 불같은 성령으로 세례를 받고 성령의 권능으로 세상에 나가 하나님의 나라를 만드시는 하나님의 군사가 되시기를 바랍니다.

2)반면에 사단도 자신을 추종하는 자들에게 자신의 능력을 줄 수 있습니다. 예를 든다면 점치는 능력이나 초능력과 마술하는 것과 신비술을 전이 시킬 수가 있습니다. 그래서 무당들이 신령하다는 무당에게 신을 받으려고 노력하는 것입니다. 여러분 영은 전이가 됩니다. 바르게 알고 대비하시기를 바랍니다.

실례로 최근에 이런 일이 있었습니다. 한 유명한 탤런트가 “무당 연기하다 신 내림” 을 겪었다고 신문에 보도된 적이 있습니다. 그는 “무당 연기를 한 후에 이상한 꿈을 자주 꾼다고 합니다.” 무당 역을 맡은 다음부터 신 내림과 비슷한 경험을 했다고 밝혔습니다. 이 탤런트는 표독한 무당으로 출연했다고 합니다. 이분은 원래 독실한 크리스천이어서 무당 캐릭터를 맡고 적지 않은 고민을 했다고 합니다. 하지만 좋은 연기를 위해 함경도 굿을 하는 무당을 찾아가 굿과 칼춤을 배웠습니다. 자료 테이프를 보며 공부를 한 덕분에 무당 선생님으로부터 “재능이 있다” 는 칭찬까지 들었으나 막상 촬영에 들어가면서 이상한 경험을 하게 됐다는 것입니다.

탤런트는 최근 제작발표회에서 "칼춤을 추며 굿판을 펼치는 신에서 갑자기 이유 없이 눈물이 쏟아졌다고 합니다. 나중에 알았는데 내가 울 때 모니터도 꺼졌었다고"고 공개했습니다. 이 밖에도 무당 연기를 준비하면서 살이 갑자기 찌기 시작했습니다. 또한 캐스팅 후 무속 신앙인들이 꿈에 나오고 가위에 눌리는 경험을 하기도 했습니다. 이 탤런트는 무당 연기를 하면서 자신에게 이상한 일이 생기자 걱정이 돼 두 돌이 안 된 아이와 원치 않는 '별거'를 하기도 했다고 했습니다. 이와 같이 영들의 전이는 생각지도 못하는 곳에서 일어납니다. 이 탤런트는 내적치유와 축귀를 받아야 합니다. 만약에 내적치유와 축귀를 받지 않고 그냥 지내면 건강할 때는 문제가 생기지 않지만 스트레스를 많이 받아 체력이 떨어질 때, 악한 기운에 사로잡혀 무당 같은 행동을 할 수도 있습니다. 이런 경우는 빠른 시간에 내적치유와 축사를 받아 예방하는 것이 중요합니다.

3)영적인 능력은 사물, 장소, 물건에까지 전달 될 수 있습니다. 즉 장소와 물건이 바쳐지는 대상에 의하여 영적인 권능이 나타납니다. 하나님의 언약궤, 성전, 예수님의 옷자락, 바울의 손수건에서는 하나님의 능력이 나타납니다. 반면에 우상물, 제물, 부적에서는 악한 영의 역사가 나타납니다. 실제로 필자가 군대에 있을 때 이런 일이 있었습니다. 믿음이 좋은 여 집사님이 군인 아파트에 이사를 온 다음부터 이상하게 꿈에 뱀들이 집안에 돌아다니는 꿈을 연속적으로 한 달 이상을 꾸었습니다. 그

러다가 불면증에다가 우울증까지 발전을 했습니다. 그래서 군대 목사님이 그 가정에 가서 심방을 하고 성가대 연습을 아무리 해도, 그러한 꿈을 계속해서 꾸었습니다. 그러다가 집사님이 집안을 청소하기로 작정하고 집안 구석구석을 청소했습니다. 그런데 거실에 있던 장식장을 열어보니 그 속에 부적들이 말도 못하게 많이 붙어있는 것입니다. 그래서 부적들을 다 떼어내고 불에 태우고 물로 씻어내고 목사님을 청해 다가 심방을 하고 나니 뺌 꿈이 꾸어지지 않고 우울증과 불면증에서 해방이 되었습니다. 악한 영은 이런 영적인 물건을 통해서도 역사합니다. 만약에 이사를 가시거든 모든 부분을 다 열어보고 확인하고 영적인 청소를 하고 성령의 역사를 일으키고 예수 피를 뿌리시기를 바랍니다.

4)영적 존재가 인간의 영역에서 행할 수 있는 일의 범위, 능력의 정도는 이들이 인간으로부터 받는 협조와 깊은 연관성이 있습니다. 하나님과 사단은 인간 영역에서 자신의 계획을 이루어 나갈 때, 인간의 협조 없이 마음대로 하지 않고, 인간의 자유의지를 통해서 일합니다. 인간은 하나님으로부터 자유 의지를 부여받았으며, 하나님은 스스로 부여하신 질서를 지키십니다. "너희 자신을 종으로 내주어 누구에게 순종하든지 그 순종함을 받는 자의 종이 되는 줄을 너희가 알지 못하느냐 혹은 죄의 종으로 사망에 이르고 혹은 순종의 종으로 의에 이르느니라(롬6:16)" 인간의 의지는 사용의 용도에 따라, 하나님의 선물인 영생을 받

을 수도, 거절할 수도 있습니다. 하나님은 모든 사람이 구원받기를 원하십니다. 그러나 많은 사람들이 하나님의 뜻을 따르지 않으므로 스스로 멸망의 길을 선택합니다. 하나님은 자신의 교회와 성도들이 모두 성령 충만하기를 원합니다. 그러나 많은 교회가 하나님의 뜻을 수용하지 못하고 있습니다. 인간의 교만함으로 말미암아 예수를 믿지 않음으로 구원받지 못하는 것입니다. 반면에 사단의 가장 큰 계략은, 하나님의 계획이 인간들에게 이루어지지 못하도록 인간의 자유 의지를 교묘히 이용하여, 이기적·세속적·물질적·근시안적으로 만들어서 하나님의 구원 계획이 우리에게서 이루어지지 못하게 합니다. "그 중에 이 세상의 신이 믿지 아니하는 자들의 마음을 혼미하게 하여 그리스도의 영광의 복음의 광채가 비치지 못하게 함이니 그리스도는 하나님의 형상이니라(고후 4:4)"

5) 하나님과 사탄은 인간의 충성과 순종을 통해 권리를 행사할 수 있습니다. "그런즉 너희는 하나님께 복종할지어다 마귀를 대적하라 그리하면 너희를 피하리라(약 4:7)" 사람이 하나님 또는 사탄에게 순종할 때, 그렇지 않은 때보다 더 많은 능력과 영향력을 그 순종하는 사람 안에서 행사할 수 있게 됩니다. 하나님은 사탄보다 월등히 높으시고, 능력의 정도가 비교될 수 없습니다. 그러나 인간 측에서 하나님에게 불순종하고, 사탄의 속삭임에 순종할 때, 하나님은 그 사람에게 아무 일도 하실 수 없게 되는 것입니다. "그들이 믿지 않음으로 말미암아 거기서 많은 능력

을 행하지 아니하시니라(마 13:58)" 사람은 필연적으로 영적 공백 상태는 없으며, 인간은 운명적으로 영적 세계의 지배를 받게 되며, 영적 세계는 신적인 세계의 지배를 받게 됩니다. 노아의 순종으로 하나님께서 자신의 계획을 진행하실 수 있었으며, 아브라함의 순종으로 이스라엘 민족을 이루셨고, 마리아의 순종으로 태를 빌려 메시아를 이 땅에 태어나게 할 수 있었습니다.

6)**불순종은 하나님의 계획을 무산시키게 됩니다.** 열 명의 정탐꾼의 부정적인 보고에 영향을 받은 이스라엘 민족의 불순종은 하나님의 계획에 차질을 주었으며 이스라엘 백성은 불순종에 대한 대가를 받게 되었습니다. 불순종은 인간과 관계를 맺고 있는 존재와의 관계를 파기하지 않지만, 교제는 점점 멀어지게 하며 권리와 능력을 잃게 합니다. 불순종을 빨리 회개하면 회복되지만, 그렇지 않을 경우 계속 깊어지며, 깊어질수록 다시 회복되기에 더 많은 시간과 노력을 요하며 그에 따른 대가가 자신에게 주어집니다.

7) **기독교의 의식으로 영과 진리로 예배를 드리고, 성령치유 집회에 참석하거나 깊은 영의기도와 예수 이름으로 하는 봉사와 헌금은 하나님의 능력을 강화시킵니다.** 의식은 약속을 이행하는 행위로서 의식을 진정과 성실로 드릴 때 하나님은 존귀함을 받으시며, 이로 인하여 사탄은 뒤로 물러나며 세력을 잃게 됩니다. "아버지께 참되게 예배하는 자들은 영과 진리로 예배할 때가 오나니 곧 이 때라 아버지께서는 자기에게 이렇게 예배하는 자들

을 찾으시느니라(요 4:23)" "자기의 육체를 위하여 심는 자는 육체로부터 썩어질 것을 거두고 성령을 위하여 심는 자는 성령으로부터 영생을 거두리라(갈 6:8)"

계명을 지키며 순종하며 감사하는 삶은 하나님을 기쁘시게 하는 행위입니다. "너희가 나를 사랑하면 나의 계명을 지키리라(요 14:15)" "믿음이 없이는 하나님을 기쁘시게 하지 못하나니 하나님께 나아가는 자는 반드시 그가 계신 것과 또한 그가 자기를 찾는 자들에게 상주시는 이심을 믿어야 할지니라(히 11:6)"

8) 인간은 육신적 존재이면서 영적 존재이므로, 영적 존재인 하나님 또는 사탄이 사람 안에 거주할 수 있습니다. 하나님과 사탄의 거주에는 차이가 있습니다. 첫째 성령은 사람이 성령을 인식, 의식, 인정하고 의지를 통하여 초청할 때 우리에게 들어오십니다. 그러나 악령, 마귀는 이러한 경로를 통해서도 들어오지만 의도적인 초청이 아니라도 죄를 통해 들어옵니다. 마치 더러운 병균에 감염되는 경로와 같습니다.

우리가 바르게 알아야 할 것이 있습니다. 많은 분들이 성령님은 인격이시기 때문에 인격적으로 장악(역사)을 하시는 것으로 이해하고 있습니다. 그러나 그렇지 않고 반대의 현상이 일어날 수가 있습니다. 자신이 마음을 열고 성령님을 주인으로 모시면 성령께서 비인격적으로 자신을 장악하십니다. 왜냐하면 자신을 하나님의 나라가 되게 해야 하기 때문입니다. 성령님의 초자연적인 살아계신 역사가 자신을 장악하기 때문에 이해하지 못하는 현상이 나타날 수도 있습니다. 진동이 오고, 두렵고 떨리고, 머리가 아플 수도 있습니다. 이는 지금까지 자신의 주인노릇을 하던 세상에 물러가면서 일어나는 현상입니다. 두려워말고 조금 지나면 평안한 상태가 됩니다. 그런데 귀신은 처음에 살랑살랑 점령해나가기 시작을 합니다. 마음을 열게 하기 위하여 인격적으로 역사를 합니다. 그러다가 점령이 되면 비인격적으로 역사를 합니다. 그래서 조현병 환자나 우울증환자나 자신의 의지대로 행동을 하지 못하는 것입니다. 귀신이 의지를 장악했기 때문입니다. 우리는 영적인 세계에 대하여 바르게 알고 바르게 대처해야 합니다. 인간적으로 합리적으로 생각하면 이해가 되지 않는 부분이 영적인 세계의 현상입니다. 반드시 생명의 말씀과 성령의 역사가 있어야 바른 분별이 가능합니다. 사람의 이론으로는 해석이 불가능합니다. 반드시 성령의 인도를 받으면서 말씀으로 직접 분별해야 합니다.

9) 하나님과 사탄은 다양한 방법으로 사람에게 영적 능력을 전달 할 수 있습니다. 가장 많이 사용되는 수단은 말, 기도, 접촉, 안수, 능력을 지닌 물체를 소유함으로 능력을 전달합니다. 그러므로 항상 자기의 영적인 관리를 해야 합니다.

10) 사람은 섬김의 대상을 바꿀 수 있으며 하나님과 사단을 동시에 섬길 수도 있습니다. 사탄에게 깊이 빠져있던 사람도 하나님께 돌아오면 하나님은 과오를 묻지 않으시고 용서하십니다. 그러나 그 사람에게 깊이 심겨져 있는 악한 영의 세력은 다른 사

람의 도움을 받아서 제거해야 합니다. 반드시 자기가 범한 죄를 하나님에게 회개한 후에 성령으로 충만한 사역자에게 안수기도를 받아 귀신을 축사해야 합니다. 예를 들어 사울 왕의 악귀를 다윗이 수금을 탈 때 떠나갔습니다. 다메섹 도상에서 예수님을 만나 눈이 보이지 않던 사울의 눈은 아나니아가 안수로 뜨게 됩니다. 그러므로 자신에게서 잘못된 악한 영의 역사가 일어나거든 성령 충만한 사역자의 도움을 받아 내적치유하고 축사하시기를 바랍니다.

하나님께 충성하던 사람들도 그들의 헌신과 은혜를 무시하고 떠나 사탄에게 충성 할 수 있습니다. "그러나 성령이 밝히 말씀하시기를 후일에 어떤 사람들이 믿음에서 떠나 미혹하는 영과 귀신의 가르침을 따르리라 하셨으니(딤전 4:1)" 그러나 타락한 죄는 다시 사함을 받지 못합니다. "한 번 빛을 받고 하늘의 은사를 맛보고 성령에 참여한바 되고 하나님의 선한 말씀과 내세의 능력을 맛보고도 타락한 자들은 다시 새롭게 하여 회개하게 할 수 없나니 이는 그들이 하나님의 아들을 다시 십자가에 못 박아 드러내 놓고 욕되게 함이라 (히 6:4-6)"

11)귀신은 인간 또는 짐승에게 붙어서 살려고 합니다. 귀신은 항상 인간에게 붙어서 살려고 합니다. 귀신은 인간을 떠나있으면 괴로워서 떠나질 못합니다. 마치 물 없는 사막으로 돌아다니는 것 같습니다. 그러므로 귀신은 어찌하든지 사람에게 붙어서 사람을 악마화 시키려고 하는 것입니다. 귀신이 가지고 있는 성

격과 질병 등 모든 것을 사람에게 전이시켜 점차 귀신의 인격을 닮아가게 하는 것입니다. 사람에게 붙어있지 못하겠으면 짐승들에게라도 들어가려고 하는 것입니다. 거라사인의 지방에 군대 귀신들린자의 귀신을 예수님이 쫓아내시니, 귀신이 돼지에게 들어가매 이천 마리가 되는 돼지가 모두 다 뛰어 들어가서 바다에 몰살해 죽은 것이 기록되어 있는 것입니다.

12)사단은 지역을 장악하고 역사하기도 합니다. 중남미의 과테말라 까벨레로스 목사님의 간증입니다. 목사님은 시내 한복판에 있는 땅을 사서 교회를 짓기 시작했는데 얼마 지나지 않아 난관에 봉착했습니다. 갑자기 경제사정이 나빠져 우리나라의 IMF처럼 되었습니다. 그래서 은행금리가 턱없이 올라가 교회는 기둥과 지붕만 겨우 올려놓은 상태에서 건축이 중단되고 목사님은 여러 달 동안 고난 속에 금식하며 철야하며 하나님의 도움을 간절히 구했습니다. 그러던 어느 날 목사님이 기도하는 중에 환상이 탁 나타났습니다. 길이가 약 10미터에 굵기가 30센티 정도 되는 큰 뱀이 성전부지에 또아리를 틀고 고개를 들고서 혀를 날름대고 있더랍니다.   교회를 짓다가 못 짓고서 이런 낭패에 처한 것은 바로 교회 부지 안에 있는 또아리를 틀고 있는 뱀이 반대를 하는구나! 사탄의 일이구나!   그래서 그는 예수 이름으로 그 마귀를 꾸짖고 온 교인이 모여서 마귀를 내어 쫓는 대적기도를 했습니다. 온 교회 성도들이 모여서 대적기도를 계속했습니다. 그러자 갑자기 상황이 변화되었습니다. 문제가 풀리기 시작

하는데 성전 부지를 원금 2배를 주고 사겠다는 사람이 생겨났습니다. 그래서 원금의 2배를 받고서 성전 부지를 팔고 12배나 더 넓은 땅을 사고 그 땅에 아름다운 성전도 건축하고 기독교학교도 지었습니다. 나중에 알고 보니 옛날 그곳에 마야족이라는 원주민이 살았는데 그들은 날개달린 뱀을 수호신으로 모시고 있던 신전이 있던 바로 그 자리였습니다. 그런데 그 자리에 마야족속들이 섬기던 날개달린 그 뱀을 예수 이름으로 쫓아내고 물리치니까 하나님의 축복이 다가오게 된 것입니다. 이와 같이 경재적인 문제 뒤에는 마귀가 있을 수 있습니다. 성령으로 분별하고 대적기도를 하여 마귀를 몰아내고 경재를 회복하는 체험이 있으시기를 바랍니다.

충만한 교회에서는 직장인, 학생, 주부들을 위하여 주일날도 동일하게 성령 내적치유 집회 형식으로 예배를 인도합니다. 담임목사는 주일날 밖에 교회에 나올 수 없는 성도들이 하나님의 뜻대로 내면을 치유 받고 성령 충만하여 현제 천국을 누리면서 살아가도록 관심을 가지고 신앙을 지도하고 있습니다. 매주 영적인 말씀을 들으면서 40-50분 이상 기도하면서 안수하여 막힌 영의통로를 뚫고, 마음의 상처를 치유하고, 영적인 문제를 해결하며, 성령님과 동행하도록 예배를 인도하고 있습니다. 예배시간은 11:00- / 13:30-입니다. 평일 시간이 없으신 분들은 오셔서 진리의 말씀을 듣고 치유도 받으시기를 바랍니다.

4장 영적세계에 무지하여 당하는 고통.

(요20:29)"예수께서 이르시되 너는 나를 본고로 믿느
냐 보지 못하고 믿는 자들은 복되도다. 하시니라"

하나님은 크리스천들이 영적인 세계에 대하여 박식하기를 원하십니다. 필자는 영육으로 고통을 당하는 크리스천들을 생명의 말씀과 성령으로 치유하여 지금 천국을 누리고, 아브라함의 복을 받으면서 하나님의 나라를 건설하는 군사로서 쓰임을 받는 것에 목적을 두고 사역을 합니다. 그동안 참으로 많은 크리스천들은 치유하여 정상적인 삶을 살도록 인도하였습니다. 치유를 하면서 체험한 바로는 우리 크리스천들이 영적인 세계에 대하여 무지하여 당하는 고통이 많더라는 것입니다. 영적인 세계에 대하여 조금만 알았더라면 그런 불필요한 고생을 하지 않았을 것입니다. 예수를 믿었다고 하나 보이는 면만 가지고 판단하고 초지하여 불필요한 고생을 하다가 찾아오셔서 순간 적으로 기적같이 치유되고 해결되는 사례가 많았습니다. 그런데 필자가 처음부터 이렇게 영적인 면을 깨달은 것이 아닙니다. 성령치유 사역을 하면서 상당한 시간이 흐르고, 고통도 받고 시행착오도 했습니다.

그러다가 성령치유 사역이 마음대로 되지 않아 성경을 읽고, 여러분들의 기록한 영적인 서적들을 읽고, 왜 성령치유 사역이

필자의 마음대로 되지 않고, 어떤 성도는 쉽게 치유되고, 어떤 성도는 아무리 애를 써서 말씀을 전하고 안수기도를 하면 치유가 되는가 싶다가 재발하고, 왜 완전히 치유가 되지를 않는 것인가 하고 고민을 많이 했습니다.

그러다가 어느 성도를 치유하는데 안수기도를 하면 며칠은 괜찮은데 다시 재발을 하는 것입니다. 몇 번을 기도를 해주고 치유가 되었다고 믿었는데 또 재발하고, 도저히 완전 치유가 되지 않고 계속 재발을 하는 것입니다. 그래서 성령하나님에게 기도를 했습니다. 아니 왜 이렇게 열심히 힘들여서 안수기도를 하고 축사를 해도 며칠이 지나면 다시 재발하는 것입니까? 그러면서 기도를 많이 했습니다. 그러자 이런 감동이 왔습니다. 나보다 이런 사역을 많이 하신 분에게 물어보자, 하고 이리 저리 수소문을 하여 영적인 사역을 하는 목사님을 찾았습니다. 그래서 그 목사님에게 봉차를 4시간을 몰고 가서 집회에 참석하고 상당액의 헌금을 하고 상담을 요청하여 질문을 했습니다. 목사님 왜 안수기도를 하면 며칠은 괜찮은데 다시 재발을 하는 것입니까? 하고 물었더니 목사님 그것을 터득하시려면 상당한 시간이 경과되어야 하고 많은 시행착오를 겪어야 알게 되는 것입니다.

그러면서 모든 인간의 문제는 원인이 있습니다. 원인이 무엇인지를 알고 원인을 제거해야 완전치유가 되는 것입니다. 원인은 성령님에게 기도를 하면 알려주십니다. 제가 이렇다고 하면 그렇게만 하시니까, 사역을 하시는 동안 계속적으로 성령님과 대화를 하십시오. 그러면 성령님께서 그 때 그 때 필요한 레마(치유를 하는데 꼭 필요한 성령님이 알려주시는 말씀이나 조치 사항)를 주실 것입니다. 성령님이 알려주시는 레마(말씀의 검)를 가지고 성령치유나 축사사역을 하다가 보면 배후에 영적인 세계가 있다는 것을 알게 될 것입니다. 그렇다고 꼭 배후에 영적인 문제만 있는 것이 아니고, 정신적인 문제도 있을 수 있고, 마음의 상처도 있을 수 있습니다. 그러면 그 원인을 제거하고 성령치유를 해야 하고, 축사를 해야 하는 것입니다.

그러니까 성령치유 사역이나 축사사역은 능력이 있다고 아무나 다하는 것이 아니고, 먼저 자신이 치유를 받아보아야 하고, 여러 가지 영적인 원리와 내적치유도 혈통의 대물림의 치유도 알아야 합니다. 그래서 제가 그 때 직감적으로 떠오르는 생각이 아 모든 문제 뒤에는 원인이 있다. 원인이 무엇인지를 알고 원인을 하나님이 주신 권세를 사용하면 치유가 쉽게 되겠구나 생각하여 영적세계에 관심을 가지고 연구하기 시작을 한 것입니다. 그래서 바르게 알고 사역을 하려고 내적치유도 일 년이나 받으러 다니고, 이곳저곳으로 능력을 받으러 다닌 것입니다. 그러다가 성령의 강한 불도 받고 여러 가지 영적인 체험도 했습니다. 이렇게 영적인 세계를 깨닫고 보니 필자가 그때까지 성령치유 사역을 한 것은 엉터리 사역을 한 것이라는 것을 깨닫게 되었습니다.

성도님이나 목회자나 할 것 없이 영적인 세계를 모르면 안 됩니다. 영적인 세계를 모르니까, 모든 문제를 세상 사람들과 같이 보이는 현상만을 가지고 해결하려고 하니, 풀리지도 않고 치유도 되지를 않는 것입니다. 우리는 보이는 현상만 가지고 문제를 해결하려고 하면 안 됩니다. 반드시 한 차원 더 깊은 보이지 않는 배후의 영적인 세계를 염두에 두고 문제를 해결하려고 하는 모두가 되시기를 바랍니다. 부디 이 책을 통하여 영적인 세계가 열리고 영적인 세계를 알아서 하나님의 군사답게 백전백승하시기를 바랍니다. 그럼 우리 성도가 왜 영적인 세계를 알면 성공할 수 있는 가 하나하나 생각하여 보기로 하겠습니다.

첫째, 르비딤 사건을 예로 들 수가 있습니다. 예수를 믿는 우리는 하나님의 권능을 받아야 마귀와 싸워서 승리할 수가 있습니다. 모세의 인도를 받아 3백만 이스라엘 백성이 430년 동안 종살이하던 애굽에서 해방되어 나왔습니다. 우리 그리스도의 복음은 해방의 복음입니다. 하나님은 우리를 끊임없이 속박 가운데서 해방시켜 주시는 것입니다. 430년 동안 애굽의 종살이에서 온갖 고통과 괴로움을 당하던 이스라엘 백성이 하나님께 부르짖으니 하나님이 모세를 보내어서 그들을 해방시켜서 그들을 이끌어 젖과 꿀이 흐르는 가나안 땅으로 가던 중에 르비딤이라는 곳에 이르렀습니다. 르비딤에 이르자 그 곳에 있는 아말렉 사람들이 나와서 이스라엘을 쳤습니다(출8:8-14). 가나긴 사막의 길을 여행하는 동안 지치고 피곤하고 목마르고 괴로웠는데 이제 아말렉이 와서 치니 이스라엘 사람들이 당황할 수밖에 없습니다. 그때 모세는 여호수아에게 말하기를 "너는 군대를 동원해서 내일 평지에 나가서 아말렉을 대적해서 싸워라! 나는 아론과 훌을 데리고 그 전쟁터가 내려다보이는 산에 올라가서 지팡이를 들고 손을 들어 기도할테니 싸워라" 했습니다. 모세는 하나님의 권능이 있어야 아말렉을 이길 수가 있다는 것을 알았습니다. 그 다음날 여호수아는 군대를 거느리고 아말렉을 대적하여 평지에 나가서 전쟁이 붙었습니다. 그때 모세는 아론과 훌을 데리고 그 들판이 내려다보이는 산 위에 올라가서 하늘을 향하여 높이 지팡이를 들고 손을 들어 기도했습니다.

모세가 기도하자 하늘 문이 열리고 하늘에서 강한 바람 같은 하나님의 권능의 역사가 임하여 여호수아와 이스라엘의 군대들은 용기가 백배하여 큰 힘을 얻어 나아가 아말렉을 밀고 밀쳐서 승리했습니다. 그러나 모세가 팔이 아파서 팔을 내리고 기도를 쉬자, 아말렉이 다시 힘을 얻어 이스라엘에 진을 치매 이스라엘 백성이 후퇴하고 많은 손해를 입었습니다. 모세가 손을 들면 이스라엘이 이기고 손을 내리면 졌습니다. 이것이 몇 번이나 계속되었습니다. 그럴 때마다 전쟁터에는 아비규환의 비극적인 장면이 일어났습니다. 그러자 아론과 훌이 모세를 돌 위에 앉혀놓고 한쪽 팔은 아론이 들고 다른 팔은 훌이 들고 해가 질 때까지 계속 손을 들고 하나님을 향하여 부르짖으매 하나님의 성령이 계속 이스라엘을 위해서 역사하니까, 아말렉이 져서 이스라엘은

큰 승리를 얻어 전리품을 가지고 의기양양하게 진으로 돌아올
수 있었다는 이야기가 있습니다.

　이것은 바로 우리의 씨름은 혈과 육에 대한 것이 아니요, 우리
의 삶의 배후에 영적인 힘이 우리에게 여실하게 작용한다는 것
을 보여주고 있는 것입니다. 우리 삶에 공기가 둘러싸여 있어서
그 안에서 사는 것처럼, 우리는 영적인 분위기 속에서 삽니다.
우리의 배후의 눈에 보이지 않는 영적인 힘이 우리에게 긍정적
인 능력을 발휘할 수도 있고 부정적이고 파괴적인 일을 할 수도
있습니다. 주님께서 우리 가운데 역사하시는 성령으로 우리에게
생명을 주되 넘치게 주는 역사를 하시지만 마귀가 역사하면 귀
신들로 더불어 우리에게 도적질하고 죽이고 멸망시키는 그러한
환경으로 만들어 버리고 마는 것입니다. 이러기 때문에 우리의
배후의 세력이 현실적으로 우리의 삶을 형성해 가고 좌우한다는
사실을 알아야만 하는 것입니다.

　이스라엘 백성이 원수와 대적한 싸움의 승패는 그들이 전쟁을
얼마나 잘 하느냐 무기가 얼마나 좋았느냐에 있지 않고, 그들 배
후에 영적인 기도가 마귀의 힘을 이겼느냐 이기지 않았느냐, 여
기에 달려있었습니다. 그렇기 때문에 바울 사도는 말하기를, 우
리의 씨름은 혈과 육, 즉 인간에 대항하는 것이 아니요 통치자와
권세와 이 세상 어둠의 주관자들과 공중의 권세 잡은 악의 영들
에게 대함이라고 말한 것입니다. 우리의 힘만으로는 마귀를 이
길 수가 없습니다. 모세와 같이 손을 들어 기도하여 하나님의 권

능이 나에게 와야 마귀와 싸워서 이길 수가 있습니다.

둘째, 욥의 고난과 비극을 통해서 이해 할 수가 있습니다. 욥의 비극을 보십시오. 욥의 비극은 현실적인 것입니다. 그러나 욥의 비극의 현실은 바로 그 배후에 영적인 사건이 일어났다는 것을 볼 수 있습니다. 큰 바람이 불어서 욥의 자녀들이 맏형의 집에서 잔치를 벌이고 있다가 집이 무너져 몰사했습니다. 일곱 아들과 세 딸이 한꺼번에 죽었으니 욥이 당한 비극은 말로 다 할 수 없습니다. 이것은 꿈이 아닙니다. 현실적인 사건이었습니다. 그뿐 아니라 적들이 공격해 와서 짐승들을 빼앗고 벼락으로 양떼를 다 잃었습니다. 3천 마리의 약대가 적군들에게 다 빼앗기고 5백 겨리의 소와 5백 겨리의 암나귀도 적들이 와서 다 빼앗아 갔습니다. 그리고 양을 치는데 갑자기 먹구름이 다가오더니 소나기가 쏟아지며 벼락이 떨어져서 양 3천 마리가 순식간에 불타버리고 만 것입니다. 비극에 비극이 다가왔습니다. 거기에다가 설상가상으로 욥은 온 몸이 병들었습니다. 그래서 모든 의원과 모든 약이 소용이 없었습니다.

그는 동네에서 쫓겨났습니다. 그는 무더기에 앉아서 혼자서 기왓장으로 그 병든 몸을 긁고 있었습니다. 그럴 때 그 아내가 와서 말했습니다. "너는 하나님을 저주하고 죽어라!" 이것은 마귀가 아내를 이용하여 욥을 시험한 것입니다. 그리고 그 친지들이 와서 욥을 온갖 말로 괴롭혔습니다. 이러한 것들은 현실적인 것입니다. 그러나 성경은 그 배후에 이러한 일들이 일어나도록 한 사건을 보여주고 있으니 마귀가 하나님 앞에 나아와서 욥을 참소한 결과, 욥을 마귀에게 내어주매 마귀가 와서 욥을 치매 욥에게 이와 같은 비참한 일들이 일어난 것입니다. 그러므로 현실적으로 욥에게 일어난 이 비극적인 사건은 눈에 안 보이는 배후의 마귀의 도적질하고 죽이고 멸망시키는 역사가 있었다는 사실을 알 수 있는 것입니다.

그러므로 우리는 현실에 다가오는 여러 가지 문제를 현실로써 해결하려고 해서는 안 됩니다. 현실의 배후에 있는 마귀와 귀신들의 역사를 우리가 기도와 믿음으로 제거하지 않으면 안 됩니다. 우리의 싸움은 혈과 육에 대한 것이 아닙니다. 기도하는 사람이 이깁니다. 하나님께 부르짖는 사람이 이깁니다.

영적인 전쟁에서 마귀를 제압하는 사람은 현실적인 세계에서 하나님의 성령의 도우심과 하나님의 천사들의 도움을 통해서 승리하게 되는 것입니다. 이렇기 때문에 우리들은 영적인 싸움을 싸워서 먼저 이겨내지 않으면 안 됩니다. 현실적으로 환경을 원망하고 사람을 원망하고 역사의 진행을 탄식한다고 해서 문제가 해결되는 것이 아닙니다. 현실은 눈에 보이지 않는 영적인 세계가 탄생시키고 영적인 세계가 현실을 조성시켜 나가는 것입니다. 이러므로 우리는 예수 그리스도를 믿고 영안이 밝아져서 오늘날 현실적인 우리의 삶과 역사가 배후에 있는 큰 세력이 이것을 조정한다는 것을 알게 될 때 우리의 싸움은 현실의 육과 혈에 대한 싸움이 아니고 기도와 믿음의 싸움이라는 것을 알게 되고 기도와 믿음에 우리는 전력투구하게 될 것입니다.

셋째, 아합왕 시절의 삼년반 기근을 통하여 알 수가 있습니다. 엘리야는 아합 왕이 이방신을 섬기는 여자 이세벨을 데려다가 결혼하고 온 북 이스라엘로 하여금 바알과 아세라를 섬기는 신앙으로 가득하게 만들었습니다. 여호와의 선지자들을 다 잡아 죽이고 여호와의 제단을 헐어 버렸습니다. 그 결과로 하나님의 진노가 이스라엘에 임하게 되었습니다.

엘리야가 아합 왕을 만나서 내 입에서 말이 떨어지기 전에 이 땅에 우로가 없을 것이라고 했습니다. 그 결과로 3년 6개월 동안 북이스라엘에 우로가 없었습니다. 그러므로 기근이 막심하고 사람들이 굶어죽고 짐승들이 다 죽고 처참하게 되었습니다. 그 후에 엘리야가 아합 왕을 만나서 우리 결단을 내리자. 여호와가 참 하나님인지, 바알이 참 하나님인지, 시험을 해 보자. 온 바알의 선지자와 이스라엘 대표들을 갈멜산으로 모아 와서, 그곳에서 여호와가 참 하나님인지 바알이 참 하나님인지 우리가 시험을 하자고 했습니다.

그래서 아합 왕이 갈멜산으로 바알의 선지자 450명과 아세라 상에서 먹는 선지자 400명과 모든 이스라엘의 대표들을 다 모았습니다. 거기에서 엘리야가 이런 제안을 했습니다. 우리가 단 두 개를 쌓되 바알의 단도 있고 여호와의 단도 있는데 바알의 단이

나 여호와의 단에 각각 송아지 한 마리를 잡아서 각을 떠서 얹어 놓고 기도해서 불로 응답하는 신이 참 신으로 하자. 바알은 그 제사장 수가 450명이 되니 먼저하라, 그래서 바알의 제사장들이 단을 쌓고 장작을 펼쳐놓고 송아지를 각을 떠서 얹어 놓고 단 주위에 뛰고 춤추며 바알이여, 바알이여, 불을 주소서 불을 주소서, 고함을 치고 오전 때가 되어도 불이 임하지 않습니다.

그러니 엘리야가 나와서 조롱을 합니다. 더 고함을 쳐라 너희 신이 잠에 들었나보다 깨워라, 혹은 여행을 갔는가 보다 빨리 돌아오게 하라, 그러니 바알의 선지자가 답답하니깐 칼로써 자기 몸을 찢으며 피를 흘리고서 부르짖어도 응답이 없습니다. 저녁에 엘리야의 차례가 왔습니다. 엘리야는 사람들에게 모여 오라 이스라엘의 무너진 제단을 수축했습니다. 이스라엘의 12자녀의 이름대로 12개의 돌을 취해서 제단을 만들고 그 위에 송아지의 각을 떠서 얹고 난 다음 물 세 동이를 가지고 와서 부으라고 하십니다.

부으니깐 물이 제단과 도랑에 가득했습니다. 두 번째 도 부어라 세 번째도 그리하라, 그리고 난 다음 하나님 앞에 꿇어 엎드려서 하나님 아버지여 여호와께서 하나님이신 것과 내가 하나님의 종인 것과 이렇게 하는 것이 하나님의 뜻인 줄 알게 하여 주옵소서. 하나님께서는 유일한 하나님이요, 이 백성으로 하여금 마음을 돌이켜 여호와를 섬기게 하는 줄로 알게 하여 주시옵소서. 내 기도에 응답하시고 불을 내리소서, 불을 내리소서 하니,

마른하늘에 불이 제단에 떨어지면 제단이 바싹 다 타버렸습니다. 온 제물도 타고 물도 다 타고 돌도 다 탔습니다. 그러자 사람들이 엎드려 여호와 그는 참 하나님이라 여호와는 참 하나님이라고 고함을 칠 때에 엘리야는 말하기를 바알이 선지자를 다 잡아라, 군종들이 일어나서 450명을 잡으니 그를 시냇가에 내려가서 엘리야가 칼을 빼서 450명 바알의 선지자들의 목을 다 쳤습니다.

그리고 난 다음에 그는 갈멜산에 올라가서 하나님께 비를 달라고 기도할 때에 얼마나 간절히 기도했던지 배가 무너져서 두 다리 사이에 들어갔습니다. 그러면서 자기 종보고 산꼭대기에 올라가서 증거가 있는지 보라, 처음 올라가서 아무 것도 안 보입니다. 일곱 번까지 올라가라 일곱 번째에 가보니 손바닥만한 구름이 떴습니다. 그러자 빨리 아합 왕에게 가서 비에 막히지 않게 병거를 준비하고 빨리 이스라엘로 들어가라 그러자 곧장 하늘을 덮고 비가 쏟아지는데 억수같이 쏟아집니다. 하나님의 성령이 엘리야에게 임하매 그는 내내 병거 앞에서 뛰어서 이스라엘까지 들어갔다는 이야기가 있습니다. 이 이야기는 위대한 승리를 의미하는 것입니다. 오랫동안 우상 숭배하던 북 이스라엘에 하나님의 선지자 엘리야가 여호와의 이름으로 위대한 승리를 가져온 기록인 것입니다. 이것이 우리에게 가르치는 많은 교훈이 있습니다. 그러므로 한 나라에 기근이 찾아오는 것도 영적인 세계의 영향으로 기근이 찾아오는 것입니다. 엘리야가 바알의 선지자를 다 죽이고 하나님에게 기도하니 이스라엘 나라에 비가 내려 기근이 사라진 것입니다.

넷째, 다니엘의 기도응답을 보면 영적인 세계를 알 수가 있습니다. 다니엘의 21일 동안의 기도를 우리는 너무나 잘 알 수 있습니다. 바벨론에 포로로 잡혀간 다니엘이 자기 민족과 역사를 위해서 불타는 마음이 있어 강가에 나와서 그는 금식하며 기도하기 시작한 것입니다. 그의 친구들과 함께 일주일 동안 열렬히 했는데 일주일 동안 기도해도 아무런 응답도 없고 역사도 없으매 많은 친구들이 떨어져 나갔습니다. 그 다음 이주일 째 계속 기도를 했습니다. 이젠 배고프고 지칩니다. 또 많은 친구들이 떨어져 나갔습니다. 나중엔 다니엘 혼자 남았습니다. 그는 3주간 째 기도합니다. 19일, 20일, 기도해도 아무 역사가 일어나지 않습니다. 그러나 다니엘이 21일 째 기도하자 갑자기 하늘 문이 열리고 영광의 천사가 다니엘에게 나타나서 말했습니다. "다니엘아! 네가 기도할 때 첫날에 너의 기도가 상달되어서 하나님이 응답으로 나를 보냈으나 파사를 지배하는 영적인 세력인 마귀의 군대가 나를 막으므로 나를 대적해서 20일 동안 싸우므로 내가 공중에서 내려오지 못했으나 21일 만에 군장 미가엘이 와서 나를 도우매 그 벽을 허물고 너에게 내려왔다"고 말했습니다. 다니엘은 그가 기도할 때 그의 기도하는 기도를 통해서 하늘에서 전쟁이 일어나 군장 미가엘이 와서 사자들이 원수 마귀의 진을 훼파하고 있다는 것을 알고 있었습니다. 그러므로 여러분의 기도의 응답도 마귀가 오지 못하도록 방해 한다는 것입니다. 그렇기 때문에 그는 낙심하지 아니하고 마귀의 집이 무너질 때까지 일주일을 기도하고 이 주일을 기도하고 3주일을 버틴 것이었습니다. 오늘날도 우리는 다니엘 기도를 한다고 합니다. 그래서 21일 동안 다니엘 기도를 아침에 하든지 저녁에 하든지 하는데 기도는 응답이 올 때까지 해야 합니다. 이와 같이 우리가 끊임없이 낙심하지 않고 마음에 큰 인내심을 가지고 기도하는 것은 마귀의 진을 훼파하는 중대한 능력이 되는 것입니다. 예수님께서는 기도를 조금만 하지 말고 인내를 가지고 하라는 것을 여러 번 우리에게 권면했습니다. 그러기 때문에 우리가 기도하는 기도대로 응답이 되지 않는 것은 배후에 마귀가 방해할 수가 있다는 것입니다. 그러므로 기도는 응답이 될 때까지 인내심을 가지고 성령으로 충만한 가운데 해야 되는 것입니다.

다섯째, 질병의 배후에도 영적인 세계가 결부되어 있었습니다. 우리 교회에 와서 치유 받은 목사님의 간증입니다. 저는 허리에서 부터 얼굴까지 반신불수가 되어 12월 20일부터 4월 25일 충만한 교회에 오기 전까지 반신불수가 되어 거동을 못하며 집안에서 누워서 지냈습니다. 그러다가 저의 친한 친구 목사님들이 충만한 교회에 가면 치유가 된다는 말을 듣고 차에 실려 충만한 교회 성령치유 집회에 참석하여 은혜를 받았습니다. 그런데 참석한 첫날부터 강한 성령의 불을 받고 온몸이 불덩어리가 되더니 몸이 뒤틀리기 시작을 했습니다. 막 악이 써지고 몸이 사정없이 떨리고, 발버둥을 얼마나 쳤는지 의자란 의자는 다 발로 차서 넘어지게 했습니다. 악한 귀신들이 발작을 하게 한 것입니다. 그러면서 수많은 귀신들이 발작을 하면서 떠나고 소리를 지르면서 떠나갔습니다. 정말 저도 깜작 놀랄 정도로 강한 성령의 역사를 체험했습니다. 그리고 저의 질병은 악한 더러운 귀신들이 일으키고 있다는 것도 인정하게 되었습니다. 저는 이때까지 내가 허리디스크와 좌골 신경통으로 이렇게 되었지 악한 영의 역사로 이렇게 되었다고는 꿈에도 생각을 하지 않고 한방치료와 병원치료만 하였습니다. 그리고 친구 목사님들이 영적인 문제라고 할 때 말도 못하게 했습니다. 영적인 문제가 아니고 병으로 생긴 것이라고…. 한마디로 영적인 무지한 이였습니다. 그런데 충만한 교회에 와서 체험하고 보니 제가 당한 고통을 영적인 세계를 몰라서 당한 고통입니다. 영적인 세계에 무지해서 이렇게 오랜 시간 고통을 당한 것입니다. 영적인 세계를 모르고 보이는 면만 가지고 해결하려고 고생을 사서 한 것입니다. 부끄러워서 누구에게 이야기 하지도 못할 일입니다. 저의 고집을 꺾고 충만한 교회에 따라와서 성령님의 역사로 불을 받고 치유되기 시작하다가 몇 칠이 지나니 저 혼자도 걸을 수가 있었습니다.

그래서 제가 손수 운전을 하면서 열심히 다녔습니다. 그러다가 여러 가지 성령의 은사와 은혜를 체험했습니다. 질병의 배후에도 영적인 세계가 결부되어 있다는 것을 체험적으로 알게 되었습니다. 다시 목회를 시작하니 교회가 점점 부흥이 되었습니다. 몇 개월 다니면서 치유를 받으니 이제 몸도 완치가 되었습니다. 누구보다도 그렇게 완악하던 남편이 너무나 좋아하는 것이었습니다. 정말 하나님은 못하시는 것이 없으십니다. 저를 치유하신 하나님에게 영광을 돌립니다. 그리고 시간시간 안수하여 주신 목사님에게도 감사를 드립니다. 여러분 말씀과 성령으로 영안을 열어 영적인 세계를 알려고 노력하시기를 바랍니다. 그러면 저와 같은 생고생을 하지 않을 것입니다. 정말 목사가 영적인 세계를 모르면 안 됩니다. 아니 성도님들도 영적인 세계를 모르면 안 됩니다.

성도가 영적인 세계를 모른다는 것은 세상에 눈을 뜬 장님과 같은 것입니다. 제가 이제 강요셉 목사님의 매주 다른 영적인 말씀을 듣고 영의 눈이 열리니 목회도 한층 쉬워졌습니다. 정말 하나님에게 감사와 찬양과 영광을 돌립니다. 저도 이제 치유 사역자가 되어 영적인 말씀을 전하여 성령치유 사역을 하고 있습니다. 인천 은혜교회 김목사

여섯째, 악한영의 영향으로 일어나는 현상. 우리가 사소하게 생각하는 것들의 배후에도 영적인 세계가 결부되어 있는 경우가 많습니다. 예를 든다면 습관적인 유산의 경우입니다. 필자가 그동안 병원전도와 성령치유사역 간 만난 습관적인 유산을 하는

분들의 대부분이 두려움의 영의 영향으로 유산이 된다는 것입니다. 어느날 병원에 전도를 갔습니다. 산부인과 병동에 가면 함부로 들어갈 수가 없습니다. 문밖에 서서 여기 목사에게 안수 받고 싶은 분 없습니까? 그랬더니 저요! 하는 것입니다. 잠시만 기다리세요. 기다리다가 들어오세요. 하여 들어갔습니다. 나이가 33세인 여성이 이렇게 말하는 것입니다. 목사님! 저는 임신 3개월 만에 유산을 3번하고, 지금 4번째 임신을 했는데 또 유산기가 있어서 입원하였습니다. 두 번째는 영력이 있다는 권사님이 기도하면 유산이 되지 않는다고 하여 교회에 가서 기도하다가 유산이 되었습니다. 원인을 제거핫 않고 기도만 한 결과입니다. 무조건 기도만 하면 문제가 해결이 되는 것이 아닙니다. 다음에 임신을 했는데 또 유산을 했습니다. 목사님! 그런데 임신을 하고 2달이 지나면 여지없이 불안이 찾아옵니다. 유산하면 어쩌나 하는 불안입니다. 이번에 네 번째인데 유산되지 않았으면 좋겠습니다. 그래서 이렇게 말했습니다. 걱정하지 마세요. 안수를 받으면 불안하게 하는 요소들이 떠나가고 출산하게 될 것입니다. 그렇게 안심을 시키고 3번을 찾아가 안수기도를 해주었습니다. 그 결과 귀여운 딸을 출산했다고 연락이 왔습니다. 우리가 알아야 할 것은 첫째를 일곱 달에 출산하면 둘째도 육 개월이 지나면 서서히 자궁이래로 내려옵니다. 예수 이름으로 기도하면 정상적인 분만을 합니다.

필자가 시화에서 목회할 때의 일입니다. 시골에서 시화로 이

사 온 가정을 인도하였습니다. 심방예배를 드리고 나니 시어머니께서 하시는 말씀이 아주 영력이 있는 목사님이시라고 아주 좋아했습니다. 예배를 드리고 사정이야기를 들어보니 첫째 아이를 7달 만에 출산하여 '잉큐베이타'에서 2달 동안 있다가 나와서 지금 2살이었습니다. 둘째를 임신하여 4개월이 된 상태였습니다. 우리 교회에 출석하여 예배를 드리기 시작을 했습니다.

그런데 주일날 예배를 드리러 오지 않는 것입니다. 제가 월요일 아파트 전도를 하면서 방문을 했습니다. 사정이 생긴 것입니다. 아기가 자궁에서 내려앉아서 산부인과에 가서 초음파를 해보니까, 밖으로 나오려고 내려앉은 것입니다. 그렇다고 꼼짝하지 말고 집에 있으라고 했다는 것입니다. 그래서 교회에 나오지 못한 것입니다. 필자가 안수를 했습니다. "성령이여 임하소서. 내가 나사렛예수님의 이름으로 명하노니 아기야 자궁에 정상적으로 올라앉을 지어다. 정상적으로 10달이 되면 세상으로 나올지어다." "내가 나사렛예수님의 이름으로 명하노니 아기야 자궁에 정상적으로 올라앉을 지어다. 정상적으로 10달이 되면 세상으로 나올지어다." 이렇게 기도를 했습니다. 큰아이가 7달에 세상으로 나오니 둘째도 7달에 세상으로 나오려고 한다는 것입니다. 그렇게 기도를 하고 수요일 날 다시 방문을 했습니다. 성도가 하는 말이 아기가 정상적으로 자궁에 정착 앉았다는 것입니다. 할렐루야! 감사할일입니다. 그렇게 해서 10달이 지난 다음에 정상적인 출산을 했습니다.

5장 마귀가 세상을 점령해가는 술책들

(엡 6:12)"우리의 씨름은 혈과 육을 상대하는 것이 아
니요. 통치자들과 권세들과 이 어둠의 세상 주관자들과
하늘에 있는 악의 영들을 상대함이라."

하나님은 이 시간 우리에게 영적인 세계를 알고 영적인 싸움
에서 승리하라고 하십니다. 영적 싸움을 하기 전에 꼭 짚고 넘어
가야 할 것이 있습니다. 즉, 영적 싸움을 할 수 있는 자격이 먼저
되어야 합니다. 자격은 영적인 원리와 자신에게 하나님에 주신
권세가 무엇인지 알고 사용하는 것을 말합니다. 또한 무엇을 해
야 된다는 부담이 아니라, 안식과 평안함으로 영적인 싸움을 싸
워 나아갈 수 있어야 합니다. 하나님이 주신 영적 권세를 가진
성도는 반드시 승리하게 됩니다. 하늘의 축복을 받습니다. 그러
므로 성도들은 불신자들을 압도하고 리더 하는 영적 힘이 있어
야 합니다.

그러나 오늘날 성도들이 너무 힘을 잃어가고 있습니다. 왜 일
까요, 너무 영적인 면에 무지하기 때문입니다. 영적인 면에 무지
하여 방심할 그 때에 문제가 오게 됩니다. 기독교는 예방의 신앙
입니다. 문제를 당하기 전에 성령으로 기도하여 알고 예방하는
것입니다. 하나님은 성령으로 기도하는 신령한 성도들에게 문제
를 당하기 전에 알려주셔서 미리 예방하게 하신다는 것을 아시

기를 바랍니다. "주 여호와께서는 자기의 비밀을 그 종 선지자들에게 보이지 아니하시고는 결코 행하심이 없으시리라(암3:7)" 영으로 기도하여 미리 예방하시는 분들이 되시기를 바랍니다. 영적인 세계에 눈이 열리시기를 축원합니다.

그리하여 아브라함의 아들, 이삭에게 불신자들이 찾아와서 여호와께서 너와 함께 있어서 복을 받은 자 라고 말했습니다. 우리도 모든 불신자들이 우리를 찾아와서 하나님께서 당신과 함께 있어서 복을 받고 있습니다. 라는 고백을 할 정도가 되어야 합니다. 마귀는 우리가 이렇게 하나님의 축복을 받는 것을 시기하여 온갖 방법을 동원하여 우리를 공격합니다. 그래서 우리는 영혼을 스스로 지켜야 합니다. 내 영은 내가 지켜야 합니다. 이 시간에 전하는 옛 통치자와 권세와 세상 주관자에 대한 영적인 지식은 우리가 세상을 살아가는 모든 곳에 적용이 됩니다. 가정에도 적용되고, 나에게도 적용되고, 교회에도 적용되고, 사업장에도 적용이 됩니다. 적용을 잘하여 마귀의 궤계를 몰아내시기를 축원합니다. 우리가 옛 통치자와 권세와 세상 주관자를 잘 알아야 하는 것은 이렇습니다.

첫째, 영적인 존재에 대해 알고 속지마라. 하나님이 주신 축복과 영혼을 지키기 위하여 옛 통치자와 권세에 대하여 잘 알고 속지도 말고 싸워 이겨야 합니다. "우리의 씨름은 혈과 육을 상대하는 것이 아니요 통치자들과 권세들과 이 어둠의 세상 주관자들과 하늘에 있는 악의 영들을 상대함이라(엡 6:12)"

1)통치자라는 것은 정부를 말하는 것입니다. 나라를 말하는 것입니다. 예수님도 마태복음 12장 26절에 만일 사탄이 사탄을 쫓아내면 스스로 분쟁하는 것이니 그리하고야 어떻게 그의 나라가 서겠느냐 마귀가 나라가 있어요. 나라에 대통령이나 수상이 있는 것처럼 마귀도 나라가 있어서 통치자는 흑암의 나라에 임금인 것입니다.

2)그 다음에는 그 밑에 권세가 있습니다. 권세는 오늘날 정부의 조직에 장관들이 있지 않습니까? 농림수산부장관, 국방부장관, 재정경제부장관같이 마귀의 나라에도 장관이 있어 그 장관들이 온 마귀의 세계를 다스리고 돌보고 있는 것입니다. 조직이 있습니다. 누가복음 4장 6절에 이르되 이 모든 권위와 그 영광을 내가 네게 주리라 이것은 내게 넘겨 준 것이므로 내가 원하는 자에게 주노라 고 해서 예수님이 사탄에게 절하면 예수님에게 하늘나라에 장관자리 하나주겠다고 말한 것입니다. 만왕의 왕, 만주의 주인 예수를 보고 사탄이 자기나라 장관자리 주겠다고 그런 터무니없는 소리를 하는 것이 마귀의 일인 것입니다.

3)그리고 마귀는 세상 주관자, 세상의 여러 가지 어두움의 조직을 가지고 있습니다. 세상에 마귀는 오늘날 지사가 있고 시장이 있고 군수가 있고 면장이 있는 것처럼 그런 조직을 가지고 있습니다. 그래서 모든 리 단위까지 개인 가정까지 사탄은 조직을 하고서 자기 조직 관리를 하고 있는 것입니다. 요한일서 5장 19

절에   또 아는 것은 우리는 하나님께 속하고 온 세상은 악한 자 안에 처한 것이며   라고 했습니다. 온 세상은 악한자의 이와 같은 세상 주관하는 조직 속에 들어있는 것입니다. 에베소서 2장 2절에   그 때에 너희는 그 가운데서 행하여 이 세상 풍조를 따르고 공중의 권세 잡은 자를 따랐으니 곧 지금 불순종의 아들들 가운데서 역사하는 영이라   고 말한 것입니다.

4) 마귀는 왕으로 앉아있고 그 밑에 권세들인 장관들이 있고, 그 다음 세상에 모든 조직이 있어 면 단위까지 개인가정 단위까지 전부 얽어매고 악의 세력으로 꽉 잡고 세상풍속을 따르게 하고 하나님을 못 따르게 하고 점점, 점점, 멀리멀리 세속에 빠지게 하는 운동을 전개하고 있습니다. 마귀는 굉장히 조직적으로 일하고 있는 것입니다. 그리고 악의 영들 마귀는 군사들을 가지고 있습니다. 군사들을 가지고 동원해서 총공격을 하고 싸우는 것입니다.

요한계시록 12장 4절에   그 꼬리가 하늘의 별 삼분의 일을 끌어다가 땅에 던지더라 용이 해산하려는 여자 앞에서 그가 해산하면 그 아이를 삼키고자 하더니   마귀가 타락할 때 하늘천사 3분의 1을 같이 타락시켜서 마귀의 군사로써 땅에 던진 것입니다. 요한계시록 12장 9절에   큰 용이 내쫓기니 옛 뱀 곧 마귀라고도 하고 사탄이라고도 하며 온 천하를 꾀는 자라 그가 땅으로 내쫓기니 그의 사자들도 그와 함께 내쫓기니라   용이 쫓겨나갈 때 그 사자 타락한 천사들도 함께 세상으로 쫓겨났다고 말한 것입니다. 이것들이 하나님의 형상을 입은 우리들을 공격하는 것입니다. 그래서 우리의 싸움은 혈과 육의 싸움이 아니라 통치자와 권세와 이 어두움의 세상 주관자들과 하늘에 있는 악의 영들과 싸워야 하는 것입니다.

그러나 하나님은 우리에게 이사야 24장 21절에　그 날에 여호와께서 높은 데에서 높은 군대를 벌하시며 땅에서 땅의 왕들을 벌하시리니　라고 말씀하십니다. 통치자와 권세와 이 어두움의 세상 주관자들과 하늘에 있는 악의 영들을 절대 두려워 마시기를 바랍니다. 우리에게는 우리를 돕는 하나님이 군대가 있기 때문에 악한영들을 분별하고 속지 말고 영적인 전쟁을 하여야 합니다. 이렇게 인간세계의 배후의 세력으로써 마귀는 엄청난 조직을 가지고 임금과 장관들과 지사들과 시장들과 군수들과 면장들처럼 이런 면밀한 조직을 가지고 우리에게 다가오는 것입니다.

그렇기 때문에 우리가 마귀를 쉽게 생각하면 안 되는 것입니다. 마귀는 이렇게 조직을 가지고 우리가 영적인 생활을 잘못하고 마귀가 의도하는 방향으로 가게 하려고 많은 영 육 간의 문제가 발생하게 합니다. 지금도 많은 믿는 자가 영육의 문제로 고통을 당합니다. 그러나 우리는 두려워 할 필요가 없습니다. 예수님이 통치자와 권세를 밝혀내시고 십자가에서 승하셨습니다. "통치자들과 권세들을 무력화하여 드러내어 구경거리로 삼으시고 십자가로 그들을 이기셨느니라(골2:15)"

하나님의 천사들이 우리를 둘러 진치고 우리를 도와주고 우리의 기도를 통해서 마귀와 싸워서 승리를 갖다 주시는 것입니다. 우리는 외롭게 혼자 있는 것이 아닙니다. 하나님께서는 천군과 천사들을 우리에게 보내어서 우리를 위해서 역사하고 싸워 주시고 보호해 주시고 지켜 주시는 것입니다. 우리 주위에는 천군 천사가 호위하고 있습니다. 우리를 돕고 있습니다. 영적인 세계를 알고 담대하게 세상에서 하나님의 나라를 이루면서 사시기를 바랍니다.

둘째, 영육간의 문제로 고통당하는 이유. 성도가 영, 육간의 문제로 고통당하면서도 해결하지 못하는 이유는 이렇습니다.

1)성도들이 그리스도의 권세를 깨닫지 못하기 때문입니다. "영접하는 자 곧 그 이름을 믿는 자들에게는 하나님의 자녀가 되는 권세를 주셨으니 이는 혈통으로나 육정으로나 사람의 뜻으로 나지 아니하고 오직 하나님께로부터 난 자들이니라(요1:12-13)" 하나님의 자녀의 권세를 가지고도 사용하지 못하는 것입니다. 우리가 하나님의 자녀의 권세를 활용하지 못하면 마귀의 미혹에 속아서 하나님에게서 떨어질 지도 모릅니다. "형제들아 너희는 삼가 혹 너희 중에 누가 믿지 아니하는 악한 마음을 품고 살아 계신 하나님에게서 떨어질까 조심할 것이요(히3:12)"

경각심을 가지시기를 바랍니다. 예수님은 "이를 내게서 **빼앗**는 자가 있는 것이 아니라 내가 스스로 버리노라 나는 버릴 권세도 있고 다시 얻을 권세도 있으니 이 계명은 내 아버지에게서 받앗노라 하시니라(요10:18)" 예수님은 하나님의 자녀를 빼앗는 자가 있는 것이 아니라 스스로 버린다고 하십니다. 하나님의 자녀는 하나님의 음성을 알고 따릅니다. "문지기는 그를 위하여 문을 열고 양은 그의 음성을 듣나니 그가 자기 양의 이름을 각각 불러 인도하여 내느니라. 자기 양을 다 내놓은 후에 앞서 가면 양들이 그의 음성을 아는 고로 따라오되 타인의 음성은 알지 못하는 고로 타인을 따르지 아니하고 도리어 도망하느니라(요 10:3-5)" 주님의 음성을 듣고 주님과 가까이 지내시기를 바랍니다. 그러면 주님이 우리를 보호하여 주십니다. 주님이 마귀의 통치자와 권세를 이기시고 승리하셨습니다. "우리를 거스르고 불리하게 하는 법조문으로 쓴 증서를 지우시고 제하여 버리사 십자가에 못 박으시고 통치자들과 권세들을 무력화하여 드러내어 구경거리로 삼으시고 십자가로 그들을 이기셨느니라(골 2:14-15)" 예수님은 마귀의 일을 멸하러 오셨습니다. "죄를 짓는 자는 마귀에게 속하나니 마귀는 처음부터 범죄함이라 하나님의 아들이 나타나신 것은 마귀의 일을 멸하려 하심이라(요일 3:8)" 마귀의 역사를 알고 예수 이름으로 대적하여 나의 귀한 영혼을 지키시기를 바랍니다.

2) 영적인 것에 너무 무지하기 때문입니다. 영적인 세계를 바르게 보고 알아야 인생에서 성공할 수 있습니다. "내가 너희에게 뱀과 전갈을 밟으며 원수의 모든 능력을 제어할 권능을 주었으니 너희를 해칠 자가 결코 없으리라. 그러나 귀신들이 너희에

게 항복하는 것으로 기뻐하지 말고 너희 이름이 하늘에 기록된 것으로 기뻐하라 하시니라. 그 때에 예수께서 성령으로 기뻐하시며 이르시되 천지의 주재이신 아버지여 이것을 지혜롭고 슬기 있는 자들에게는 숨기시고 어린 아이들에게는 나타내심을 감사하나이다 옳소이다 이렇게 된 것이 아버지의 뜻이니이다(눅 10:19-21)"

영적인 세계를 알고 대처하시려고 하시기를 바랍니다. 한마디로 영의 눈을 뜨라는 것입니다. 영적인 분별력을 기르라는 말입니다. 말씀과 성령으로 영안을 여시라는 것입니다. 세상의 모든 문제와 행위에는 배후에 영적인 세계가 결부되어 있기 때문입니다. 영적세계를 분별하여 하나님의 군사로서의 사명을 감당하시기를 바랍니다.

3) 영적인 세계를 잘 이해하지 못하기 때문입니다. 영적인 세계에는 하나님의 성령과 마귀와 그리고 천사와 성령으로 거듭난 사람의 영이 거합니다. "여호와의 말씀이니라 사람이 내게 보이지 아니하려고 누가 자신을 은밀한 곳에 숨길 수 있겠느냐 여호와가 말하노라 나는 천지에 충만하지 아니하냐(렘 23:24)" "모든 천사들은 섬기는 영으로서 구원 받을 상속자들을 위하여 섬기라고 보내심이 아니냐(히1:14)" "우리의 씨름은 혈과 육을 상대하는 것이 아니요 통치자들과 권세들과 이 어둠의 세상 주관자들과 하늘에 있는 악의 영들을 상대함이라(엡6:12)"

영적인 세계에는 옛 통치자와 권세가 있습니다. 악한 옛 통치자와 권세라는 것은 한 지역을 붙들고 있는 귀신의 조직을 의미합니다. 악한 영도 등급이 있고 지위가 있습니다. 그래서 개인에게 역사하는 것도 있고 지역이나 문화, 사람, 조직들을 붙들고 있는 것들도 있습니다. 지역, 조직, 군중들을 붙들고 있는 것들이 바로 옛 통치자와 권세입니다. 이런 것들은 우리에게 어떠한 영향을 미치는가에 대해서는 의아한 사람들이 있을 것입니다.

셋째, 악한 통치자와 권세와 세상 주관자는 세상을 장악하고 지배하기 위해 어떻게 역사하는 가?

1) 지도자들을 통해 우리에게 역사합니다. 카리스마를 가진 사람에게 권위를 부여하고 그 휘하 사람들의 생각을 조정합니다. 그래서 한 조직의 일원들을 모두 지배하고 마귀의 생각대로 움직이게 합니다. 이것은 무슨 이야기냐 하면 마귀의 조종을 받고 있는 사람이, 단체의 권위자로 군림하고 있어 휘하에 약한 자들은 어쩔 수 없이 따라갈 수밖에 없게 한다는 말입니다. 영적인 분별력이 없는 사람들이 잘못된 종파에 속해서도 분별력이 없어서 영적 권위자 자의 카리스마만 보고 잘 가고 있는 줄 알고 순종하며 따라가는 사람들을 의미합니다. 악한 통치자와 권세는 직장의 상사, 교회의 목사나 장로, 심지어는 믿는 부모나 불신의 부모. 믿는 남편이나 불신의 남편. 아내를 이용하기도 합니다. 또 자녀를 이용하기도 합니다. 고로 성령으로 분별력을 길러서 속지 말아야합니다.

왕상16장에 이스라엘 아합 왕이 이방 여인 이세벨을 아내로 맞이하여 이세벨의 영으로 인하여 이스라엘 전체가 오염되었습니다. 그래서 하나님은 "너희는 너희가 거주하던 애굽 땅의 풍속을 따르지 말며 내가 너희를 인도할 가나안 땅의 풍속과 규례도 행하지 말고 너희는 내 법도를 따르며 내 규례를 지켜 그대로 행하라 나는 너희의 하나님 여호와이니라(레18:3-4)" "너는 그들과 그들의 신들과 언약하지 말라(출23:32)" 사람을 잘 만나야 합니다. 옛날 말에 장을 잘못 담그면 일 년을 고생하고 배우자를 잘못만나면 평생을 고생하고, 종교를 잘못선택하면 영원히 고행하는 것입니다. 친구도 잘 만나야 되고 배우자도 믿음 안에서 잘 만나야 합니다. 특별히 예수님을 만나야 합니다. 분별력을 달라고 기도하시기를 바랍니다.

제가 군 생활을 했기 때문에 잘 아는데 군대는 지휘관이 무슨 종교를 가졌느냐에 따라서 교회가 부흥이나 침체냐를 결정됩니다. 그래서 사람을 잘 만나야 된다는 것입니다. "너희 자신을 종으로 내주어 누구에게 순종하든지 그 순종함을 받는 자의 종이 되는 줄을 너희가 알지 못하느냐 혹은 죄의 종으로 사망에 이르고 혹은 순종의 종으로 의에 이르느니라(롬6:16)" 그래서 마귀는 곳곳에서 지도자들의 생각을 공격하고 그들의 생각을 조정해서 마귀가 시키는 대로 그 구성원들을 움직이게 하려고 혈안이 되어있습니다. 그래서 하나님은 성도들에게 늘 지도자들을 위해서 기도하라고 하시는 것입니다.

교회의 목사들의 생각을 바꾸어 놓으면 그 교회의 모든 구성원들은 성령을 쫓지 않고, 인본적인 생각을 쫓는 것이 당연하다고 생각하고, 그들은 그것이 그리스도의 일을 잘하고 있다고 생각하고 따라갑니다. 목사님이 장로가 교회에서 영향력을 행사하여 성도들의 신앙생활을 통제하고 잘못된 곳으로 이끌면서 자신은 그 잘못을 모르고 행동하는 경우가 많습니다. 이렇게 통치자와 권세는 지도자와 지도자를 돕는 참모들에게 역사하고, 그 자신도 모르는 경우가 많습니다. 그러므로 모든 성도는 영적 분별력이 있어야 합니다.

가정에 악한 마귀가 사람을 통하여 침입하여 그 가정을 파탄의 길로 이끌고 갑니다. 예를 들어 악한 마귀의 수하에 있는 마귀의 자녀가 그 가정에 침입하여 약한자를 공략하여 자기가 의도하는 방향으로 이끌고 가서 필경은 가정이 망합니다. 사람을 잘 만나고 사람을 잘 들여야 합니다. 그래서 불신 결혼을 하지 말라는 것입니다. 이세벨이 아합왕에게 시집와서 이스라엘 전체가 오염된 것을 기억해야 합니다.

2) 통치자와 권세와 세상 주관자는 둘째, 조직을 통해 역사합니다. 권위를 가진자가 조직을 만들고, 자신의 심복을 조직의 장으로 임명하여 조직을 이끌면서, 조직에 권위에 행사하여 강압적으로 이끌고 가는 것을 의미합니다. 통치자와 권세가 조직의 우두머리인 지도자의 생각을 공격하는 이유는 조직의 장을 장악하여 조직을 마귀들이 원하는 방향으로 이끌고 가기 위함입니

다. 하는 일은 조직원들에게 통일된 생각을 부여하게 하려는 목표, 이슈와 강압을 제공한다는 것입니다. 마귀는 조직을 만들고 조직들이 그것을 잘 관리하려고 합니다. 그래서 이러한 조직에 한번 매이면 조직에 끌려 다니는 수밖에 없습니다. 그래서 성령의 역사에 의하여 통제되고 성령의 자유로움보다는 조직의 숨이 막히는 사람과 악한 영의 역사에 자신이 갇혀 버리는 것입니다.

예수 그리스도의 매임은 사람을 영적으로 만들어 성장시키지만, 잘못된 조직은 신앙의 순수성을 상실시키고 성령의 역사를 막고 카리스마를 가진 지도자를 추종하고 잘못된 길 인줄도 모르고 따라갑니다. 하나님과 사람 사이에 지도자가 끼어서 하나님의 영광을 가로채면서 자신이 하나님인양 행세하게 됩니다.

그래서 조직은 개인에게 유언 무언의 폭력을 가하고 권위를 행사하고 자신만이 하나님의 심임을 받은 종이라고 세뇌 공작을 하여 분별력이 없는 성도들이 따라갈 수밖에 없게끔 하고, 그 휘하에 충성된 사람들을 둡니다. 그리고 감시를 하며 조직을 통해 그들을 다른 생각을 갖지 못하게 통제합니다. 그리고 새 뇌를 통하여 자신만이 최고로 능력이 있다고 주입시켜 다른 동업종의 다른 사람들을 은연중에 무시하고 시시하게 보게 합니다. 자신의 집단의 권위자가 제일 최고 다고 생각하게 주입식으로 교육합니다.

3) 분위기, 문화, 유행 지역의 특이성, 공동의 이익 등을 이용하여 사람들 혹은 단체를 통하여 역사 합니다. 즉 먹고사는 문제

를 잡고 통제하여 그곳의 분위기에 휩싸이게 합니다. 가정이나 개인에게 역사 하는 영 말고, 우리가 속한 지역과 공동체 안에 역사 하는 영을 꾸준히 대적해야 합니다. 한 번 기도해서는 안 됩니다. 계속 기도해야 합니다.

넷째, 악한 권세와 싸워 승리하라. 통치자와 권세와 세상 주관자와 싸워 승리하기 위해서는 이렇게 하시기를 바랍니다.

1) 영적인 잠에서 깨어나 성령 충만을 받아야 합니다. "그러므로 이르시기를 잠자는 자여 깨어서 죽은 자들 가운데서 일어나라 그리스도께서 너에게 비추이시리라 하셨느니라. 그런즉 너희가 어떻게 행할지를 자세히 주의하여 지혜 없는 자 같이 하지 말고 오직 지혜 있는 자 같이 하여 세월을 아끼라 때가 악하니라. 그러므로 어리석은 자가 되지 말고 오직 주의 뜻이 무엇인가 이해하라. 술 취하지 말라 이는 방탕한 것이니 오직 성령으로 충만함을 받으라(엡 5:14-18)" 의지적으로 성령의 충만을 받으라는 말입니다. 성령 충만하면 성령으로 분별력이 생기는 것입니다.

2) 말씀의 지식과 성령의 분별력을 받아야 합니다.

① 외식하지 말아야합니다. "그러나 성령이 밝히 말씀하시기를 후일에 어떤 사람들이 믿음에서 떠나 미혹하는 영과 귀신의 가르침을 따르리라 하셨으니, 자기 양심이 화인을 맞아서 외식함으로 거짓말하는 자들이라(딤전4:1-2)"

② 말씀의 지식이 많아야하고 말씀으로 분별해야 합니다. "하

나님의 말씀은 살아 있고 활력이 있어 좌우에 날선 어떤 검보다도 예리하여 혼과 영과 및 관절과 골수를 찔러 쪼개기까지 하며 또 마음의 생각과 뜻을 판단하나니 지으신 것이 하나도 그 앞에 나타나지 않음이 없고 우리의 결산을 받으실 이의 눈앞에 만물이 벌거벗은 것 같이 드러나느니라(히4:12-13)”

③ 예수님은 “아침에 하늘이 붉고 흐리면 오늘은 날이 궂겠다 하나니 너희가 날씨는 분별할 줄 알면서 시대의 표적은 분별할 수 없느냐(마 16:3)”고 말씀하십니다.

④ 지금 세상에 거짓선지자가 많이 나와 있습니다. 분별해야 합니다. “사랑하는 자들아 영을 다 믿지 말고 오직 영들이 하나님께 속하였나 분별하라 많은 거짓 선지자가 세상에 나왔음이라. 이로써 너희가 하나님의 영을 알지니 곧 예수 그리스도께서 육체로 오신 것을 시인하는 영마다 하나님께 속한 것이요, 예수를 시인하지 아니하는 영마다 하나님께 속한 것이 아니니 이것이 곧 적그리스도의 영이니라 오리라 한 말을 너희가 들었거니와 지금 벌써 세상에 있느니라(요일4:1-3)” 예수를 믿고 성령으로 거듭난 성도는 어디를 가더라도 거기 가서 분별할 수 있는 영적 분별력이 있어야합니다. 현장에서 처음 받는 인상이 중요합니다. 조금 지나면 적응되어 분별이 불가능하게 됩니다.

3) 해결책을 자신이 정하라는 것입니다. 자신이 고쳐나갈 수 있다고 생각하면 고쳐나가고, 그렇지 않으면 자신이 깨닫고 분별하고 행동을 결정해야 합니다. “그러나 어리석은 변론과 족

보 이야기와 분쟁과 율법에 대한 다툼은 피하라 이것은 무익한 것이요 헛된 것이니라(딛 3:9)" 마귀는 통치자와 권세들을 통해 공동체 전체를 마귀의 도구로 쓰려고 하기 때문에 우리 개인이 이러한 공동체 속에서 그 공동체를 바꾸는 것은 거의 불가능합니다. 계란으로 바위를 치는 결과이기도 합니다. 이것은 불교라는 커다란 통치자와 권세의 도구가 이미 되어버린 공동체에서 불교 전체를 없애려고 하는 시도와 같습니다.

그렇기 때문에 자신이 속한 공동체가 이미 마귀의 도구가 되어 도저히 가망이 없다면 스스로 물러나거나 떠나는 것이 좋습니다. 아니면 자신도 물들고 적응되어 잘못된 마귀의 도구가 되기 쉽습니다. 그러나 권세에 도전은 금물입니다. 권세는 하나님에게서 왔기 때문입니다. "각 사람은 위에 있는 권세들에게 복종하라 권세는 하나님으로부터 나지 않음이 없나니 모든 권세는 다 하나님께서 정하신 바라. 그러므로 권세를 거스르는 자는 하나님의 명을 거스름이니 거스르는 자들은 심판을 자취하리라(롬 13:1-2)"

하나님은 한 나라의 왕도 하나님이 세우시고 폐위하시기도 하십니다. "여호와께서 그에게 이르시되 너는 네 길을 돌이켜 광야를 통하여 다메섹에 가서 이르거든 하사엘에게 기름을 부어 아람의 왕이 되게 하고 너는 또 님시의 아들 예후에게 기름을 부어 이스라엘의 왕이 되게 하고 또 아벨므홀라 사밧의 아들 엘리사에게 기름을 부어 너를 대신하여 선지자가 되게 하라. 하사엘의 칼을 피하는 자를 예후가 죽일 것이요 예후의 칼을 피하는 자를 엘리사가 죽이리라(왕상19:15-17)"

권세에 대적하지 말고 자신이 판단하라는 것입니다. 조용하게 조치하라는 것입니다. 내가 오래 전에 서울 광진구 구의동에서 목회하시던 목사님이 당한 일입니다. 교회를 개척하여 열심히 전도하고 귀신을 쫓아내고, 병을 고치고 하여 2년 정도 지나니 성도가 약 150여명이 되었답니다. 그러던 어느날 장로 2명이 찾아와 전에 다니던 교회에서 문제가 생겨 나왔는데 예배드릴 곳이 마땅치 않다고 교회에 와서 예배를 드리게 해달라고 사정을 했다고 합니다. 그래서 처음에는 거절을 했는데 자꾸 와서 사정을 하여 승인하여 주었는데 처음 와서 몇 달은 아주 착실하게 열심히 신앙생활을 하더니 어느 정도 신임을 얻고 나니까, 이 사람 저 사람을 식사를 사주고, 집에도 찾아가고 하여 사람들을 포섭한 다음에 한 일 년이 지나니 자신들의 세력이 커지니까, 목사님의 약점을 가지고 목사님을 사임하게 하여 결국 일산으로 가서 다시 교회를 개척했다고 합니다.

이렇게 통치자와 권세는 힘 있는 자를 통하여 교회를 자신들이 원하는 교회로 만들려고 교회에 들어와 진을 치고 있으니 분별력을 가지고 대처하지 않으면 안 됩니다. 성도가 교회에서 목사님을 잘못 만나 잘못되는 경우가 있습니다. 또 교회에 목사님을 잘 못 들여서 모든 분이 잘못되는 경우가 많습니다. 율법주의 목사님이 지도하면 율법주의자가 될 수 있습니다. 성령역사를 무시하는 말씀주의 목사님에게 지도 받으면 심령이 갑갑한 말씀주의 성도가 될 수밖에 없습니다.

4) 자신이 해결책을 정했으면 그곳을 떠나 예수 이름으로 대적해야 합니다. 자신에게 이미 와 있는 영적 세력이 있다는 것을 인정하고 성령의 권능을 힘입고 대적해서 끊어 내야합니다. "이르시되 기도 외에 다른 것으로는 이런 종류가 나갈 수 없느니라 하시니라(막 9:29)" 이런 유는 영어로 kind로 종류를 뜻합니다. 마귀도 종류가 많은데 귀신들도 기도나 금식을 해야만 나가는 좀 센 것이 있다는 말씀입니다. 주님이 가르쳐주신 방법은 귀신도 센 것들은 영의 기도와 금식을 해야 나가니, 금식기도를 하는 등 성령으로 기도를 많이 해야 나간다고 가르치시는 것입니다. 그래서 우리의 문제의 배후에 있는 악한 영들이 나가야 문제가 해결되는데, 단순한 기도로 안 되면 그것은 우리의 기도의 강도를 높여야 된다는 말씀입니다. 문제가 있다고 생각되면 성령의 도움을 구하고 기도하여 대적해서 몰아내야 합니다.

충만한 교회에서는 매주 목요일 밤 19:30-21:30 성령 ,은사, 내적치유집회를 정기적으로 진행하고 있습니다. 성령세례와 체험을 원하시는 많은 분들이 찾아오셔서 성령세례를 받고, 성령은사를 받으며, 질병과 마음의 상처를 치유 받고, 귀신들을 떠나보내고 있습니다. 담임목사가 일일이 1시간이상 안수하여 성령으로 기도하며 성령의 강력한 역사가 일어나서 오시는 분들이 많은 은혜를 받고 있습니다.

2부 영적세계에 실존하는 영들

6장 초자연적인 성령님이 계신다.

(요 14:16~20)"조금 있으면 너희가 나를 보지 못하겠고 또 조금 있으면 나를 보리라 하시니 제자 중에서 서로 말하되 우리에게 말씀하신바 조금 있으면 나를 보지 못하겠고 또 조금 있으면 나를 보리라 하시며 또 내가 아버지께로 감이라 하신 것이 무슨 말씀이냐 하고 또 말하되 조금 있으면이라 하신 말씀이 무슨 말씀이냐 무엇을 말씀하시는지 알지 못하노라 하거늘 예수께서 그 묻고자 함을 아시고 이르시되 내 말이 조금 있으면 나를 보지 못하겠고 또 조금 있으면 나를 보리라 하므로 서로 문의하느냐 내가 진실로 진실로 너희에게 이르노니 너희는 곡하고 애통하겠으나 세상은 기뻐하리라 너희는 근심하겠으나 너희 근심이 도리어 기쁨이 되리라"

하나님은 예수를 믿는 성도가 성령을 알고 성령을 체험하고 성령과 인격적인 관계를 맺으면서 살아가기를 소원하고 계십니다. 무지하기만 하던 필자도 성령을 알고 성령을 체험하고 성령과 인격적인 관계를 맺으면서 많은 영적인 변화를 체험하고 기쁜 마음으로 목회를 하고 있습니다.

이스라엘 백성들이 종살이하던 애굽을 떠나자마자 그들은 전에는 결코 보지도 듣지도 못한 희한한 일이 눈앞에 나타났었습니다. 그것은 그들이 행진에 나가는 앞길에 갑자기 낮에는 거대한 구름기둥이 서서 하늘을 마치 양산처럼 덮어 태양을 가렸었습니다. 그리고 밤에는 그 구름기둥이 홀연히 불기둥으로 변하여 이스라엘 전체를 대낮같이 밝혀주었습니다. 그래서 그들이 원수의 기습이나 사나운 짐승들의 공격을 막아주었으며 밤이면 급속히 광야가 차가워지는데 그 차가워진 공기를 훈훈하게 데워서 의복이나, 이불이 부실한 그들을 따뜻하게 쉴 수 있도록 만들어 주었습니다.

이 역사적인 사실은 오늘 우리 그리스도인에게 보여주시는 뜻 깊은 사례입니다. 우리가 예컨대, 죄악의 애굽 세상에서 우리는 우리 주 예수 그리스도를 믿고 예수님을 따라 나오게 된 것입니다. 그러면 예수를 믿고 이 세상에서 신앙세계로 돌아오면 우리가 전에 듣지도 못하고 보지도 못하는 희한한 일이 우리 속에 일어나는 것입니다. 그것은 바로 하나님의 성령이 구름기둥과 같이 불기둥과 같이 우리의 영혼 속에 들어와서 주인으로 거하시게 된다는 것입니다. 이것은 예수 믿지 않는 사회에서는 결코 보지도 못하고 알지도 못합니다. 체험할 수 없습니다. 오직 예수를 믿을 때 우리 속에 즉시로 하나님의 성령이 주어주셔서 하나님의 성령이 구름기둥과 불기둥같이 우리 속에 임재하게 되는 것입니다.

이 성령께서는 우리를 인도하실 때 밤같이 어둡고 캄캄한 시련을 당할 때면 낙심과 절망으로 얼어붙은 마음을 녹여주시고 훈훈하게 해 주셔서 믿음과 용기를 우리 마음속에 부어주고 앞길을 안내하시는 것입니다. 또 우리를 보호하시고 밝은 길로 인도하시며 대낮의 삶의 생존 경쟁에서 힘들고 지칠 때, 낙심할 때 우리를 위로해 주시고 상쾌하게 해주시고 쉬게 해주시고 기쁨과 소망을 주심으로 이 광야 같은 세상을 우리들이 승리로 살아가게 만들어 주시는 것입니다.

이스라엘 백성이 낮에는 구름기둥, 밤에는 불기둥이 없이는 절대로 광야를 통과할 수 없습니다. 그들은 광야에서 다 희생되고 죽었을 것입니다. 그처럼 오늘 우리가 예수 믿고 이 상막한 세상을 신앙생활에 나가려고 할 때 우리 속에 와 계신 성령이 구름기둥과 불기둥처럼 우리에게 희망과 용기와 능력과 위로와 평안을 주시지 아니하신다면 우리의 신앙생활은 결코 성공할 수가 없습니다.

첫째, 성령님은 누구신가? 이것을 우리가 잘 알아야 되는 것입니다. 예수님께서 3년 반 동안 제자들과 함께 이 땅에 사역하시다가 주님께서 떠나야 하시겠다고 말씀하실 때에 예수님의 제자들의 심정은 처참했습니다. 그들은 고향 산천 다 떠나서 예수님을 따라 3년여 동안 헌신했는데 이제 주님께서 갑자기 그들을 떠나신다고 말합니다.

그것도 비참하게 죄인의 한사람처럼 잡혀서 십자가에 처형을 당하여 세상을 떠난다고 하시니까 제자들은 이제는 살길이 막연했습니다. 고향 산천 돌아갈 수 없고 이대로 살아갈 수도 없습니다. 이제 모든 유대민족들이 예수님의 제자들을 적대함으로 그들은 완전히 절망에 처했습니다. 그럴 때 예수님께서 말씀하기를 "낙심하지 말라 내가 아버지께 구하겠으니 그가 또 다른 보혜사를 너희에게 주사 영원토록 너희와 함께 있게 하겠다"고 말한 것입니다.

　　여기에서 말씀은 예수님께서 우리의 처음 보혜사라는 것입니다. 주님이 내가 처음 보혜사 아니냐? 내가 너를 3여 년 동안 인도하고 가르치고 보호하고 돌보고 도움이 되지 않았느냐? 처음 보혜사인 나는 십자가에 죽었다가 부활해서 승천하지만 다음에 다른 보혜사를 하나님이 보내 주신다는 것입니다. 이 다른 보혜사는 바로 성령을 말하는 것입니다. 보혜사는 헬라어로 '파라클레토스'라는 말로서 파라란 말은 '곁에'란 말이고 클래오란 말은 '부른다'는 말인데 이것이 합성어가 되어서 우리를 돕기 위해서 하나님께로부터 부르심을 받아 항상 곁에 계신자라는 뜻인 것입니다. 이러므로 예수님이 제자들 곁에 항상 있었던 것처럼 예수님이 떠나고 난 다음 그리스도가 보내신 성령은 예수님의 제자들 곁에 부르심을 받아 항상 같이 하여 도움을 베풀겠다는 것입니다.

　　예수님은 처음 보혜사로 오셔서 죄악과, 질병 저주와 죽음에서 건져주시고 유대인들의 시기를 받아 십자가에서 물과 피를 흘리시고 죽으시고 삼일 만에 부활하시어 40일 동안 사람들에게 보이시다가 하늘에 오르사 보좌 우편에 앉으셨고 그다음 다른 보혜사인 성령님으로 오셔서 성도를 도와주시고 신앙생활을 잘하게 하시고 천국까지 올라갈 수 있도록 인도하는 역할을 해주시는 것입니다. 이러기 때문에 진실로 성령 보혜사의 도움이 없이는 우리는 결단코 성공적인 신앙생활을 할 수가 없습니다. 우리 주님께서도 너희를 고아와 같이 버려놓지 않고 너희에게로 오리라고 말씀한 것입니다. 바로 성령이 오신 것은 예수님이 온 것과 꼭 같은 것입니다. 예수님은 처음 보혜사요, 성령은 다른 보혜사로서 이제 성령은 우리와 함께 거하시고 우리 안에 거하시고 우리를 채우시고 우리와 동행 동거하며 우리를 도우시고 계신 것입니다.

둘째, 성령을 기다렸다. 이 말씀을 들은 예수님의 제자들은 성령이 오시기를 간절히 기다렸습니다. 이제는 그들은 고아와 같이 되었습니다. 내 동댕이 쳐버리고 버림받은 처지에서 올 때 갈 때 없는 상황에서 성령오시를 기다리는 것입니다. 예수님 부활하사 40일 동안 여러 번, 여러 모습으로 나타나셔서 낙심한 제자들을 다 모으셔서 감람산에 오게 하시고 그곳에서 최대의 명령을 내리시고 그들 보는 앞에서 하늘로 승천해 올라가셨습니다.

사도행전 1장 4~8절에 "사도와 같이 모이사 저희에게 분부하여 가라사대 예수살렘을 떠나지 말고 내게 들은 바 아버지의 약속하신 것을 기다리라. 요한은 물로 세례를 베풀었으나 너희는 몇 날이 못되어 성령으로 세례를 받으리라 하셨느니라. 저희가 모였을 때에 예수께 묻자와 가로되 주께서 이스라엘 나라를 회복하심이 이때니이까 하니 가라사대 때와 기한은 아버지께서 자기의 권한에 두셨으니 너희의 알 바 아니요, 오직 성령이 너희에게 임하시면 너희가 권능을 받고 예루살렘과 온 유대와 사마리아와 땅 끝까지 이르러 내 증인이 되리라 하시니라"고 주님께서 말씀을 하셨습니다.

이 말씀을 듣고 제자들은 예루살렘 마가 요한의 다락방에 모여서 120여명의 남녀성도들이 열심히 한 열흘 동안 성령 오시기를 간절히 기도하셨습니다. 그러자 오순절 날이 이르자 갑자기 하늘로서 강한 바람 같은 소리가 나며 그들 방에 가득하더니 불의 혀같이 갈라지는 것이 각 사람 머리 위에 임하여 그들이 곧 성령의 충만함을 받고 성령의 말하게 하심을 따라 다른 방언으로 말하기 시작했습니다. 그것이 바로 하나님의 성령께서 이 땅에 강림하신 날인 것입니다. 예수께서 부활하사 아버지 보좌 우편에 앉으시매 아버지께로부터 성령을 선물로 받아 제자들에게 부어주신 것입니다.

이래서 그만 성령이 오시고 성령을 받자마자 제자들에게 거대한 변화가 다가온 것입니다. 제자들은 갑자기 성령의 비추심을 통해서 예수님의 십자가 죽음과 부활이 인류구원의 하나님의 역사인 것을 깨닫게 된 것입니다. 그들은 예수 그리스도의 죽음이 비참한 실패라고 생각하고 그것이 그리스도 복음의 종말인줄 생각하였는데 성령이 와서 비추어주자 그리스도의 십자가의 죽으심과 부활은 바로 인류를 죄에서 구원하는 하나님의 위대한 계획이요, 하나님의 은사요, 하나님의 승리란 것을 깨닫게 된 것입니다. 그리고 예수님이 몸으로 죽었다가 몸으로 부활한 것을 그들이 보고 깨닫자마자 몸이 다시 살고 영원히 사는 것을 알게 되어서 인간은 죽어서 사라지는 것이 아니라 인간은 죽음으로써 다시 부활해서 영원히 산다는 확신을 얻게 된 것입니다.

그리고 하나님과 예수님의 살아계심을 몸으로 체험하고 뜨겁게 사랑하게 되었습니다. 하나님의 성령이 속에 들어와 계심으로 성령의 역사로 말미암아 야! 하나님은 살아계신다! 예수님은 부활하신 우리와 같이 계시는 것을 이제는 들어서 아는 것이 아니라, 몸으로 체험하고 그들은 뜨겁게 하나님과 예수님을 사랑하게 된 것입니다. 그러자 천국의 소망과 기쁨이 충만하게 되어서 이 세상에서 살아가는 인생의 삶은 일부분 같은 생활이나 주께서 예비한 영원한 영광스러운 천국이 확실한 것을 알게 되고 마음의 기쁨이 넘쳐흐른 것입니다. 그리고 겁과 두려움이 사라지고 강하고 담대한 믿음이 생겼습니다.

그들은 일어나서 온 예루살렘의 복음으로 채우고 유대와 사마리아와 땅 끝까지 물밀듯이 그리스도의 복음으로 밀고 나가게 된 것입니다. 그리고 그들이 말과 행동에 하나님의 능력이 따라

나서 귀신이 쫓겨나가고 병든 자가 고침을 받고 하나님의 기적적인 역사가 나타난 것입니다.

당시 사회의 낮은 계층이 소수의 사람들이 일어나 인류와 세계 역사를 뒤바꾸어 놓는 위대한 역사를 베풀게 된 것입니다. 이것이 바로 성령께서 오셔서 그들 생애 속에 일어난 거대한 변화를 말하는 것입니다.

하나님의 성령께서 오늘 우리 가운데 와 계시는데 우리가 이 성령님을 인정하고 환영하고 모셔드리고 충만하면 우리 예수 믿는 성도들의 생활 속에 옛날에 사도들이 체험한 이 거대한 변화가 우리에게 다가오게 되는 것입니다. 이렇기 때문에 잠자는 교회가 깨어 일어나고 잠자는 성도가 새로운 신앙의 불길을 얻기 위해서는 이와 같은 성령과의 만남, 성령의 체험이 반드시 있어야 되는 것입니다. 오늘날은 주님께서 새삼스럽게 성령을 하늘에서 부어 주실 필요가 없습니다. 성령은 오순절날 이후 2000년 동안 우리 가운데 와 계신 것입니다. 우리가 예수님을 믿고 회개하고 깨닫기만 하면 성령은 바람같이 불같이 생수같이 우리에게 임하여서 역사해 주시는 것입니다.

셋째, 성령이 도와주시기를 원하시는 일들, 성령이 우리 속에 와 계시기 때문에 성령은 우리 속에서 내적인 계시를 주시는 것입니다.

1)성령은 지혜의 영이신 것입니다. 이사야11장 2절로 말한 것

처럼 "여호와의 신 곧 지혜와 총명의 신이요 모략과 재능의 신이
요 지식과 여호와를 경외하는 신이 그 위에 강림하시리니"라고
말한 것처럼, 우리 속에 와계신 성령은 지혜의 영이신 것입니다.
지혜란 뭡니까? 어려운 문제에 부딪쳤을 때 그 문제를 해결할 수
있는 능력을 말한 것입니다. 그러기 때문에 이 세상에 생존경쟁
은 바로 지혜의 경쟁입니다. 문제를 해결하고 해결하는 사람은
점점 앞으로 나아가고 문제에 부딪쳐서 전진하지 못하고 주저앉
으면 이 사람은 패배하는 것입니다. 이런데 하나님의 성령께서
는 지혜의 영으로 우리 속에 와 계십니다.

성경은 말하기를 너희가 누구든지 지혜가 부족하거든 꾸짖지
아니하시고 후히 주시는 하나님께 구하라 그리하면 주시리라고
말씀한 것입니다. 주님이 나를 믿는 백성은 머리가 되고 꼬리 되
지 않고 위에 있고 아래 되지 않고 위에 있고 아래 내려가지 않
고 남에게 꿔줄지라도 꾸지 않겠다는 것은 주님께서 우리에게
넘치는 지혜를 주시겠다는 것입니다. 이러므로 금을 구하지 말
고 은을 구하지 말고 지혜를 구하라고 잠언서에 말한 것처럼 자
신의 마음속에 성령이 지혜로서 와 계심으로 항상 성령님께 지
혜를 구하십시오! 문제를 당했을 때 어떻게 문제를 해결할지 지
혜를 구하십시오! 성령께서는 지혜의 영이십니다.

　2)성령은 총명의 영이십니다. 성령께서는 마음속에서 총명의
영이 됩니다. 총명의 영이란 사물을 깨닫는 능력입니다. 성령께
서는 마음속에서 총명의 영이 됩니다. 총명의 영이란 사물을 깨

닫는 능력입니다. 하나님의 차원에서 사물을 깨닫게 하는 능력입니다. 마음이 아둔해서 사물을 깨닫지 못합니다. 무엇이 일어나는지 어떻게 되는지 어떻게 될지 모르고 암담하게 있을 때가 많습니다. 요새는 총명이 없이는 생존경쟁에서 살아나갈 수가 없습니다. 온 세계의 역사를 통해서 또 경쟁을 통해서 무슨 일이 일어나는지 빨리 깨닫고 알아 대처해야 됩니다. 총명이 필요합니다. 이 총명은 바로 성령이 우리 속에 계셔서 총명의 영으로서 우리에게 깨달음을 주십니다. 빨리 사태를 깨닫고 거기에 대처하면 사고도 미연에 방지할 수 있고 또 새로운 세계를 열어갈 수 있는 것입니다. 총명은 얼마나 필요한지 모릅니다. 바로 성령이 총명의 영으로 우리 속에 들어와 계신 것입니다.

3)성령은 모략의 영입니다. 또한 성령은 모략의 영으로 우리 속에 들어와 있는 것입니다. 모략이라고 말하면 사람들은 잘못되게 해석하는데 나쁜 모략이 아니라 모사를 행해 주는 영이라는 것입니다. 성령께서는 일을 성공시키는 가르침을 주는 것이 바로 모략입니다. 어떻게 하면 원만한 가정을 가질 수 있는가? 어떻게 하면 좋은 부부관계를 가질 수 있는가? 어떻게 하면 자녀를 잘 기르는가? 어떻게 하면 사업을 잘 성공시킬 수 있는가? 어떻게 하면 이일을 무사히 잘 해결할 수 있는가? 어떻게 하면 하나님을 기쁘시게 할 수 있는가? 이런 여러 가지 일에 모사를 주시는 것입니다. 성령은 그 카운슬링을 주십니다. 어려운 문제를 당하면 지혜로운 사람에게 카운슬링을 받으러가지 않습니까?

성령이 바로 모략의 신이신 것입니다. 모사를 베풀어주십니다. 성령께 구하면 성령이 모사를 주십니다. 삶을 살아가다가 당하는 어려움을 성령님과 의논하시기를 바랍니다.

4)성령은 재능의 영입니다. 성령은 또한 재능의 영입니다. 여러 가지 재능을 주셔서 능력 있게 인생을 살게 합니다. 사람들 각자를 주님이 택하셔서 여러 사람의 성향에 따라서 특별한 재능을 주시고 특별한 능력을 주셔서 그 재능을 가지고 어떠한 사람은 노래를 잘하고, 어떠한 사람은 가르치기를 잘하고, 어떠한 사람은 설교를 잘하고, 또 어떠한 사람은 기계를 잘 만지고 주님께서 주를 믿는 사람에게 여러 가지 특별한 재능을 주셔서 이를 가지고서 우리 하나님께 봉사하고 인류에 봉사할 수 있도록 만들어 주는 영이신 것입니다.

5)성령은 지식의 영입니다. 지식은 하나님만 알고 계시는 비밀을 알게 하는 것을 말합니다. 성령께서 우리 속에 사물에 대한 정보, 하나님의 말씀에 대한 지식을 가르쳐 주시며, 영육의 문제를 알게 하십니다. 성령께서 여러 가지 지식을 얻게 해 주시는 것입니다. 성경 읽어서 깨닫게 해주시고 사물에 대한 정보를 올바르게 깨닫게 해주시고 이래서 무식한 자가 되지 않고 모든 것을 알고 깨달아 알 수 있게 도와주는 성령이신 것입니다. 우리가 문제가 있을 때 문제의 원인을 알게 하시는 것이 지식의 영입니다. 나도 모르게 나에게 와있는 문제를 알게 하시는 영입니다. 상담을 할 때 상담의 근본이 되는 문제의 원인을 알게 하

여 해결하게 하시는 영입니다. 귀신을 축사할 때 레마로 역사하는 영입니다.

6)**성령은 하나님을 경외케 하는 영입니다.** 또 성령은 하나님을 경외케 하는 영입니다. 마음속에 하나님을 두려워하게 되고 모시게 합니다. 항상 성령께서 하나님을 경외하라. 하나님을 두려워 모셔라. 하나님을 주인으로 섬겨라. 그래서 마음에 늘 경건함을 가지고 죄악을 두려워하고 하나님을 거역하는 것을 두려워하고 경건하게 하나님을 섬길 수 있도록 회개시키는 이런 역사를 베푸는 영이신 것입니다.

7)**성령은 하나님과 예수님을 나타내는 영입니다.** 그리고 성령은 하나님의 영으로서 하나님과 예수님을 나타내는 영입니다. 성령은 마치 거울과 같아서 우리가 거울을 들여다보면 거울이 보이지 않고 우리 얼굴이 보입니다. 우리가 성령을 들여다보면 성령은 보이지 않고 하나님 아버지와 예수님만 보이게 되는 것입니다. 이 성령께서 계시의 영으로서 자신 속에 들어와서 이런 역할을 하게 되기 때문에 이것을 알고 구하면 이대로 성령께서 역사하여 주는 것입니다.

8)**성령은 외적인 능력을 베풀어주시는 것입니다.** 또 성령은 우리에게 와서 외적인 능력을 베풀어주시는 것입니다. 성령은 우리에게 치유의 은사를 주셔서 병을 고치게 하시고 기적을 행하시는 은사를 주셔서 기적을 나타내시고, 믿음을 주시는 은사를 주시고, 예언의 영은 하나님 안에 있는 말씀의 비밀을 증거하는 은사

를 주시고, 섬기게 하는 은사를 주어서 열심으로 능력 있게 섬기게 해 주시고, 가르치는 은사를 주어서 잘 가르치게 만들어 주시고, 또 권위 즉 위로하는 은사를 주어서 고통당하는 사람이 가서 말로써 잘 위로할 수 있도록 그렇게 해 주시고, 구제하는 은사를 주어서 특별히 많은 재산을 모아 다른 사람들에게 구제할 수 있는 이런 은사도 주님 베풀어주시고, 다스리는 은사를 주어서 행정력을 가지고 잘 다스리게 만들어 주시고, 또 긍휼을 베푸는 은사를 주어서 사람들을 불쌍히 여기고 그들을 도와서 고아와 과부를 잘 감싸주는 이러한 은사도 우리에게 주시는 것입니다.

그러므로 로마서12장 6~8절에 "우리에게 주신 은혜대로 받은 은사가 각각 다르니 혹 예언이면 믿음의 분수대로, 혹 섬기는 일이면 섬기는 일로, 혹 가르치는 자면 가르치는 일로, 혹 권위하는 자면 권위하는 일로, 구제하는 자는 성실함으로, 다스리는 자는 부지런함으로, 긍휼을 베푸는 자는 즐거움으로 할 것이니라" 이와 같은 은사를 성령께서 각자에게 나누어주심으로 내게 어떠한 은사가 있는 지를 살펴보고 그 은사를 받는 데로 열심을 다해서 충성스럽게 하나님을 섬겨야 되는 것입니다.

성령이 와 계신 사람에게는 여러 종류의 은사가 와 계신 것입니다. 자기의 힘으로 하면 안 됩니다. 자기에게 와 있는 그 은사를 사용해야 합니다. 남의 은사를 흉내 내서는 안 됩니다. 성령은 각자에게 적당한 은사를 주셨기 때문에 자기가 받은 은사를 생각하고 주님 성령께 기도해서 그 은사를 통해서 일하면 인간의 힘으로 상상할 수 없는 큰 역사가 일어나게 되는 것입니다.

넷째, 성령님과 우리는 매일같이 교통하면서 살아야 되는 것이다. 고린도후서 13장 13절에서 "바울 선생은 축도하기를 주 예수 그리스도의 은혜와 하나님의 사랑과 성령의 교통하심이 너희 무리와 함께 있을지어다"라고 말한 것입니다. 천지를 지으신 하나님은 보좌 우편에 보좌에 앉아 계시고 예수님은 아버지 보좌 우편에 앉아 계셔서 아버지 하나님과 예수님이 천지를 다스리고 있습니다. 성령은 지금 오셔서 2000년 전부터 유 무형 교회 안에 와서 거하시고 세상에서 역사하시며 예수를 믿는 사람들의 속에 와서 지금 역사하고 계신 것입니다. 그러므로 성령은 2000년 전부터 지금까지 그 계시는 본부가 바로 교회요, 예수 믿는 사람의 마음인 것입니다.

아버지는 보좌에 계시고 예수님은 보좌 우편에 계시고 성령은 우리 속에 계십니다. 그러므로 성령을 통해서 아버지도 예수님도 우리와 함께 거하시게 되는 것입니다. 이러므로 성령님은 인격자이신 것입니다. 성령은 우리들 도우시는 역할을 하고 있기 때문에 인격자인 성령님을 인격자로서 모셔야 됩니다. 인격자는 멸시하고 무시하면 가장 소멸됩니다. 사람이 이 세상에 살면서 인격적인 무시를 당하면 그건 절대로 살 희망이 없습니다. 무시 당하는 아내가 집에서 온전한 아내의 역할을 하지 아니하며 무시당하는 남편이 남편으로서의 역할을 할 수 있습니까? 사회에서도 사람이 사람대접을 받지 못하고 무시당하면 분노하고 대적하는 것입니다.

오늘날, 하나님의 성령이 우리가운데 이처럼 와 계셔도 우리가 성령님을 무시해 버리면 성령님이 소멸 당하게 되는 것입니다. 2000년 동안 성령은 유무형 교회에 계시고 자신 속에 계심으로 성령님을 무시하면 안 됩니다. 항상 성령님을 인정하고 환영하고 모셔드리고 의지해야만 되는 것입니다.

아침에 일어날 때 성령님 오늘도 저와 같이 계시오니 성령님을 인정합니다. 환영합니다. 모셔드리고 성령께 의지합니다. 성령님을 인정해야 됩니다. 사람은 자기를 인정해 주는 사람을 위해서 목숨을 버린다는 말이 있는 것입니다. 인정을 받을 때 신바람이 납니다. 그러므로 성령님도 인격자이심으로 성령님을 우리가 인정하고 모셔드릴 때 하나님의 성령은 기쁘게 우리 가운데 역사하사 우리를 도우셔서 예수님의 은혜를 받고 하나님의 사랑을 입도록 이끌어 주는 것입니다.

그리고 성령님과 참으로 친하게 교제해야 되는 것입니다. 왜? 성령님은 우리와 24시간 같이 계시고 성령님은 우리를 돕기 위해서 늘 같이 계십니다. 우리를 인도하시죠? 우리를 깨우치시지요? 우리를 격려하시죠? 위로하시지요? 가르쳐주시지요? 변호해 주시지요? 꾸짖어 주시지요? 정하게 해주시지요? 회개하게 해주시지요? 이러므로 성령은 24시간 우리와 같이 계십니다. 그래서 우리를 이끌어서 예수님 품안에 안기게 하시고 하나님 아버지를 섬기도록 성령은 끊임없이 도와주시는 어린아이의 선생과 같이 우리와 같이 계시므로 우리는 항상 성령님을 마음속에 인정하고 환영하고 모셔드리고 의지해야 됩니다.

그리고 성령님께 늘 감사해야 되는 것입니다. 그리고 모든 일에 하나님의 성령과 범사에 의논해야 됩니다. 성령은 우리를 돕는 하나님이시기 때문에 돕는 자랑 의논하지 누구와 의논하는 것입니까? 그러므로 강요셉 목사에게 와서 여러가지 의논하는 것처럼, 일하실 때 성령이여! 이런 일을 해도 됩니까? 성령이여, 이일을 어떻게 해야 되겠습니까? 도와주소서 예수님의 뜻에 맞고 아버지의 사랑을 받을 수 있는 그 길로 이끌어 달라고 성령께 늘 도움을 구해야 되는 것입니다. 성령이 가정교사와 같이 우리와 같이 계시니 늘 어려운 문제가 있으면 성령님의 도우심을 우리가 구해야 되는 것입니다. 그러나 성령님은 절대로 당신 자신을 나타내지 않습니다.

성령님은 내가 성령이다! 나를 경외하라! 그런 말 절대 안합니다. 성령은 온전히 거울과 같습니다. 거울을 들여다보면 내가 거울이다 나를 봐라! 이렇게 말하는 거울은 없습니다. 어떤 거울을 들여다보아도 거울은 언제나 들여다보는 그 사람의 얼굴을 비추이지 자기를 나타내지 않습니다. 성령은 결코 자기를 나타내지 않습니다. 성령은 언제나 아버지 하나님을 나타내고 예수님만 나타내는 것입니다. 사람들보고 내가 성령이니 내 말을 들어라! 이런 말하지 않습니다. 성령은 언제나 우리 아버지 하나님과 예수 그리스도의 이름으로 말씀하시고 당신 자신은 언제나 감추는 것입니다.

한 가정의 현명한 주부가 언제나 자녀들을 기를 때 아버지 중심으로 이것은 아버지의 뜻이다! 이것은 아버지 명령이다! 그러므로 이것을 잘해야 된다고 언제나 아버지를 나타내고 그래서 자녀들을 잘 도와서 가정을 원만하게 이끌어 나가는 현명한 주부와 같습니다. 현명하지 못한 주부는 아버지 대신에 내 말을 들어라! 네 아버지는 형편없는 사람이다! 내 뜻대로 살아라! 이래서 가정을 흩으러 버리는 사람들도 있는 것입니다. 성령은 언제나 아버지 하나님과 예수님에게 우리를 집중시키고 당신은 전적으로 감추어 버리고 마는 것입니다. 그러나 현명한 어머니를 우리가 존경하고 사랑하고 늘 같이 하는 것처럼 우리 성령님을 늘 우리는 인정하고 환영하고 모셔드리고 의지하고 성령께 감사하며 나갈 때 성령이 우리를 이끌어 주시는 것입니다.

충만한 교회는 매주 다른 과목을 가지고 매주 월-화-목(11:00-16:00)집회를 인도합니다. 무료집회입니다. 단 교재를 구입해야 입장이 가능합니다. 매주 다른 과목으로 집회를 합니다.

병원이나 세상 방법으로 해결하지 못하는 무슨 문제든지 해결을 받겠다는 믿음을 가지고 오시면 15가지 질병과 문제도 모두 치유 받습니다. 천국을 누리고 싶은 분은 믿음을 가지고 오시기만 하면 무슨 문제라도 치유되고 해결이 됩니다. 오시면 천국을 체험하고 누리며 살아가게 됩니다.

7장 선한 천사들이 실존하고 있다.

(히1:14)"모든 천사들은 부리는 영으로서 구원 얻을
후사들을 위하여 섬기라고 보내심이 아니뇨"

하나님은 천사들의 도움을 받으라고 말씀하십니다. 성경은 성
도들의 영적생활을 도와 하나님과 성도 사이를 오가며 사역하
는 천사들의 활동이 비교적 자세히 기록되어 있습니다. 때로는
사람의 형상으로 나타나는 경우도 있습니다(창 18:2, 22; 19:1).
그러나 크리스천 자신의 위치와 천사의 위치를 정확하게 인식
하지 못하면 자칫 우상을 섬기듯 천사를 섬기는 과오를 범할 수
있습니다. 그 때문에 골로새서는 천사숭배를 엄히 경고하고 있
습니다(골 2:18). 모든 천사는 구원을 얻은 상속자들을 섬기라
고 하나님께서 보내셨습니다. "모든 천사들은 섬기는 영으로
서 구원 받을 상속자들을 위하여 섬기라고 보내심이 아니냐(히
1:14)" 따라서 우리는 먼저 천사의 위치를 확실히 깨닫고 우리
자신들의 영광스러운 위치를 확인하여 영적생활을 하나님의 뜻
대로 성공할 수 있어야 합니다.

첫째, 천사는 어떠한 존재일까요?
1)천사의 존재와 속성. 성경 66권 중 34권이 천사의 존재를
언급하고 있으며, 천사란 단어가 약 275회 등장함은 물론 예수

님께서 천사의 존재를 알고 가르치셨다는 점에서 천사가 확실히 존재함을 알 수 있습니다. 그 예로 예수님은 나를 돕는 천사가 하나님의 얼굴을 항상 뵙는 다고 말씀하셨습니다. "삼가 이 소자 중에 하나도 업신여기지 말라 너희에게 말하노니 저희 천사들이 하늘에서 하늘에 계신 내 아버지의 얼굴을 항상 뵈옵느니라(마 18:10)" 하나님에게 구하면 열두 영 더되는 천사를 보낸다고 하셨습니다. "너는 내가 내 아버지께 구하여 지금 열 두 영 더되는 천사를 보내시게 할 수 없는 줄로 아느냐(마26:53)" 한영은 로마 군대의 군단을 가리킵니다. 보병 6,100명, 말726필 규모입니다.

사도행전 7장 56절을 보면 스데반 집사가 성령이 충만한 가운데 영안이 열리니 "보라 하늘이 열리고 인자가 하나님 우편에 서신 것을 보노라"고 고백하는 장면이 나옵니다. 따라서 오늘날도 하나님께서 영안을 열어 주시면 천사뿐만 아니라 더 깊은 영의 세계까지도 능히 보고 체험할 수 있습니다.

2)그러면 천사는 어떠한 존재일까요? 인간과 같은 하나님의 피조물로서 사람의 형상과 비슷하지만 살과 뼈가 없는 순수한 영적 존재이므로 결혼이나 죽음과는 상관이 없는 존재입니다. ①천사는 살과 뼈가 없는 순수한 영적 존재로서…. ⓐ하나님을 찬양합니다. "그의 모든 사자여 찬양하며 모든 군대여 찬양할지어다. 해와 달아 찬양하며 광명한 별들아 찬양할지어다. 하늘의 하늘도 찬양하며 하늘 위에 있는 물들도 찬양할지어다. 그것들이 여호와의 이름을 찬양할 것은 저가 명하시매 지음을 받았음

이로다(시 148:2-5)" ⓑ하나님을 위해 창조되었습니다. "만물이 그에게 창조되되 하늘과 땅에서 보이는 것들과 보이지 않는 것들과 혹은 보좌들이나 주관들이나 정사들이나 권세들이나 만물이 다 그로 말미암고 그를 위하여 창조되었고(골 1:16)" ⓒ믿는 하나님의 자녀들을 섬기라고 보내셨습니다. "모든 천사들은 부리는 영으로서 구원 얻을 후사들을 위하여 섬기라고 보내심이 아니뇨(히 1:14)"

②천사는 결혼이나 죽음과는 상관이 없는 존재입니다. "부활 때에는 장가도 아니가고 시집도 아니가고 하늘에 있는 천사들과 같으니라(마 22:30)" "저희는 다시 죽을 수도 없나니 이는 천사와 동등이요 부활의 자녀로서 하나님의 자녀임이니라(눅 20:36)"

3)천사의 속성은 이렇습니다. ①인간과 같이 지성을 함께 가지고 있습니다. "이 섬긴 바가 자기를 위한 것이 아니요 너희를 위한 것임이 계시로 알게 되었으니 이것은 하늘로부터 보내신 성령을 힘입어 복음을 전하는 자들로 이제 너희에게 고한 것이요 천사들도 살펴보기를 원하는 것이니라(벧전 1:12)"

② 기쁨과 분노, 또는 온 유와 같은 감정을 지닌 인격적 존재로서 하나님과 같이 무한한 지식과 능력을 지닌 것은 아닙니다. "홀연히 허다한 천군이 그 천사와 함께 있어 하나님을 찬송하여 가로되 지극히 높은 곳에서는 하나님께 영광이요 땅에서는 기뻐하심을 입은 사람들 중에 평화로다 하니라(눅 2:13-14)"

③사람보다는 월등한 지식과 능력을 지닌 존재입니다. "그러나 그 날과 그 때는 아무도 모르나니 하늘의 천사들도, 아들도 모르고 오직 아버지만 아시느니라(마 24:36)" "더 큰 힘과 능력을 가진 천사들이라도 주 앞에서 저희를 거스려 훼방하는 송사를 하지 아니하느니라(벧후 2:11)"

4) 천사의 조직과 사역. ①성경을 보면 '천만의 천사들'이라 하여 무수한 천사들이 존재할 뿐만 아니라. "그러나 너희가 이른 곳은 시온산과 살아 계신 하나님의 도성인 하늘의 예루살렘과 천만 천사와 하늘에 기록한 장자들의 총회와 교회와 만민의 심판자이신 하나님과 및 온전케 된 의인의 영들과(히 12:22-23)" ②천사(天使)와 천군(天軍)도 있고, "하나님의 병거가 천천이요 만만이라 주께서 그 중에 계심이 시내산 성소에 계심 같도다(시 68:17)" ③천사장(天使長)으로 구분되어 있는 것을 알 수 있습니다. "천사장 미가엘이 모세의 시체에 대하여 마귀와 다투어 변론할 때에 감히 훼방하는 판결을 쓰지 못하고 다만 말하되 주께서 너를 꾸짖으시기를 원하노라 하였거늘(유 1:9)"

④곧 하나님께서는 천사들 사이에 질서와 계급을 세우시고 담당하는 분야도 분할하여 주셨으며 맡은 사역에 따라 그 위엄을 달리하셨던 것입니다. ⓐ이 세상뿐 아니라 오는 세상에 이름이 뛰어나게 합니다. "모든 통치자와 권세와 능력과 주관하는 자와 이 세상뿐 아니라 오는 세상에 일컫는 모든 이름 위에 뛰어나게 하시고(엡 1:21)" ⓑ교회에게 하나님의 지혜를 알게 합니다. "이는 이제

교회로 말미암아 하늘에서 통치자와 권세들에게 하나님의 각종 지혜를 알게 하려 하심이니(엡3:10)" ⓒ하나님으로 말미암아 하나님을 위하여 창조되었습니다. "만물이 그에게 창조되되 하늘과 땅에서 보이는 것들과 보이지 않는 것들과 혹은 보좌들이나 주관들이나 통치자들이나 권세들이나 만물이 다 그로 말미암고 그를 위하여 창조되었고(골 1:16)" ⓓ하나님 우편에 계신 예수에게 순복하는 존재입니다. "저는 하늘에 오르사 하나님 우편에 계시니 천사들과 권세들과 능력들이 저에게 순복하느니라(벧전 3:22)"

마치 국가에 법무, 국방, 행정, 건설, 경제, 문화 등 다양한 부처가 있고, 각각의 부처를 담당하는 장관이 있듯이, 하나님께서는 영의 세계에도 여러 가지 분야를 두시고 각 분야를 담당하는 가장 머리되는 천사로서 천사장을 두셨던 것입니다. 또한 천사장 밑에 여러 머리급 천사들을 두어 천사장을 돕게 하셨고, 이 머리급 천사들이 천사장 휘하의 천사들을 나누어 지휘할 수 있도록 천사들 사이에도 급을 두셨습니다.

5) 그러면 이러한 천사들은 과연 어떠한 사역을 감당하는 것일까요? 전반적으로 천사의 사역은 하나님을 받들어 섬기고 시중드는 일 외에 하나님의 구속 사역의 진행과 완성을 이루기 위하여 구원받은 성도들을 섬기며 돕는 것입니다. 먼저 천사장들은 하나님 곁에서 손과 발과 눈과 귀가 되어 모든 분야를 두루 살피고 중요한 사항들을 보고 드리며 하나님께 직접 지시를 받습니다. 대표적인 예로는 가브리엘과 미가엘을 들 수 있는데 가브

리엘이 문관(文官)에 해당된다면 미가엘은 무관(武官)에 해당되며, 이들은 하나님께서 이 땅에 인간을 경작하시는 과정에서 하나님을 돕는 중요한 역할들을 감당합니다.

성경을 보면 가브리엘은 하나님의 큰 응답이나 섭리와 계획, 그리고 계시의 은밀한 것을 풀 때에 그 응답을 가지고 내려가는 것을 알 수 있습니다. 가브리엘이 세례요한의 어머니 사가랴에게 잉태의 소식을 알려줍니다. "천사가 대답하여 가로되 나는 하나님 앞에 섰는 가브리엘이라 이 좋은 소식을 전하여 네게 말하라고 보내심을 입었노라(눅1:19)" 가브리엘이 예수님의 모친 마리아에게 동정녀 잉태의 사실을 알립니다. "여섯째 달에 천사 가브리엘이 하나님의 보내심을 받들어 갈릴리 나사렛이란 동네에 가서(눅1:26)" 미가엘은 악한 영의 공격에서 우리를 보호합니다. "그런데 바사국 군이 이십 일일 동안 나를 막았으므로 내가 거기 바사국 왕들과 함께 머물러 있더니 군장 중 하나 미가엘이 와서 나를 도와주므로(단10:13)" "오직 내가 먼저 진리의 글에 기록된 것으로 네게 보이리라 나를 도와서 그들을 대적하는 자는 너희 군 미가엘 뿐이니라(단10:21)"

①하나님의 보좌를 호위하며 시중드는 천사도 있습니다. 그룹 천사입니다 "대제사장 여호수아는 여호와의 사자 앞에 섰고 사단은 그의 우편에 서서 그를 대적하는 것을 여호와께서 내게 보이시니라. 여호와께서 사단에게 이르시되 사단아 여호와가 너를 책망하노라 예루살렘을 택한 여호와가 너를 책망하노라 이는 불

에서 꺼낸 그슬린 나무가 아니냐 하실 때에 여호수아가 더러운 옷을 입고 천사 앞에 섰는지라. 여호와께서 자기 앞에 선자들에게 명하사 그 더러운 옷을 벗기라 하시고 또 여호수아에게 이르시되 내가 네 죄과를 제하여 버렸으니 네게 아름다운 옷을 입히리라 하시기로(슥3:1-3)"

②하나님을 수행하는 천사도 있습니다. 미가엘 천사입니다. "여호와께서 마므레 상수리 수풀 근처에서 아브라함에게 나타나시니라 오정 즈음에 그가 장막 문에 앉았다가 눈을 들어 본즉 사람 셋이 맞은편에 섰는지라 그가 그들을 보자 곧 장막 문에서 달려나가 영접하며 몸을 땅에 굽혀 가로되 내 주여 내가 주께 은혜를 입었사오면 원컨대 종을 떠나 지나가지 마옵시고 (창18:1-3)"

③가브리엘은 다니엘이 기도할 때 하나님의 응답을 가지고 왔습니다. "곧 내가 말하여 기도할 때에 이전 이상 중에 본 그 사람 가브리엘이 빨리 날아서 저녁 제사를 드릴 때 즈음에 내게 이르더니 내게 가르치며 내게 말하여 가로되 다니엘아 내가 이제 네게 지혜와 총명을 주려고 나왔나니 곧 네가 기도를 시작할 즈음에 명령이 내렸으므로 이제 네게 고하러 왔느니라 너는 크게 은총을 입은 자라 그런즉 너는 이 일을 생각하고 그 이상을 깨달을지니라(단 9:21-23)" "고넬료가 주목하여 보고 두려워 가로되 주여 무슨 일이니이까 천사가 가로되 네 기도와 구제가 하나님 앞에 상달하여 기억하신 바가 되었으니(행10:4)"

④하나님의 좋은 소식을 전하는 자들입니다 "천사가 대답하여 가로되 나는 하나님 앞에 섰는 가브리엘이라 이 좋은 소식을 전하여 네게 말하라고 보내심을 입었노라(눅1:19)" 마리아에게 좋은 소식을 전하기도 했습니다. "여섯째 달에 천사 가브리엘이 하나님의 보내심을 받들어 갈릴리 나사렛이란 동네에 가서 다윗의 자손 요셉이라 하는 사람과 정혼한 처녀에게 이르니 그 처녀의 이름은 마리아라(눅1:26-27)"

⑤하나님의 명령과 말씀을 전하는 천사도 있습니다. "여호와의 사자가 또 그에게 이르되 네가 잉태하였은 즉 아들을 낳으리니 그 이름을 이스마엘이라 하라 이는 여호와께서 네 고통을 들으셨음이니라(창16:11)" ⓐ소돔 땅의 멸망을 전하기도 했습니다. "날이 저물 때에 그 두 천사가 소돔에 이르니 마침 롯이 소돔 성문에 앉았다가 그들을 보고 일어나 영접하고 땅에 엎드리어 절하여(창19:1)" ⓑ하갈의 방성대곡하는 소리를 듣고 두려워말라고 위로합니다. "하나님이 그 아이의 소리를 들으시므로 하나님의 사자가 하늘에서 부터 하갈을 불러 가라사대 하갈아 무슨 일이냐 두려워 말라 하나님이 거기 있는 아이의 소리를 들으셨나니(창21:17)" ⓒ독자 이삭을 번제물로 드리려는 아브라함을 부르기도 했습니다. "여호와의 사자가 하늘에서부터 그를 불러 가라사대 아브라함아 아브라함아 하시는지라 아브라함이 가로되 내가 여기 있나이다하매 사자가 가라사대 그 아이에게 네 손을 대지 말라 아무 일도 그에게 하지 말라 네가 네 아들 네 독자

라도 내게 아끼지 아니하였으니 내가 이제야 네가 하나님을 경외하는 줄을 아노라(창22:11-12)" ⓓ하나님의 말씀을 심부름하는 천사도 있습니다. "저가 그 사람에게 이르되 나도 그대와 같은 선지자라 천사가 여호와의 말씀으로 내게 이르기를 그를 네 집으로 데리고 돌아가서 그에게 떡을 먹이고 물을 마시우라 하였느니라 하니 이는 그 사람을 속임이라(왕상13:18)"

　⑥반면에 미가엘은 하늘의 군대장관으로서 악한 영들을 대적하는 싸움을 지휘하며 때로는 직접 나서서 어두움의 진을 깨뜨립니다. ⓐ악한영의 공격을 물리쳐 줍니다. "그런데 바사국 군이 이십 일일 동안 나를 막았으므로 내가 거기 바사국 왕들과 함께 머물러 있더니 군장 중 하나 미가엘이 와서 나를 도와주므로 이제 내가 말일에 네 백성의 당할 일을 네게 깨닫게 하러 왔노라 대저 이 이상은 오래 후의 일이니라(단 10:13-14)" ⓑ선지자를 대적하는 자를 물리칩니다. "오직 내가 먼저 진리의 글에 기록된 것으로 네게 보이리라 나를 도와서 그들을 대적하는 자는 너희 군 미가엘 뿐이니라(단10:21)" ⓒ하나님 앞에서 훼방하는 자들에게 하나님의 뜻을 전하기도 합니다. "천사장 미가엘이 모세의 시체에 대하여 마귀와 다투어 변론할 때에 감히 훼방하는 판결을 쓰지 못하고 다만 말하되 주께서 너를 꾸짖으시기를 원하노라 하였거늘(유1:9)" ⓓ악한 영의 궤계와 싸워 이깁니다. "하늘에 전쟁이 있으니 미가엘과 그의 사자들이 용으로 더불어 싸울쌔 용과 그의 사자들도 싸우나 이기지 못하여 다시 하늘에서

저희의 있을 곳을 얻지 못한지라(계12:7-8)" ⓔ또한 믿음의 사람들에게는 천사가 하나 이상 딸려 있어 하나님의 자녀들을 지키고 보호해 줍니다. "모든 천사들은 부리는 영으로서 구원 얻을 후사들을 위하여 섬기라고 보내심이 아니뇨(히 1:14)" ⓕ하나님을 믿는 사람뿐만 아니라 모든 믿지 않는 사람들의 일거수일투족을 지켜보고 있다가 하나님께 보고하는 천사들이 있습니다. "삼가 이 소자 중에 하나도 업신여기지 말라 너희에게 말하노니 저희 천사들이 하늘에서 하늘에 계신 내 아버지의 얼굴을 항상 뵈옵느니라(마 18:10)" ⓖ수종드는 천사도 있어 예수님께서 마귀의 세 차례 시험을 물리치신 후에 수종들었던 것을 볼 수 있습니다. "이에 마귀는 예수를 떠나고 천사들이 나아와서 수종드니라(마 4:11)" ⓗ그런가 하면 다니엘이 사자굴에 던져졌을 때 나타나 굶주린 사자들의 입을 봉하고, 베드로 사도가 감옥에 갇혔을 때 옥문을 열고 그를 구해 냈던 경우처럼 힘을 사용하는 천사들도 있으며, 하나님을 찬양하는 천사와 천군이 있습니다. "나의 하나님이 이미 그 천사를 보내어 사자들의 입을 봉하셨으므로 사자들이 나를 상해치 아니하였사오니 이는 나의 무죄함이 그 앞에 명백함이오며 또 왕이여 나는 왕의 앞에도 해를 끼치지 아니하였나이다(단6:22)" "천사가 가로되 띠를 띠고 신을 들메라 하거늘 베드로가 그대로 하니 천사가 또 가로되 겉옷을 입고 따라 오라 한대 베드로가 나와서 따라갈새 천사의 하는 것이 참인 줄 알지 못하고 환상을 보는가 하니라. 이에 첫째와 둘째 파수를 지나 성으로 통한 쇠문에 이르니 문이 절로 열리는지라 나와 한 거리를 지나매 천사가 곧 떠나더라(행12:8-10)" "홀연히 허다한 천군이 그 천사와 함께 있어 하나님을 찬송하여 가로되(눅2:13)" "여호와를 봉사하여 그 뜻을 행하는 너희 모든 천군이여 여호와를 송축하라(시103:21)" ①그리고 수많은 불말과 불병거를 거느리는 군대가 있어 하나님의 사람들을 돕기도 합니다. "기도하여 가로되 여호와여 원컨대 저의 눈을 열어서 보게 하옵소서 하니 여호와께서 그 사환의 눈을 여시매 저가 보니 불말과 불병거가 산에 가득하여 엘리사를 둘렀더라(왕하 6:17)" 이 모든 것은 오늘날도 필요에 따라 하나님께서 허락하시면 얼마든지 우리 가운데 역사할 수 있습니다.

둘째, 천사의 조직과 임무.

① 천사장, 군장, 미가엘 - 악한 영계의 권세에 대항하여 싸우는 천사(유1:9; 계12:7; 단10:13,21).

② 가브리엘 - 하나님의 영웅이란 뜻, 계시의 전달자이며 해석하는 천사입니다. "천사가 대답하여 가로되 나는 하나님 앞에 섰는 가브리엘이라 이 좋은 소식을 전하여 네게 말하라고 보내심을 입었노라(눅1:19)"

③ 그룹 - 하나님의 거룩함을 수호하는 천사입니다. "금으로 그룹 둘을 속죄소 두 끝에 쳐서 만들되 한 그룹은 이 끝에, 한 그룹은 저 끝에 곧 속죄소 두 끝에 속죄소와 한 덩이로 연하게 할

지며 그룹들은 그 날개를 높이 펴서 그 날개로 속죄소를 덮으며 그 얼굴을 서로 대하여 속죄소를 향하게 하고(출25:18-20)"

④ 스랍 - 인간을 하나님께 접근시키며 예배를 수중 드는 천사로서 "웃시야왕의 죽던 해에 내가 본즉 주께서 높이 들린 보좌에 앉으셨는데 그 옷자락은 성전에 가득하였고 스랍들은 모셔 섰는데 각기 여섯 날개가 있어 그 둘로는 그 얼굴을 가리었고 그 둘로는 그 발을 가리었고 그 둘로는 날며 서로 창화하여 가로되 거룩하다 거룩하다 거룩하다 만군의 여호와여 그 영광이 온 땅에 충만하도다(사6:1-3)"

⑤ 수호천사 - 성도들과 어린 아이를 보호하는 천사입니다. "삼가 이 소자 중에 하나도 업신여기지 말라 너희에게 말하노니 저희 천사들이 하늘에서 하늘에 계신 내 아버지의 얼굴을 항상 뵈옵느니라(마18:10)"

⑥ 통치자, 권세, 능력, 주관하는 자, 보좌 - 천사들 중에 등급과 위엄의 차이가 있음을 보여주는 계급적 명칭(엡1:21; 골3:10; 골1:16; 골2:10). "저는 하늘에 오르사 하나님 우편에 계시니 천사들과 권세들과 능력들이 저에게 순복하느니라(벧전3:22)"

6)그 외에도 다양한 천사들이 있습니다. ①우리가 기도할 때 그 향을 받아 가는 천사들이 있습니다. "또 다른 천사가 와서 제단 곁에 서서 금향로를 가지고 많은 향을 받았으니 이는 모든 성도의 기도들과 합하여 보좌 앞 금단에 드리고자 함이라. 향연이

성도의 기도와 함께 천사의 손으로부터 하나님 앞으로 올라가는 지라. 천사가 향로를 가지고 단 위의 불을 담아다가 땅에 쏟으매 뇌성과 음성과 번개와 지진이 나더라(계 8:3-5)" ②임박한 심판을 알리기도 합니다. "그들에 대하여 부르짖음이 여호와 앞에 크므로 여호와께서 우리로 이곳을 멸하러 보내셨나니 우리가 멸하리라. 동틀 때에 천사가 롯을 재촉하여 가로되 일어나 여기 있는 네 아내와 두 딸을 이끌라 이 성의 죄악 중에 함께 멸망할까 하노라(창 19:13,15)" ③세상의 종말의 고난을 알리기도 합니다. "또 보니 다른 천사가 공중에 날아가는데 땅에 거하는 자들 곧 여러 나라와 족속과 방언과 백성에게 전할 영원한 복음을 가졌더라, 또 다른 천사 곧 둘째가 그 뒤를 따라 말하되 무너졌도다! 무너졌도다! 큰 성 바벨론이여 모든 나라를 그 음행으로 인하여 진노의 포도주로 먹이던 자로다 하더라. 또 다른 천사 곧 세째가 그 뒤를 따라 큰 음성으로 가로되 만일 누구든지 짐승과 그의 우상에게 경배하고 이마에나 손에 표를 받으면 그도 하나님의 진노의 포도주를 마시리니 그 진노의 잔에 섞인 것이 없이 부은 포도주라 거룩한 천사들 앞과 어린 양 앞에서 불과 유황으로 고난을 받으리니(계 14:6)" ④범죄에 대한 보응으로 재앙을 내리는 천사가 있습니다. "천사가 예루살렘을 향하여 그 손을 들어 멸하려 하더니 여호와께서 이 재앙 내림을 뉘우치사 백성을 멸하는 천사에게 이르시되 족하다 이제는 네 손을 거두라 하시니 때에 여호와의 사자가 여부스 사람 아라우나의 타작마당 곁에 있는지라(삼하 24:16)" "헤롯이 영광을 하나님께로 돌리지 아니하는 고로 주의 사자가 곧 치니 충이 먹어 죽으니라(행 12:23)" ⑤세상의 마지막 심판 때에는 알곡신자를 거두는 추수 꾼으로 일하게 됩니다. "가라지를 심은 원수는 마귀요 추수 때는 세상 끝이요 추숫군은 천사들이니(마 13:39)" 실로 성경에 기록된 천사의 사역들은 매우 다양하여 분야 분야에서 활동하는 천사들이 있다는 사실을 믿어야합니다. ⑥복음 전도를 돕는 천사도 있습니다. "저희가 대답하되 백부장 고넬료는 의인이요, 하나님을 경외하는 자라 유대 온 족속이 칭찬하더니 저가 거룩한 천사의 지시를 받아 너를 그 집으로 청하여 말을 들으려 하느니라 한 대 베드로가 불러 들여 유숙하게 하니라 이튿날 일어나 저희와 함께 갈 새 욥바 두어 형제도 함께 가니라(행10:22-23)" "그가 우리에게 말하기를 천사가 내 집에 서서 말하되 네가 사람을 욥바에 보내어 베드로라 하는 시몬을 청하라. 그가 너와 네 온 집의 구원 얻을 말씀을 네게 이르리라 함을 보았다 하거늘 내가 말을 시작할 때에 성령이 저희에게 임하시기를 처음 우리에게 하신 것과 같이 하는지라(행11:13-15)" ⑦사드락 메삭과 아벤느고를 풀무불에서 타지 않도록 도와주었습니다. "왕의 명령이 엄하고 풀무가 심히 뜨거우므로 불꽃이 사드락과 메삭과 아벳느고를 붙든 사람을 태워 죽였고 이 세 사람 사드락과 메삭과 아벳느고는 결박된채 극렬히 타는 풀무 가운데 떨어졌더라. 때에 느부갓네살 왕이 놀라 급히 일어나서 모사들에게 물어 가로되 우리가 결박하여 불가운데 던진 자는 세 사람이 아니었느냐 그들이 왕에게 대답하여 가로되 왕이여 옳소이다. 왕이 또 말하여 가로되 내가 보니 결박되지 아니한 네 사람이 불 가운데로 다니는데 상하지도 아니하였고 그 네째의 모양은 신들의 아들과 같도다 하고 느부갓네살이 극렬히 타는 풀무 아구 가까이 가서 불러 가로되 지극히 높으신 하나님의 종 사드락, 메삭, 아벳느고야 나와서 이리로 오라 하매 사드락과 메삭과 아벳느고가 불 가운데서 나온지라(단3:22-26)" ⑧천사가 감옥에 갇힌 베드로를 도와 구출하였습니다. "천사가 가로되 띠를 띠고 신을 들메라 하거늘 베드로가 그대로 하니 천사가 또 가로되 겉옷을 입고 따라 오라 한대 베드로가 나와서 따라갈새 천사의 하는 것이 참인줄 알지 못하고 환상을 보는가 하니라. 이에 첫째와 둘째 파수를 지나 성으로 통한 쇠문에 이르니 문이 절로 열리는지라 나와 한 거리를 지나매 천사가 곧 떠나더라. 이에 베드로가 정신이 나서 가로되 내가 이제야 참으로 주께서 그의 천사를 보내어 나를 헤롯의 손과 유대 백성의 모든 기대에서 벗어나게 하신줄 알겠노라 하여(행12:8-11)" ⑨ 벌을 내리는 천사도 있습니다. "헤롯이 날을 택하여 왕복을 입고 위에 앉아 백성을 효유한대 백성들이 크게 부르되 이것은 신의 소리요 사람의 소리는 아니라 하거늘 헤롯이 영광을 하나님께로 돌리지 아니하는 고로 주의 사자가 곧 치니 충이 먹어 죽으니라(행12:21-23)" ⑩ 따라서 천군 천사의 수가 헤아릴 수도 없이 많습니다. 성경에 나오는 가브리엘, 미가엘 천사장 외에도 많은 천사장들이 있어 천군과 천사를 지도하고 치리하며 가르쳐 인도한다는 것을 알아야 합니다.

지금 이 시간도 헤아릴 수 없이 많은 천사들이 우리를 섬기고 돕는 자로서 성령의 지도 아래 분주하게 우리 주위에서 사역하고 있습니다. 예수 그리스도께서 재림하실 때 그 동안 보이지 않게 우리를 도왔던 모든 천사들을 기쁘게 만나 보게 될 것입니다. 천사들의 아름답고 웅장한 찬송 소리를 들으며 함께 아버지 하나님을 찬양하고 예배하게 될 것입니다. 천사의 도움을 요청하여 천사의 도움을 받으시기를 바랍니다. "모든 천사들은 부리는 영으로서 구원 얻을 후사들을 위하여 섬기라고 보내심이 아니뇨 (히1:14)"

어떻게 요청합니까? 명령하시기를 바랍니다. 천사들아 나를 도와라. 나의 자녀들을 도와라. 나의 교회봉사를 도와라. 나의 사업을 도와라. 나의 치유사역을 도와라. 천사도움을 습관적으로 요청하여 천사의 도움을 날마다 받으시기를 축원합니다.

결론입니다. ①지금 이 순간에도 수 없는 천사들은 하나님을 찬양하고 있습니다. ②보이지는 않지만 우리를 열심히 돕고 있습니다.③우리의 기도를 도와주고 기도를 하나님에게 상달합니다. ④성령을 도와 열심히 집회나 치유 사역을 도와주고 있는 천사도 있습니다. ⑤모두 천사의 도움을 요청하여 날마다 승리하시기를 축원합니다. 건강 장수에 관한 것들은 필자가 저술한 "백세시대 예수 안에서 장수하는 법"을 참고하시기를 바랍니다.

8장 타락한 천사들이 실존한다.

(고후 4:4)"그 중에 이 세상의 신이 믿지 아니하는 자들의 마음을 혼미하게 하여 그리스도의 영광의 복음의 광채가 비치지 못하게 함이니 그리스도는 하나님의 형상이니라"

하나님은 마귀의 세계에 지식을 가지고 영적 세계를 장악하기를 원하십니다. 우리가 인생을 살아가면서 당하는 문제와 귀신은 면밀한 관계가 있기 때문에 알아야 합니다. 예수님께서 제자와 더불어 갈릴리 바다를 건너가다가 큰 풍랑을 만났습니다. 배가 침몰할 위기에 처하고 예수님의 제자들은 아비규환의 절망에 떨어졌습니다. 그때 예수님이 잠에서 일어나 바람과 바다를 꾸짖었으며 즉시 잠잠해 졌습니다. 생각해 보세요. 나무를 보고 꾸짖는다고 나무가 들을 턱이 없습니다. 나무는 귀도 없고 생각도 없지요. 바위를 보고 꾸짖는다고 해서 응답하지 않습니다. 바위는 귀도 없고 말도 못합니다. 태산을 보고 꾸짖어 보았자 태산이 꾸짖음을 듣지 않습니다. 꾸짖는다는 것은 인격적인 존재가 되어야 꾸짖을 수 있는 것입니다. 살아있는 인격적인 존재가 되어야 꾸짖을 수 있는 것입니다. 예수님이 바람이나 바다가 귀도 없고 생각도 없는데 꾸짖는다고 해서 효과가 생기는 것이 아닙니다. 바람과 바다 배후에서 이를 조종하고 있는 원수마귀가 있었기 때문에 주님께서 그 배후에 인격적인 존재를 향해서 꾸짖으신 것입니다. 주님께서 그냥 말씀하셨다면 말씀을 통해서 기적이 일어나는 것입니다. 빛이 있으라. 궁창이 생겨나라. 물이 한 곳으로 모여라. 말씀이 꾸짖는다는 것은 잘못한 일을 하고 있는 배후에 세력이 있기 때문에 주님이 꾸짖는 것입니다. 갈릴리의 바다에 풍랑이 일게 한 것은 예수님과 제자들을 물에 빠뜨려 몰살시키려는 배후에 마귀의 역사가 있었기 때문에 주님이 그 인격적인 마귀를 향해서 꾸짖었습니다. 그러자 즉시로 바람과 바다가 잠잠해진 것입니다. 인생광풍과 배후에 세력도 한가지입니다. 우리가 인생을 살아갈 때 여러 가지 인생광풍이 불어오지 않습니까? 국가적으로 사회적으로 개인적인 광풍은 그 배후에 광풍을 일으키는 마귀가 있는 것을 알아야 됩니다. 그래서 우리는 영적인 세계를 볼 수 있는 눈과 지식이 있어야 하는 것입니다.

　다니엘서 10장 12절로 14절에 보면 다니엘이 이스라엘이 바벨로니아의 포로로 잡혀가서 바사왕 때까지 70년 동안 종살이했습니다. 그럴 때 다니엘이 하나님께 나와서 간절히 기도하니 기도한지 21일 만에 응답이 왔는데 천사가 말하기를 "네가 기도하는 첫날에 기도가 상달 되었으나 바사 왕국의 군주가 나를 막았으므로 내가 거기 바사 왕국의 왕들과 함께 이십일 일 동안 대치하고 있다가 하늘나라 군대장관인 미가엘이 와서 나를 도와주므로 바사나라를 다스리는 마귀의 군대를 물리치고 너에게 왔다"고 말한 것입니다. 한 나라와 한 민족도 배후에서 마귀가 다스리고 조종하고 있다는 사실을 성경은 너무나 밝히 말하고 있는 것입니다. 세계역사를 통해서 바벨로니아 바사, 메데, 헬라, 로마 같은 하나님을 반역하는 나라들의 배후에는 반드시 마귀와 그 군대가 점령을 하고 조종하고 있다는 사실을 우리는 성경을 통해서 잘 알 수가 있는 것입니다. 에베소서 6장 12절에도 "우리의 씨름은 혈과 육을 상대하는 것이 아니요 통치자들과 권세들과 이 어둠의 세상 주관자들과 하늘에 있는 악의 영들을 상대함이라"고 했습니다.

우리가 살아가는 세상은 마귀에게 처해 있다고 주님은 말씀하십니다. 고로 믿는 우리가 세상을 살아가자면 마귀와의 영적인 전쟁을 피할 수가 없습니다. 영적인 세계를 바르게 알고 영적인 전쟁에서 승리하는 모두가 되시기를 바랍니다.

요한일서 5장 19절에는 "또 아는 것은 우리는 하나님께 속하고 온 세상은 악한 자 안에 처한 것이며" 이라고 분명히 말씀하고 있습니다. 다시 말하면 온 세상은 마귀와 귀신들의 지배하에 놓여 있는데, 믿는 우리들은 하나님께 속하고 하나님의 다스림 아래에 놓여 있다는 것입니다. 우리가 거대한 공기의 바다 안에 살 듯 물고기가 물속에 사는 것처럼, 우리는 영적인 공기에 둘러싸여 있습니다. 영적인 바다에 둘러싸여서 살고 있습니다. 즉 영적인 세계에 둘러 싸여 살고 있다는 말입니다. 영적인 세계는 우리들의 마음 안에서도 역사하고 있다는 것을 알고 대처해야 되는 것입니다.

우리가 예수님을 믿기 전에는 마귀와 귀신의 바다 속에 살고 있었습니다. 우리가 예수님을 믿자, 하나님은 우리를 흑암의 권세에서 건져내사, 그 사랑의 아들 나라로 옮겨주셨습니다. 우리 속에서 마귀와 귀신이 쫓겨 나가고, 천국과 성령이 들어와서 우리를 점령하게 되었습니다. 세상은 마귀와 귀신들이 우리를 압박하고 도적질하고 죽이고 멸망시키려고 늘 노리고 있는데, 우리 속에서 마귀와 귀신이 쫓겨 나갔으니깐 이제는 우리와 원수가 된 것입니다.

그때로부터 시작하여 우리는 영적전쟁 상태 속에 들어가게 되는 것입니다. 마귀는 우리를 도로 점령하려고 하고, 우리는 마귀를 내어 쫓고 마귀가 점령하고 있는 이 세상에서 하늘나라를 확장하려고 하고, 이러므로 끊임없는 마귀와 우리와의 투쟁이 시작된 것입니다. 그러므로 주님을 믿는 사람들은 귀신이 들끓는 세상에서 살고 있으므로 영적인 세계에 대하여 바르게 알고 성령으로 충만한 가운데 하나님이 주신 권세를 가지고 하나님의 나라 확장을 위하여 귀신을 대적하며 귀신을 쫓아내고 세상을 장악하는 삶을 살아야 마음속에 참된 의와 평안과 기쁨을 가지고 살 수 있는 것입니다.

첫째, 악귀 귀신의 출처는 이렇다. 이 흑암의 세력은 하나의 거대한 영적인 나라를 구성하고 있습니다. 사탄이 제일 우두머리고 그 밑에 타락한 천사들이 있고 그 밑에 귀신들이 있었습니다. 그래서 그들은 이런 조직을 가지고 하나님의 백성을 무시해서 사람들을 도적질하고 죽이고 멸망시킨 일을 하려고 합니다. 원래 이 사탄은 처음부터 마귀는 아니었습니다. 처음에는 하나님의 피조물로서 가장 아름다운 천사 장이었습니다. 그러나 그가 교만해져서 피조물인 사탄이 하나님이 되려고 하다가 버림을 받은 것입니다.

이사야서 14장 12절에서 15절에 보면 "너 아침의 아들 계명성이여 어찌 그리 하늘에서 떨어졌으며 너 열국을 엎은 자여 어찌 그리 땅에 찍혔는고 네가 네 마음에 이르기를 내가 하늘에 올라 하나님의 뭇 별 위에 내 자리를 높이리라 내가 북극 집회의 산 위에 앉으리라. 가장 높은 구름에 올라가 지극히 높은 이와 같아지리라 하는도다. 그러나 이제 네가 스올 곧 구덩이 맨 밑에 떨어짐을 당하리로다." 이와 같이 원래 마귀는 루시퍼로써 계명성으로 아름다운 천사로 하나님을 경배하게 만들어 놓았는데 그가 마음에 교만이 들어와서 지음을 받은 존재가 지은 자처럼 되려고 하나님 앞에 대결했습니다. 그 결과로 그는 하나님께로부터 내어 쫓김을 받았습니다. 부패하고 더럽고 반역한 사탄이 되고 만 것입니다.

그런데 이 사탄이 타락할 때 자기 밑에 있던 천사 삼분의 일이 거느리고 같이 타락했습니다. 요한계시록 12장 3절에서 4절을 보면 "하늘에 또 다른 이적이 보이니 보라 한 큰 붉은 용이 있어 머리가 일곱이요 뿔이 열이라 그 여러 머리에 일곱 왕관이 있는데 그 꼬리가 하늘의 별 삼분의 일을 끌어다가 땅에 던지더라.

용이 해산하려는 여자 앞에서 그가 해산하면 그 아이를 삼키고자 하더니" 여기 별들은 천사들을 상징합니다.

하늘에 별 삼분의 일을 끌어다가 땅으로 타락시켰습니다. 이것은 원수마귀가 타락할 때 하늘에 별 삼분의 일을 함께 데리고 공모해서 하나님께 반역한 것입니다. 그리고 그 밑에서 최하의 자리에 마귀의 군사로써 존재가 바로 귀신들이었습니다. 귀신은 어디서 생겨났는지 근원은 성경에 말하고 있지 않습니다만 사탄을 최정점으로 하고, 그리고 그 밑에 타락한 천사들이 있고 그 밑에 최하의 병사들이 있었습니다. 이 귀신들이 나가서 이 세상을 고통스럽게 만드는 것입니다. 이들이 이 세상 마지막 날까지 크리스천들을 공격하다가 예수님께서 재림하시면 무저갱에 들어가 갇히게 됩니다. 그러므로 크리스천은 천국에 갈 때까지 성령의 인도와 지배를 받으며 자신의 영-혼-육을 관리해야 합니다.

둘째, 마귀 귀신의 존재는 이렇다. 피와 살이 없는 영적 존재이며 인간의 육안으로 보이지 않습니다. 그러나 보이지 않지만 분명하게 살아있는 존재입니다. 많은 성도들이 전설의 고향에 나오는 귀신같이 머리 흐트러트리고 으흐흐하고 나타는 것으로 인식하고 있어 귀신이 어디에 있느냐고 그러는 사람이 있는데 귀신은 그런 존재가 아닙니다. 지성, 의지, 감정을 가진 인격적 존재입니다. 그리고 피와 살이 없는 인격적인 존재입니다. 그러므로 마귀는 같은 인격적 존재인 사람을 좋아합니다. 그래서 그 사람의 인격을 마귀의 인격으로 바꾸어 가는 것입니다. 자기의 성품을 그 사람에게 뿌려줍니다. 그래서 혈기 마귀에 들어오면 혈기가 많은 사람이 되는 것입니다. 그래서 성격 중에는 자신의 것이 아닌 마귀가 뿌려준 것이 있다는 것을 명심해야 합니다. 악한 영은 크리스천이라도 공격하지만, 크리스천의 영에는 침범하지 못합니다. 크리스천의 영에는 하나님의 영이 들어와 계시기 때문입니다. 그러나 마음, 감정, 의지(혼)와 육은 공격할 수 있습니다. 그러나 불신자의 경우 악한 영은 그들의 영에까지 침입하여 단단히 장악할 수 있습니다.

셋째, 마귀 귀신의 속성은 이렇다. 마귀는 도덕적으로 타락한 악한 존재이며, 세상과 인간을 타락시키기 위하여 존재하며, 하나님의 일을 방해하는 것을 최고의 목적으로, 서로 연합하여 활동하는 존재로, 악한 영, 더러운 영으로 불립니다. "뱀이 그 간계로 하와를 미혹한 것 같이 너희 마음이 그리스도를 향하는 진실함과 깨끗함에서 떠나 부패할까 두려워하노라(고후11:3)" 마귀, 뱀의 연합작전으로 나의 마음이 부패되지 않게 하시기를 바랍니다. 성령으로 충만하여 마귀를 대적함으로 하나님을 향하는 진실함과 순결함, 순수함을 회복하세요. 성령 충만을 유지하세요. 이러한 자세 속에서 마귀를 대적할 수 있는 권능이 흘러나옵니다. 마음이 복잡해지고, 부패되지 않게 하세요.

냉장고속의 음식이 상하는 것보다 하나님을 향한 내 마음이 상하는 것에 더 관심을 가져야 합니다. 더 가슴 아파해야 합니다. 믿음이 떨어지지 않게 하는 것이 바로 영적 전쟁입니다. 세상과 나는 간 곳이 없어지고 나를 구속한 예수만이 나타나는 상태가 유지되어야 합니다. 이러한 믿음이 떨어지는 것이 내가 죽는 것입니다. 내 안을 주님으로 가득 채우세요. 그렇지 못하는 것이 마음이 부패되는 것입니다. 그러면 가차 없이 마귀가 침입하는 것입니다. 마귀의 특성은 거짓말, 속임, 기만입니다. 우리가 가지고 있는 대부분의 부정적 생각, 가치관은 마귀가 씨를 뿌린 것들입니다. 마귀는 사람들이 하나님과 자기 자신과 다른 사람들을 부정적으로 판단하고 정죄 하도록 합니다. 마귀는 사람들이 부정적인 사고방식에 젖어서 증오와 비난과 죄의식 속에서 허우적거리게 만듭니다.

"너희는 너희 아비 마귀에게서 났으니 너희 아비의 욕심대로 너희도 행하고자 하느니라 그는 처음부터 살인한 자요 진리가 그 속에 없으므로 진리에 서지 못하고 거짓을 말할 때마다 제 것으로 말하나니 이는 그가 거짓말쟁이요 거짓의 아비가 되었음이라(요8:44)" 습관적으로 긍정적인 것을 말하려고 하시기를 바랍니다. 언어의 습관에서 거짓말을 하게 하는 악한 세력을 대적하여 물리치시기를 바랍니다. 기도를 통한 영적 치유와 자신의 노력을 통한 습관의 형성이 필요합니다. 마귀는 타락한 영적 존재이므로 자신을 인간에게 접촉하여 그 사람을 타락시켜서 자신의 도구로 사용하기를 원합니다. 영은 영적 존재와 교제, 교류가 가능하기 때문입니다. 영적 존재에는 완전한 영적 존재인 하나님, 천사, 마귀와 육체를 지닌 영적 존재인 인간이 있습니다. 하나님, 천사는 같은 영적 존재이므로 마귀의 존재를 볼 수 있고, 특성을 알고 있어서 접근하지 못하지만, 그러나 인간은 영적 존재이나 육체적인 본능에 의한 삶을 살고 있기 때문에 마귀의 접근과 미혹이 가능합니다. 짐승은 인격적인 존재가 아니므로 마귀가 조정할 수가 없습니다. 지정의를 사용하여 악을 퍼뜨릴 수가 없습니다. 그러므로 마귀는 사람들을 공격하는 것입니다.

마귀는 사람들이 충동적이 되도록 부추김으로 마약중독, 알코올중독, 담배중독, 과식증, 거식증, 성문란, 노름, 물질주의, 경쟁의식, 지배욕, 또는 지나치게 공부하는 것, 좋은 옷을 입는 것, 종교적인 것, 교리적인 것, 성취욕 등에 사로잡히게 합니다. 마귀는 인간의 영을 미혹하여 하나님대신 예배의 대상이 되려고 기를 씁니다. 인간은 영적 존재임으로 하나님을 찾는 예배 적 본능이 있기 때문에 하나님을 섬기지 않으면 마귀의 대용물인 우상을 숭배하게 됩니다. 마귀는 자신들이 지니고 있는 초능력을 이용하여 사람들로 하여금 귀신들리게 함으로써 마귀의 이와 같은 목적을 이룰 수가 있습니다. 마귀에게 들리게 되면 영적으로 무지한 사람들에게 마치 하나님의 능력과 같이 보이는 초인간적 힘을 발휘하게 됩니다. 사단은 자기를 신으로 섬기기를 요구하며, 무조건 맹종해 줄 것을 바랍니다. 사단은 또한 육체적 고통을 인간들에게 부과하든지 거짓된 약속을 하든지 두려운 공갈로 인간을 협박합니다. 이와 같이 되어 우상 숭배와 미신이 사회관습과 어울려지게 되는 것입니다. 귀신의 활동의 대부분은 종교라는 탈을 쓰고 나타나며, 우상숭배와 도덕, 윤리적 타락은 함께 기원합니다. 술, 담배, 마약 등의 중독성 악습은 모두 귀신숭배의 부산물이며, 동성연애, 간음, 강간, 살인 등의 윤리적 타락의 근원이 됩니다. 인간은 영적이기에 다른 영적 대상을 섬길 때, 그 존재의 특성을 닮게 됩니다.

　마귀는 하나님이 기뻐하시는 일은 무엇이든지 싫어합니다. 그들은 인간에게 강한 질투심을 가지고 있으며 특히 하나님의 자녀가 된 크리스천에게는 더한 질투심을 지니고 있습니다. 그러므로 그들은 하나님을 섬기는 성도와 교회를 공격하여 하나님과의 관계를 끊으려는 목적으로 활동합니다. 마귀는 우리들 속에 있는 하나님의 형상을 미워하고 있습니다. 그는 바로 우리들이 지니고 있는 인간성을 미워하는 것입니다. 하나님의 아들이 바로 이 인간성을 입고 세상에 왔던 것입니다. 마귀는 특별히 우리에게 있는 하나님 닮은 성품을 주요 공격목표로 삼는 것입니다. 마귀는 하나님의 영광을 증오합니다. 그런데 우리들은 이 하나님의 영광으로 말미암아 영원한 행복에 도달할 수 있도록 창조되었습니다. 마귀는 우리가 우리 속에 있는 하나님의 영광을 잊고 벌레 같은 존재로 여기도록 부추깁니다. 마귀는 벌레 신학의 저자이기도 합니다. 마귀는 인간의 몸을 안식처로 삼습니다.

악한 영들이 인간의 몸을 선호하는 이유는 인간이 영적 존재이며, 자신들의 영향을 잘 받으며, 자기들이 쉴 수 있는 곳이며, 더 나아가서는 전인격을 소유할 수 있기 때문입니다. 마귀는 인간을 잘못되게 하는 일이라면 가리지 않고 앞장서서 행합니다. 사람들을 괴롭히는 것이야말로 이 세상에서 광범위하게 활동하고 있는 악한 영들의 주된 업무입니다. 마귀의 주된 관심은 사람들, 특히 크리스천의 삶을 파괴시키는 것입니다.

마귀는 자신이 세상을 지배하는데 있어서 위협이 된다고 생각되는 것은 무조건 파괴시키고 잘못되게 하려고 혈안이 되어 있습니다. 사람들의 마음속에 견고한 진을 쌓거나(고후10:4), 기독교 사역을 공격할 뿐 아니라, 교묘히 기독교 교리에 침투해 들어가며(딤전4:1), 사람들의 건강(눅13:11)과 날씨에까지도 영향을 미칩니다(눅8:22-25).

넷째, 귀신은 여러 가지 종류가 있다.

1)성경에 보면 더러운 귀신이 있습니다. 이 더러운 귀신은 사람들에게 붙어서 더러운 생각, 더러운 말, 더러운 행동을 하게 하는 것입니다.

2)그 다음에는 악한 귀신이 있습니다. 이악한 귀신은 분열과 분쟁을 가져옵니다. 고통을 가져오는 것입니다. 악한 귀신이 찾아오면 부부간에 분열되고, 가정이 파괴되고, 교회가 분열되고, 사업장이 분열되고, 사회가 분열되어 고통을 가져오는 것입니

다. 이악한 귀신을 우리가 내어 쫓지 않으면 분열을 막을 도리가 없고 고통을 막을 도리가 없는 것입니다.

3)그 다음 종교적인 미혹의 영이 있습니다. 여러 가지 종교를 가지고 와서 참 하나님을 믿지 못하게 하고 참 구주되신 예수님을 믿지 못하게 하는 것입니다. 미혹의 영이 와서 여러 가지 우상과 자신을 섬기게 만드는 그런 영이 있습니다. 거짓말을 하는 영이 있어 사람들에게 여러 가지 거짓말로써 깨어서 진리를 쫓지 않게 하고 거짓에 속아 살다가 파멸되게 만드는 것입니다.

4)점치는 귀신이 있어서 사람들에게 불안하니까 내일을 알려준다고 말미암아 그 귀신에게 잡혀서 참으로 우리에게 구원을 주시는 하나님을 믿지 못하게 하고 그리스도를 따라가지 못하게 하고 있습니다.

5)병들게 하는 귀신이 있습니다. 이것은 여러 가지 병균을 가지고 와서 사람들에게 침투해 와서 사람들을 병들게 하고 고통을 주는 것입니다. 예수님께서 고친 병들은 거의 다. 귀신에게 눌려서 병든 것입니다. 성경은 말하기를 사도행전 10장 38절에 "하나님이 나사렛 예수에게 성령과 능력을 기름 붓듯 하셨으매 그가 두루 다니시며 선한 일을 행하시고 마귀에게 눌린 모든 사람을 고치셨으니 이는 하나님이 함께 하셨음이라"라고 말했습니다. 마귀는 사람을 눌러서 수많은 병들을 일으키게 하는 것입니다.

6)그 다음에 불신케 하는 귀신이 있습니다. 이 귀신은 사람들의 마음속에 불신앙을 집어넣습니다. 그래서 하나님을 부인하

고 예수님을 부인하고 이 세속에 속해서 죄악에 따라 살게 하는 것입니다. 이 불신케 하는 귀신 중에 가장 흉악하게 하는 귀신이 바로 공산주의 귀신입니다. 공산주의는 유물론적 무신론으로써 러시아국민을 유세해서 세계에 수많은 사람들을 무신론으로 몰아넣어서 멸망 받게 만들고 최후에도 자기도 파멸되게 만드는 것입니다.

이와 같이 이 세상에는 눈에 안 보이는 배후의 세계, 아버지 하나님과 아들과 성령 삼위일체와 천사들이 있어 우리에게 생명을 주되 넘치게 주기를 원하는가 하면 그 반대로 사탄이 있어 그 밑에 타락한 천사들을 거느리고, 그 밑에 귀신들을 데리고 사람들에게 와서 사람들을 도적질하고 죽이고 멸망시키는 일을 하고 있는 것입니다.

그러므로 우리가 예수를 구주로 모시고 아버지의 나라에 속하면 하늘나라의 백성이 되고 예수님을 배반하고 아버지하나님을 믿지 않으면 사탄의 나라에 속하여서 귀신의 지배를 받고 살게 되다가 파멸하게 되는 것입니다. 그러므로 이 배후에 세계는 하늘나라와 사탄의 나라 이 두 나라가 영적으로 존재하고 있는 것입니다.

다섯째, 마귀 귀신이 교회에서 하는 일은 이렇다.

1) 축사사역에 대한 부정적 인식을 하게 합니다. 마귀에 대해 관심을 가지지 못하게 하거나, 존재를 부인하게 만들기도 합니

다. 또는 마귀를 두려워하게 만들며, 축사사역을 두려워하게 하거나 귀찮은 사역, 또는 이단시하게 합니다. 마귀는 두려운 존재이나, 무서워할 존재는 아닙니다. 그러나 상대를 알아야 싸워 이길 수가 있습니다. 육체적 힘만 가지고는 안 됩니다. 우리가 가진 예수님이 주신 영적 권세를 알아야 합니다. 적을 알아야 마귀를 이깁니다. 우리가 마귀에 대하여 잘 모르는 동안 마귀는 우리를 잘 알고 있으며, 또 아는 만큼 쉽게 우리를 공격합니다. 내 인생에 나보다 더 크게 영향을 끼치시는 분은 성령님이시지만, 마귀도 내 인생에 큰 영향을 미칠 수 있습니다. 악한 마귀는 사랑해야할 사람을 덤덤한 사람으로 만들어버리고, 열심을 내야할 일에 열심내지 못하게 만들고, 애착을 가지지 말아야 할 일에 집착하게 만듭니다.

하나님에게는 미지근하게 만들고 세상과 물질에 대해서는 애착하게 만듭니다. 우리의 감정을 자극해서 그렇게 하는 것입니다. 나도 내 의지를 가지고 내 마음대로 하지 못한다는 것은 내가 이러한 마귀의 존재에 영향을 받는다는 것입니다. 그러면 어떻게 해야 하는가? 하나님에게 순복하는 것입니다. 하나님이 주시는 빛의 능력으로 마귀를 이겨야 합니다. 마귀는 우리의 자아, 정신세계에까지 침입하여 우리에게 영향을 끼칩니다.

성공하는 인생에 가장 필요한 것이 성품입니다. 성공은 외부로 나타나는 것이고, 성품은 그것을 외부로 나타나게 하는 내적 요인입니다. 성공하려고 집중하지 말고 성공할 수 있게 만드는 내적요소인 성품관리에 집중해야 합니다. 내면을 튼튼하게 하고, 내면에 하나님의 은혜를 채우려고 하시기를 바랍니다. 이것이 영적전쟁이고, 마귀가 우리 내면에서 활동하지 못하게 하는 것입니다.

2) 미혹합니다. 우리가 마귀에 대하여 관심을 가지고 있지 않으나 마귀는 교회와 성도들에게 특별한 관심을 쏟고 있으며 자신들이 보유한 능력을 활용하여 목회자의 목회관심을 하나님이 원치 않는 세속적인 방향으로, 또 성도들이 하나님의 나라보다는 세상에서 즐기는 낙을 더 사모하게 만듭니다.

3) 분쟁을 일으킵니다. 교단, 교회, 목사와 교인, 교인과 교인을 서로 이간질시키며 당을 지으며, 권력다툼과 같은 파벌을 만드는 행위를 하게 합니다.

4) 잘못된 교리를 정립하게 합니다. 성경에서 독자적인 교리를 신학화하여 자신의 지식, 체험을 극대화시켜서 하나님의 능력을 제한시킵니다.

5) 극단적 교리를 추구하게 합니다. 성경의 한 부분을 너무 강조하거나 극단적인 부분에만 집착하게 합니다. 구원, 재림, 회개, 전도, 귀신, 천사, 능력, 또는 삼위일체의 어느 한 분에게 만 집착하거나, 삼위 중 어느 한 분을 제외시키는 것 등을 추구하게 합니다.

6) 세속적인 교회가 되게 합니다. 교회가 성령의 인도함에 따라 움직이지 않고 조직, 프로그램에 의하여 움직이게 만듭니다.

사람들을 즐겁게 해주는 사람들의 모임이 되게 하려고 유도합니다. 교회를 성령의 역사에 의한 치유하는 교회보다 사회의 단체처럼 운영하게 하고, 성도 개개인에 대한 관심보다 설교와 프로그램 위주가 되게 합니다. 삶에 필요한 실제적인 설교보다 신학적으로 설교하게 하고, 율법으로 설교하게 하고, 문제를 하나님에게 기도하여 스스로 해결하는 권세 있는 성도로 만들기보다, 목회자의 그늘에 들어와 사는 성도가 되게 합니다.

그래서 성도는 외면에 치중하기보다, 내 속을 성령님으로 채우는 것에 관심을 가져야합니다. 마귀는 우리의 관심을 자꾸 밖으로 빼어 돌립니다. 돈, 물질, 외형에 관심을 쏟게 합니다. 내면으로 들어가면 하나님을 만나기 때문에 마귀는 어떻게 하든지 우리가 내면으로 들어가지 못하게 합니다. 외형적인 것으로 우리를 자꾸 유혹합니다. 40일 금식기도, 작정기도, 산상기도.. 등등으로 우리를 유혹합니다.

7) 분리하고 분파를 조장합니다. 자신들의 주장, 교리, 전통, 체험을 주장하며 타 교단과 분리, 분파, 파벌을 조성하여 그리스도의 몸을 나눕니다.

8) 교회 지도자의 물질적, 성적 타락을 통해 교회와 성직자의 권위를 땅에 떨어뜨림으로 믿음이 약한 성도를 교회에서 떠나게 하며, 전도의 문을 막는 일을 합니다. 목회자의 정욕을 자극하는 것이 바로 마귀의 공격이고, 성결한 삶을 사는 것이 영적 전쟁을 하는 것입니다.

9장 성도를 돕는 천사가 더 많다.

(히1:14)"모든 천사들은 섬기는 영으로서 구원 받을 상속자들을 위하여 섬기라고 보내심이 아니냐"

하나님은 믿는 우리가 천사의 도움을 받으면서 살아가기를 원하십니다. 우리가 예수를 믿고 거듭나서 성령의 인도를 받으면서 영적인 세계에 돌입하면 천사의 도움을 받습니다. 그러므로 우리는 천사에 대하여도 알아야 천사의 도움을 받고 구할 수가 있는 것입니다. 하나님께서는 하나님을 섬기는 영적 존재인 수많은 천군과 천사를 거느리고 계십니다. 이 천군과 천사들은 항상 하나님을 찬미하고 하나님을 호위하고 하나님의 명령을 수행하는 역할을 하고 있는 것입니다. 이 천사들은 인간보다 훨씬 먼저 지음을 받은 피조물들인 것입니다. 인간보다 힘이 세고 영광스러우며 또 죽지 않고 영원히 사는 영적인 존재입니다.

그리고 현재에는 특히 구원받을 후사들, 즉 우리들을 도우시기 위해서 보내어서 종행무진으로 열심으로 하나님의 일을 하고 있는 하나님의 일꾼들인 것입니다. 우리들이 예수를 믿고 성령을 받으면 천사보다 높아집니다만, 그러나 아담 안에 사는 사람은 천사보다 낮은 위치에서 살고 있습니다. 왜냐하면 아담이 마귀에게 미혹되어 마귀의 종이 되었기 때문입니다. 그러나 우리가 예수를 믿으면 우리의 지위가 올라가서 천사들이 우리를 돕는 자가 됩니다. 그리고 우리는 천사도 피조물이기 때문에 천사를 예배해서는 절대로 안 됩니다. 오직 예배는 하나님만이 받으실 수 있는 것입니다. 천사는 우리들과 똑같은 하나님의 피조물이기 때문입니다. 그러므로 오늘 천사가 우리 신앙생활에 어떠한 역할을 하는가에 대해서 알아보고자 합니다.

사실 육신에 눈을 뜨고 있으니까 못 봐서 그렇지, 영의 눈을 뜬다면 이 강단 주위에 천사들이 가득히 와 있습니다. 내 옆에도 와 있어요! 안녕하십니까? 우리 교회 주위에도 천사들이 가득 둘러 진치고 있습니다. 왜냐하면 천사는 누구냐? 구원 얻을 후사를 섬기라고 보내신 영들이 아니냐고 말한 것입니다.

우리가 시화에서 목회를 할 때입니다. 어느 집사님의 소개로 독일에서 평신도 선교사를 하시는 부부 집사님이 와서 치유 받고 가신 적이 있습니다. 그 때 여 집사님이 임신하여 육 개월이 된 상태이고, 5살 정도 먹은 딸을 데리고 와서 치유를 받았습니다. 그런데 치유기도 시간에 제가 여 집사님을 안수하니까, 이 딸이 엄마에게 자꾸 엄마 머리를 잡으려고 다가오는 것입니다. 그래서 엄마가 힘이 드니까, 저쪽에 떨어져서 놀라고 하는데도 자꾸 달려드는 것입니다. 이상하다고 생각하기는 했지만 그냥 사역을 진행했습니다. 그런데 그 다음날 그분들을 소개하여 준 여 집사님에게서 전화가 왔습니다.

어제 치유 집회할 때 천사들이 사람마다 앉아서 치유를 도왔다는 것입니다. 그래서 자초지정을 물으니까? 그 아이가 눈이 열려서 천사를 보는데 천사가 엄마 머리에 앉아 있어서, 엄마 머리가 무거울까봐 천사를 떼어 내려고 했다는 것입니다. 제가 믿지 않을 것인데 5살 먹은 아이가 거짓말 할리가 만무하여 믿기로 했습니다. 이렇게 천사는 성령의 사역을 돕기도 합니다.

이러므로 우리 하나님께서 명령하신 사실을 준행하기 위해서 하나님의 사자들은 이 지구상에서 하나님의 보좌 앞으로 번개같이 왔다 갔다 하고 있는 것입니다.

첫째, 하나님의 소식을 전하는 메신저. 하나님의 천사는 하나님의 소식을 우리에게 전하는 메신저라는 것을 알아야 되는 것입니다. 예수님의 양아버지 요셉에게 천사가 현몽하여 잉태한 마리아를 집에 데려오기를 두려워하지 말라고 말했습니다. 요셉이 마리아하고 정혼을 했는데 같이 결혼해서 동침하기 전에 마리아가 잉태하여 배가 불러가니 요셉으로서 난처하지요, 그러나 요셉은 좋은 사람이라 시끄럽게 하지 않고 마리아를 그냥 내 보내서 이혼하려고 했는데 밤에 꿈에 천사가 나타났습니다.

주의 사자가 현몽하여 가로되 다윗의 자손 요셉아! 네 아내 마리아 데려오기를 무서워말라! 저에게 잉태한 자는 성령으로 된 것이라! 아들을 낳으리니 그 이름을 예수라 하라! 이는 그가 자기 백성을 저희 죄에서 구원할 자이심이라! 그렇게 말씀을 하셨습니다. 요셉이 잠을 깨어나서 주의 사자의 분부대로 행했다고 말한 것입니다. 여기에 보면 주의 사자, 즉 주님의 천사가 꿈에 요셉에게 나타나서 요셉에게 하나님의 메시지를 전해주신 것을 볼 수가 있는 것입니다.

예수님의 탄생의 소식도 목자들에게 천군과 천사들이 와서 그 메시지를 전했었습니다. 성경 누가복음 2장 8절에서 14절을 보면 "그 지역에 목자들이 밤에 밖에서 자기 양 떼를 지키더니 주의 사자가 곁에 서고 주의 영광이 그들을 두루 비추매 크게 무서워하는지라. 천사가 이르되 무서워하지 말라보라 내가 온 백성에게 미칠 큰 기쁨의 좋은 소식을 너희에게 전하노라. 오늘 다윗의 동네에 너희를 위하여 구주가 나셨으니 곧 그리스도 주시니라. 너희가 가서 강보에 싸여 구유에 뉘어 있는 아기를 보리니 이것이 너희에게 표적이니라 하더니 홀연히 수많은 천군이 그 천사들과 함께 하나님을 찬송하여 이르되 지극히 높은 곳에서는 하나님께 영광이요 땅에서는 하나님이 기뻐하신 사람들 중에 평화로다 하니라"고 말했습니다. 여기에 보면 예수 그리스도를 잉태하실 때도 가브리엘 천사가 마리아에게로 와서 성령이 임하여 네가 남자를 알기 전에 잉태하겠다고 말했습니다.

또 천사가 나타나서 요셉에게 꿈에 마리아 데려오기를 걱정하지 말라고 말했었습니다. 천사들이 목자들에게 가서 그리스도의 태어난 소식을 알리고 천군과 천사가 듣는 앞에서 찬양을 드리고 하늘로 올라가는 모습을 본 것입니다. 이것을 보게 될 때 하늘나라를 형성하는 데는 하나님의 천군과 천사가 절대적인 역할을 한다는 사실을 우리는 잘 알 수 있는 것입니다. 천사가 고넬료 집에 와서 소식을 전한 사실도 우리가 잘 알고 있습니다.

가이사랴에 고넬료라는 사람이 있으니 이달리야 부대라 하는 군대의 백부장이라 하는데, 그가 경건하여 온 집으로 더불어 하나님을 경외하며 백성을 많이 구제하고 하나님께 항상 기도하더니 하루는 구시, 즉 오후 세시기도 시간에 기도를 하는데 환상 중에 하나님의 천사가 들어와서 가로되 고넬료야! 하니 고넬료가 주목하여 보고 두려워 가로되 주여 무슨 일이니이까 천사가 가로되 네 기도와 구제가 하나님 앞에 상달하여 기억한바 되었으니 네가 지금 사람을 욥바에 보내어 베드로라 하는 시몬을 청하라 저는 피장 시몬의 집에 우거하니 그 집은 해변가에 있느니라고 말을 했습니다. 그래서 하나님께서 천사를 보내어서 이방인 이달리야의 군대의 백부장인 고넬료에게 메세지를 전하여 고넬료가 예수 그리스도를 믿을 수 있도록 도와주신 것입니다.

이러므로 이 하나님의 천사들은 종종 사람의 모습으로 나타나기 때문에 사람들은 그냥 이웃 사람인 줄 알고 있는 것입니다. 히브리서 13장 1절로 2절에 "형제 사랑하기를 계속하고 손님 대접하기를 잊지 말라 이로써 부지중에 천사들을 대접한 이들이 있었느니라"라고 말씀하고 있습니다.

지금까지 살아오면서 많은 경우에 천사를 만나고 천사와 악수도 하고 했지만, 그러나 보통 사람인 줄 알고 지나간 경우가 많습니다. 성경에 보면 아브라함이 자기 집 문 앞에 앉아 있는데 세 사람이 걸어왔습니다. 그래서 아브라함이 일어나서 그들을 보고서 그냥 지나가지 말고 여기서 발을 씻고 나무 그늘에 좀 앉아 쉬라고, 내가 음식을 대접하겠다고 그랬습니다. 그것은 옛날에 손님이 오면 반드시 그렇게 반갑게 대접하는 것이 관습이었습니다. 필자가 어렸을 때 외가 집에 지나가는 사람이 식사시간에 오면 식사를 꼭 대접하고 보내는 것을 보면서 자랐습니다.

그래서 발을 씻기고 송아지를 잡아서 요리를 해서 주니 세분이 다 잡수셨습니다. 그 이후에 보니까 그중에 한분은 천사로 가장한 예수님이셨고 두 사람은 천사로서 소돔과 고모라의 형편을 살피러 간 것을 알게 된 것입니다. 내내 아브라함은 보통 사람인 줄 알았는데 나중에야 그 사실을 알게 된 것입니다. 천사는 사람의 모습으로 우리에게 종종 나타나서 우리를 도와주고 바람처럼 사라질 때가 대단히 많습니다. 그러기 때문에 우리는 언제나 천사가 우리 주위에 있다는 사실을 늘 마음속에 긴장을 하고 알고 있어야 되는 것입니다. 그래서 집에 방문하는 사람을 잘 대접해야 합니다.

둘째, 하나님의 천사가 성도가 하는 일은 보호하는 일을 하는 것이다. 우리는 이 세상에 살면서 많은 원수에게 둘러싸여 있고 공격을 당하고 위험에 처할 때가 많습니다. 그러므로 하나님의 천사들이 와서 끊임없이 우리를 보호하지 않았으면 오늘날 우리가 이처럼 살아남아 있지 못할 것이라고 저는 생각을 합니다. 이스라엘의 엘리사가 도단성에 가 있을 때, 아람 왕이 군대를 파견해서 엘리사를 사로잡으라고 했습니다.

밤새도록 도단성을 아람 군대가 첩첩이 둘러쌓습니다. 아침에 일찍이 엘리사의 종 게하시가 밖에 나가보니 성 밖 온 천지에 창이요, 깃발이 휘날리고 군대가 첩첩이 성을 둘러싸고 있었습니다. 그는 기진맥진했습니다. 두려워서 벌벌 떨고 방안에 기어 들어왔습니다. 엘리사 선생이여! 이제 큰일 났습니다. 우리는 이제 다 잡혔습니다. 도단성 주위에 천천만만의 아람 군사들이 우리를 둘러싸고 있습니다. 이제 우린 못 달아납니다. 꼼짝 없이 잡혀 죽겠습니다.

그럴 때 엘리사가 말하기를 하나님이여! 이 사람의 눈을 열어서 보게 하여 주옵소서 그러자 이 게하시의 눈이 열리니깐 저가 보니 불 말과 불 병거가 산에 가득하여 엘리사를 둘러싸고 있는 것을 보았습니다. 원수들이 있는 그 뒷전과 엘리사가 있는 그 집 사이에 하나님의 천군과 천사들이 불 말과 불 병거를 타고 잔뜩 둘러 진치고 있었습니다. 그러므로 도저히 하나님의 군대를 대적해서 아람의 군대가 엘리사를 사로잡을 수 없었습니다.

엘리사가 나가서 유유히 그들에게 물었습니다. 너희가 누구를 찾는고? 엘리사를 찾습니다. 아! 이 성은 그 성도 아니고, 나는 그 사람도 아니니 날 따라 오너라. 엘리사는 아람 전 군대를 데리고 사마리아성에 들어가서 앉혀 놓고 눈을 뜨게 하니까, 적군 속에 들어가서 완전히 사로잡힌 것을 발견하게 되었던 것입니다. 이처럼 오늘날도 하나님께서 주의 자녀들이 위기에 처하면 불 말과 불 병거를 보내서 우리를 지켜주시는 것입니다.

천사를 만나서 도움을 받은 이야기는 굉장히 많습니다. 어떤 미국의 한 가족이 오래간만에 가족들을 데리고 캠핑을 갔습니다. 산속 깊은 곳에 캠핑을 가서 연못가에 천막을 쳐놓고 애들이 너무나 즐거워하고 또 부인은 바쁘게 점심을 준비하는데, 남편은 그 옆에 와서 끊임없이 애들과 부인을 향해서 카메라를 찍었습니다. 아 그런데 오토바이 소리가 요란스럽게 나더니 폭주족 깡패들이 대거 몰려왔습니다.

몰려오더니만 남편의 손에서 카메라를 탁치고, 그리고 난 다음에 그 가족들을 공격하려고 하다가 그만 갑자기 눈을 부릅뜨더니만, 뒤로 돌아서더니 걸음아 날 살려라, 하고 오토바이를 타고 도망을 쳐버렸습니다. 거참, 이상하다 이 호젓한 산에 와서 얼마든지 우리를 탈취할 수 있는데 왜 도망을 쳤을까? 나중에 카메라의 필름을 뽑아서 인화를 해보니까, 그 남편이 애들과 부인이 요리를 하는데, 그 모습을 찍은 그 필름 속에 천사가 그 가운데 같이 서있었던 것입니다. 그들은 보지 못했는데 폭주족들은 그들을 보았단 말입니다.

그래서 달아나 버린 거예요. 또한 뉴욕 어느 빈민가에서 일하는 20대의 젊은 아가씨가 있었습니다. 거기에 아편중독자, 세상에 버림받은 사람들을 돌보는데 거기 처음 임명을 받았습니다. 거기서 일을 하는데 이 주위에 있는 깡패들이 그 여자를 폭행을 하려고 야단법석입니다. 하루 저녁에 그냥 문을 두드리면서 이리 나오라 안 나오면 이 집에 불을 질러버리겠다! 그래서 이 처녀가 기도를 했습니다.

하나님 주의 사자를 보내어서 나를 둘러 진을 쳐서 나를 지켜주옵소서, 그리고 난 다음에 문을 여니까, 깡패들이 잔뜩 문 앞에 둘러 있었는데 모두 다 뒤로 돌아서 거름아 날 살려라, 하며 달아나버리는 것입니다. 그러더니만 다음날 그 사람들이 아주 어린 양같이 되어서 찾아와서 우리도 이곳에서 일하게 해달라는 것입니다. 왜 그러냐고 물으니까, 어제 당신을 우리가 폭행하려고 각오를 하고 왔는데, 그 당신 옆에 서있는 그 잘생기고 몸이 어마어마하게 크고 인물이 좋고 흰옷 입은 그 애인은 누구냐고, 그 애인 좀 소개해 달라고 우리는 그 분 때문에 기절초풍을 하고 달아났다는 것입니다.

아이, 그런 사람 없다고 하니까 절대로 그런 거짓말하지 말라고 우린 당신을 폭행 하려고 결심을 하고 왔는데, 그 애인 때문에 우리가 달아났는데, 그 애인 좀 소개해 달라고 하더라는 것입니다. 하나님의 천사는 우리가 모르는 사이에 우리 주위에 나타나는 것입니다. 또한 20대 중반의 한 처녀가 뉴욕 한 빈민가에 거주하는데 밤에 집에 돌아오는데 으스스하거든요, 그런데 주의에서는 깡패들이 둘러싸여 있는데, 그 사이를 유유히 지나서 집으로 오는데, 온 몸에 땀만 흘렸지만 괜찮았습니다.

그리고 자기가 집에 들어오자마자, 경찰차 싸이렌 소리가 나고 거기에 경찰차가 오고 사람들은 모이고 웅성웅성했습니다. 알아보니 자기 뒤에 따라오던 처녀가 잡혀서 폭행을 당하고 죽임을 당했습니다. 그래 그 사람들이 심문을 당할 때하는 말이 뭐냐 하면, 이 여자 앞에 한 처녀가 지나갔는데, 그 처녀는 양쪽에 건장한 남자 두 사람이 함께 걸어가기 때문에 우리가 손을 못댔다. 그러나 뒤에 따라오던 여자는 혼자 오기 때문에 우리가 손을 댔다고 말을 했습니다.

그 앞에 가는 처녀는 끊임없이 기도하면서 갔었습니다. 하나님 주의 사자를 보내사 나를 보호하여 주옵소서! 하나님의 사자가 와서 그들 옆에 같이 걸어갔기 때문에 감히 거기에 손을 대지 못했던 것입니다. 이처럼 우리가 알지 못하는 사이에 하나님의 사자들이 우리를 위험에서 건져주고 있는 것입니다.

셋째, 하나님의 천사는 우리를 위험에서 건져줍니다. 헤롯이 요한의 형제 야고보를 죽이고 베드로를 처형하기 위해서 감옥에 가둬 놨는데 군사 열여섯 명이 베드로 한사람을 지킵니다. 잠을 잘 때에는 옆에 두 사람, 이쪽 옆에 두 사람, 이렇게 네 사람이 끼고 있었고, 그 다음에 문 하나에 네 사람, 또 문 밖에 네 사람이 지키고 있었습니다. 내일이면 끌려 나가서 처형을 받을 텐데 예루살렘 교회에서 베드로를 위해서 열심히 기도를 하고 있었습니다.

밤중에 누가 옆구리를 툭툭 차기에 베드로가 눈을 뜨니까 천사가 와 있었습니다. 천사가 베드로에게 일어나라고 했습니다.

베드로가 일어나려고 하니까 쇠고랑이 철렁철렁 풀러지거든. 겉옷을 걸쳐 입어라. 옷을 입으니깐 신을 묶어라! 가자, 베드로가 따르니까 첫째 문도 스르르 열리는데 거기에 있는 모든 병사들이 눈을 뜨고도 보지 못합니다. 둘째문은 시내로 가는 문인데 역시 스르르 자연적으로 열립니다.

거기에 천사들도 함께 가는데 병사들이 눈을 뜨고도 보지 못합니다. 베드로가 밖에 나가서 길거리를 한참 걸어 갈 동안에 천사가 같이 하다가 안전한 시기가 오자 천사가 떠나가 버리고 말았습니다. 내내 베드로는 자기가 꿈을 꾸고 있는 줄 알았는데 나중에 알고 보니 천사가 그를 죽음에서 건져내어 준 것을 알게 된 것입니다. 사도행전 5장 19절에 보면 사도들이 옥에 갇혀 있을 때 천사가 와서 옥문을 열고 나가서 예수 그리스도의 복음을 열심히 전도하라고 말했습니다.

우리는 사도시대에 보면 천사들이 활발하게 늘 같이 하고 도와주는 사실을 볼 수가 있는 것입니다. 이처럼 오늘날도 천사들이 활발하게 우리를 위해서 무진 애를 쓰고 일하고 있는 것입니다.

넷째, 천사는 우리에게 와서 용기와 힘을 주는 일을 하는 것입니다. 예수님께서 겟세마네 동산에서 기도하실 때 그는 너무나 무겁고 고통스러운 죄 짐으로 몸부림을 쳤습니다. 성경에 보니 가라사대 아버지여! 만일 아버지의 뜻이거든 이 잔을 내게서 옮기시옵소서! 그러나 내 원대로 마옵시고 아버지의 원대로 되기를 원하나이다 하시니, 사자가 하늘로부터 예수께 나타나 힘을 돕더라 그렇게 말했습니다. 예수께서 힘쓰고 애써 더욱 간절히 기도하시니 땀이 땅에 떨어지는 핏방울같이 되더라, 예수께서 도저히 인간의 힘으로써 한계점에 도달한 그러한 어려운 고비 가운데서 간절히 기도를 하는데 인간의 힘으로 견딜 수 없는 고통이 다가올 때 하나님의 천사가 와서 예수님에게 힘을 준 것입니다. 천사가 힘을 주어서 도와주신 것입니다.

이러므로 하나님의 천사는 오늘날 우리가 낙심하고 좌절하고 절망에 처할 때 우리에게 와서 용기를 넣어주고 힘을 주고 하나님의 도움을 베풀어주는 이런 역사를 베푸는 것입니다. 그러기 때문에 예수님께서 사십일 금식했었을 때도 천사들이 들에 와서 예수님을 돌보셨다고 하셨으며, 우리 주님이 체포할 때 주님께서 말씀하기를 "너는 내가 내 아버지께 구하여 지금 열두 군단 더 되는 천사를 보내시게 할 수 없는 줄로 아느냐(마 26:53)" 그렇게 말했습니다.

주님이 부르셨더라면 열두 군단이 더 되는 천사가 와서 우리 주 예수 그리스도를 도와주었을 것입니다. 또한 우리는 바울 선생을 보면 바울 선생이 잡혀서 로마로 재판받으러 갈 때 그들이 그레데 해변에서 큰 풍랑을 만났었습니다. 여러날 동안 해와 별이 보이지 아니하고 큰 풍랑이 그대로 있어 구원의 희망이 없고 절망에 처했을 때 하나님의 천사가 그 배에 나타났습니다. 그리고 바울에게 말했습니다. 이 배는 파선되지 아니하고 얼마 후에 섬에 도착하리라 이 배에 있는 모든 사람들을 다 너에게 주었으니 안심하라고 그렇게 말했습니다.

그래서 바울이 일어나서 근 열흘 동안 풍랑에 시달려 못 먹고 고통에 처하고 절망에 처한 사람들에게 너희들이 내 말을 듣고, 그레데에서 안 떠났더라면 좋을 뻔 했도다, 그러나 이제 안심하라 나의 섬기는바 나의 속한 하나님의 천사를 보내어 나보고 말씀하시기를 이 배는 파손되지 아니하고 너희들은 다 구원 받을 것이라고 말했다. 그래서 그들이 다 용기를 얻고 힘을 얻고 음식을 먹고 그리고 조그만 섬에 도착하게 된 것입니다.

이러므로 천사들은 와서 우리가 낙심할 때 끈임 없이 우리에게 힘과 용기를 도와주는 것입니다. 앞으로 주님께서 강림하실 때 그때 본격적으로 하나님의 천사들이 우리를 위해서 일할 것입니다. 성경 마태복음 16장 27절에 보면 "인자가 아버지의 영광으로 그 천사들과 함께 오리니 그 때에 각 사람이 행한 대로 갚으리라" 주님께서 아버지의 영광으로 오실 때 혼자 오시지 않습니다. 수많은 천군과 천사들을 거느리고 와서 우리를 재판할 것이라고 말한 것입니다.

주님 강림하실 때도 천사가 동참합니다. 저희가 큰 나팔소리와 함께 천사들을 보내리니 저희가 그 택하신 자들을 하늘 이 끝에서 저 끝까지 사방에서 모으리라 하나님 나팔소리가 나니 천사들이 와서 우리에게 가자가자 빨리 가자, 빨리 가자! 그래서 우리 손을 잡고 이끌어 내어서 천국으로 데리고 가는 것입니다.

데살로니가전서 4장 16절에는 "주께서 호령과 천사장의 소리와 하나님의 나팔 소리로 친히 하늘로부터 강림하시리니 그리스도 안에서 죽은 자들이 먼저 일어나고"라고 말한 것입니다. 이러므로 하나님의 천사가 함께 나팔을 불고 올 것입니다. 또한 요한계시록 5장 11절에 보면 "내가 또 보고 들으매 보좌와 생물들과 장로들을 둘러 선 많은 천사의 음성이 있으니 그 수가 만만이요 천천이라" 이루 헤아릴 수 없는 수많은 천사들이 하늘나라에 있으면서 우리를 위해서 일하고 있는 것입니다.

천사들 중에는 가장 힘 있고 아름답던 천사장 루시퍼가 있었는데, 그는 하나님과 동등하게 되려다가 마귀가 되었고, 그를 추종하던 많은 천사들과 함께 쫓겨나서 지금 공중에 권세를 잡고, 그 타락한 천사들과 함께 하나님을 참소하고 하나님을 대적하고, 우리를 파멸하려고 하고 있는 것입니다. 그러나 하나님의 보좌 주변에서 하나님을 지키는 거룩한 천사들도 많습니다. 하나님의 보좌 주변에서 그 거룩하심을 지키는 천사들은 그룹천사라고 말하는 것입니다.

그리고 하나님의 보좌 곁에서 그를 끊임없이 찬미하고 예비하는 천사들은 스랍천사라고 말하는 것입니다. 그리고 하나님의 말씀을 전달하고 사무를 관장하는 천사장은 가브리엘 천사장인 것입니다. 그리고 하나님의 군대를 총괄하고 천국을 지키는 군대장관은 미가엘인 것입니다. 그들은 수하에 천천이요, 만만의 천군과 천사들을 거느리고 있는 것입니다.

그리고 이 천사들은 오늘 하나님 아버지와 예수 그리스도와 성령님의 뜻을 받들어서 이 땅에 와서 우리들을 시시각각으로 도와주고 있는 것입니다.

하나님의 천사는 우리가 알지 못하는 사이에 우리 주변에서 끊임없이 역사하고 있습니다. 그러므로 우리는 항상 이렇게 말할 수 있습니다. 하나님 아버지여! 주의 사자를 보내사 나를 둘러 진쳐 주시옵소서! 하나님이여! 주의 사자를 보내사 나에게 힘을 주시옵소서! 하나님이여 주의 사자를 보내사 나를 보호하여 주시옵소서! 주의 사자를 보내사 나에게 용기와 힘을 주게 하여 주옵소서,

그리고 천사들아 나를 도우라! 우리가 천사에게 직접 명령해도 됩니다. 그는 우리를 돕는 피조물이기 때문에 우리가 요청하면 우리를 도와야 합니다. "모든 천사들은 섬기는 영으로서 구원 받을 상속자들을 위하여 섬기라고 보내심이 아니냐(히1:14)" 그러나 천사에게 예배하거나 섬김의 대상이나 기도의 대상은 아닙니다. 그러나 우리가 하나님께 부탁하면 하나님의 천사를 보내서 우리들을 끊임없이 붙들어주고 도와주고 이끌어 주고 있는 것입니다. 그리고 천사들에게 도움을 요청해도 됩니다. 이러므로 오늘 이 시간에 우리 주위에도 하나님의 천사가 가득히 있습니다. 왜냐하면 제가 이 책을 기록하고 있는 때 하나님이여! 주의 천사들을 보내서 우리 책을 읽는 성도들을 붙들어주고 도와주시고 복을 허락하여 주시옵소서, 그렇기 때문에 기도를 응답

하신 하나님께서 주의 사자들을 지금 이곳에 보내주신 것입니다. 믿음으로 받아들이면 복이 됩니다.

　필자가 교회를 개척하고 한 참 힘이 들 때 교회의 재정이 풀리고 교회의 성장을 위하여 한창 기도할 때 한 꿈을 꾸었습니다. 필자가 자전거를 타고 가는데 길이 완전히 진흙창이 되어 좀처럼 자전거가 나가지를 않았습니다. 그러다가 길옆 멘 홀을 보니까, 검은 독사 한 마리가 머리와 몸을 반쯤 내놓고 있는 것입니다. 그래서 제가 자전거에서 내려서 뱀을 집개로 잡아내어 발로 밟아 죽이려고 해도 죽지를 않는 것입니다. 점점 더 커지면서 커다란 공룡으로 변하는 것입니다. 그래서 도저히 저의 힘으로는 죽일 수가 없어서 "천사들아 나에게 와서 이 영물을 죽여 버릴지어다 하고 명령을 하니까," 키가 크고 늘씬한 체격을 한 군인 3명이 군용차를 몰고 와서 괴물을 납작하게 갈아버리고 지나갔습니다. 그러고 난 다음에 자전거를 타고 길을 가니까, 길이 완전이 아스발트로 변하여 평탄대로가 된 것입니다. 그래서 자전거를 잘 타고 가다가 꿈을 깼습니다. 그 꿈을 꾸고 난 다음부터 서서히 교회 재정이 풀리고 교회가 성장되기 시작을 했습니다. 천사의 도움을 받으시기를 바랍니다. 필자가 만역에 그 때 그냥 내 힘으로 그 큰 악마를 죽이려고 했으면 죽이지 못했을 것입니다. 악마를 죽이지 못하니 자연히 교회 재정을 어렵게 하고 성장을 방해하는 귀신이 떠나가지를 않아 어려웠을 것입니다. 그러나 천사들의 도움으로 악귀를 물리치고 나니까, 서서히 재정도 풀리고 목회도 잘되어 서울까지 올라왔다는 것 아닙니까, 이로 보아 모든 문제의 뒤에는 영적인 세계가 결부되어 있다는 것입니다. 여러분 말씀과 성령으로 영안을 열어 영적인 세계를 보시고 한 차원 더 깊은 영적인 진단으로 문제들을 영적으로 풀어 가시기를 바랍니다.

가정에서나 사업장에서나 직장에서 학교에서 천사의 도움을 요청하시기를 바랍니다. 천사들아 우리 가정을 보호할 지어다. 천사들아 우리아이를 보호할 지어다. 천사들아 사업장에 손님들을 많이 모시고 올지어다. 만약에 이사를 가야하는데 집이 나가지 않는다면 천사들아 이집 새 주인을 모시고 올지어다. 이집이 빨리 나가도록 도울지어다. 하고 천사의 도움을 요청하는 기도를 하시기 바랍니다.

우리가 주의 천사들과 함께 있는 이상 골리앗도 겁나지 아니하고, 철옹성 같은 여리고 성도 겁나지 아니하고, 세상에 여러 가지 시험과 환란도 겁나지 않습니다. 왜냐, 우리는 외롭지 않습니다. 하나님께서 그의 천사를 보내어서 항상 우리와 함께 하고 계시기 때문인 것입니다. 천사들에게 도움을 요청하여 마귀의 궤계를 훼파시키고 영적전쟁에 승리하시기를 축원합니다.

10장 영들을 보며 분별하는 능력을 갖자.

(요일4:1)"사랑하는 자들아 영을 다 믿지 말고 오직 영들이 하나님께 속하였나 분별하라 많은 거짓 선지자가 세상에 나왔음이라."

4차원 이상의 영적세계를 알고 대처하려는 성도는 말씀과 성령으로 영들을 분별해야 합니다. 왜냐하면 영들의 세계에는 하나님의 성령과 타락한 마귀와 성령으로 거듭난 사람의 영이 거하기 때문에 영을 분별하지 못하면 안 되는 것입니다. 그래서 하나님은 자녀들이 영들을 분별하여 마귀에게 미혹당하지 않기를 원하십니다. 영적인 것은 잘 분별해야 합니다. 이를 위해서 성령님께 간구하며, 영을 분별하는 훈련을 받아야 합니다. 영적인 것은 반드시 삶과 연관이 있습니다. 영적인 것만 볼 것이 아니라, 삶을 보아야 합니다. 영적인 사역자의 삶에 어두운 면이 있는가를 보세요. 죄성이 없는가, 겸손하려고 하는가, 하나님께 영광을 돌리려고 하는가, 사람을 묶으려고 하는가 아니면 자유케 하려고 하는가, 자기를 독보적인 존재로 세우려고 하는가 아니면 자꾸 공유하려고 하는가 등등 삶에서의 열매를 보세요. 도덕과 윤리를 보세요. 마귀도 기적을 흉내 낼 수 있고 영감을 흉내 낼 수 있으나, 삶의 열매는 흉내 낼 수 없습니다. 그러므로 늘 현상보다는 삶의 열매를 보려고 하세요. 아무리 설교 잘해도, 성령의 역사가 나타나도, 삶이 깨끗하지 않으면 경계의 대상입니다. 물질이나 정욕에 빠지거나, 사람을 대할 때 차별하거나, 무시하거나, 권위를 내세우거나 교만하게 행동하거나, 하나님보다 자신을 내세우면 경계의 대상이 되어야 합니다. 무엇인가 잘못되어가고 있는 것입니다. 중간에 마귀가 끼어들고 있는 것입니다. 영적 은사사용에 앞서 자신을 먼저 다스려야할 필요가 있는 사람입니다. 현시대는 너무나도 거짓된 것이 난무합니다. 삶의 열매를 보려고 하세요. 기도하면서 성령님에게 영분별의 은사를 간구하세요. 진정한 열매를 맺는가를 보려고 노력해야 합니다.

주님을 사랑하고, 주님을 향하고 있는가를 보세요. 바른 마음, 바른 자세를 먼저 가져야합니다. 성령은 더러움과 같이 하지 않으십니다. 더러운 사람과는 동역을 하지 않으십니다. 성령님 없는 성령사역을 하지 않도록 해야 합니다. '나는 어떤 감정을 가지고 사역을 하고 있는가, 어떤 욕심을 가지고 사역을 하고 있는가' 늘 자신을 점검하세요. 은사의 나타남이 중요한 것이 아니라, 그 은사의 맑음이 더 중요합니다. 맑지 못한 은사는 오히려 해악을 끼치게 됩니다.

은사에서도 처음 3가지 은사인 계시의 은사 즉, 지혜의 말씀의 은사, 지식의 말씀의 은사, 영분별의 은사가 너무나 중요한 은사입니다. 모든 다른 은사의 기초가 계시의 은사입니다. 기초가 잘 되어있어야 지속적인 성장이 가능합니다. 기본을 닦으세요. 기본을 강하게 하세요. 이 기초 은사를 통하여 삶에서의 성품의 변화, 성결이 열매로 나타나게 됩니다.

첫째, 영분별 은사를 개발하라. 신앙생활을 성공적으로 하려면 영을 분별하는 은사를 개발하는 것이 중요합니다. 즉 영분별의 은사는 무엇보다도 중요한 은사입니다. 이 세상에는 불순종의 영(엡2:2), 악의 영(엡2:2), 미혹의 영(딤전4:1-2), 점치는 영(삼상28:8), 거짓말하는 영(왕상22:22), 잠들게 하는 영(사29:10), 개구리 같은 영(출8:3), 더러운 영(계16:13), 귀신의 영(계16:14)등이 역사 하므로 주의 교회를 위해 영분별을 하기 위하여 목회자와 성도들은 각별히 주의해야 합니다.

둘째, 영들을 분별하는 방법

1)성령의 은사로 영분별 합니다(고전12:10).

2)하나님의 말씀으로 영을 분별합니다(고전2:13).

3)열매를 보고 영을 분별합니다.

①육체의 열매를 맺는 자가 있습니다(갈5:19-21). ②성령의 열매를 맺는 성도도 있습니다(갈5:22-23). 성령의 열매를 맺은 사람은 천국의 마음을 가지고 있습니다. "빛의 열매는 모든 착함과 의로움과 진실함에 있느니라(엡5:9)" 성령의 열매를 맺는 사람은 하나님의 마음을 감동하게 하는 사람입니다. ③악령의 열매도 있습니다. 이들은 지절거리고 속살거리기를 좋아합니다(사8:19). 따라가다가 보면 망령되고 허탄합니다(딤전4:7). 밖으로

보이는 능력이 많은 종을 따라 갔더니 나중에 문제가 생겼습니다. 이렇게 밖으로 나타나는 능력만 믿고 따라가면 영을 팔아먹고 패가망신을 당합니다. 말씀과 성령으로 충만하여 영들을 분별하시기를 바랍니다. 성도님들이 영들을 분별하는 은사는 필수 은사입니다.

셋째, 영분별의 성경적 증거

1) 영감이 충만하였던 사도 베드로는 영으로 사단, 즉 악령이 가득한 아나니아의 상태를 직접 본 경우의 은사입니다(행5:3).

2) 어떤 영이든 일단 의심하고 모두 믿지 말고, 영들의 소속을 시험하고 검토하며, 그 열매를 보아 소속 확인이 필요합니다. 영은 눅24:39절과 같이 살과 뼈가 없는 실존임으로 육신의 눈으로 알지 못하지만, 영이신(요4:24. 히12:9), 하나님의 말씀으로 분별하는 것입니다. 즉, 성경에 맞지 않는 모든 영들은 거짓된 것입니다(요1서 4:1-6).

3) 어떤 영을 받은 은사자가 있을 때는 그가 세상 풍속을 계속 추종하므로 세상 사람들과 같이 불순종하는 행위가 보이면 거짓 영인 것입니다(엡2:2, 6:12).

넷째, 영들을 분별하는 표준

1) 성경에 성도들과 관련된 거룩한 영은 성령이시며, 성도들을 돕는 천사들도 영이나 그 역사는 제한되어 있으므로 성도들

속에 들어가지 못합니다. 그러므로 성도 안에서 역사하는 영은 성령이 아니시면 악령입니다(히1:14, 요1서4:2). 성령의 역사로 성도 안에 역사하던 귀신들이 도망가는 것입니다. 말씀과 성령으로 분별하여 조치해야 합니다.

2) 영분별은 그들의 행위의 열매로 알 수 있습니다. 언제인가 노략질을 한다든지, 물질적이든지, 영적이든지, 문제를 일으키는 자는 악한영의 영향을 받는 자입니다. 그리고 교회를 분리시키고, 엉겅퀴나 가시나 못된 열매를 맺게 될 때 그것은 거짓 영의 은사자입니다(마7:20,15-23).

3) 영분별은 은사를 받았다는 자들이 은혜로 하나님이 주신 것들을 깨닫기 위하여 성경을 열심히 묵상하고 배워야 합니다. 그러나 배울 필요가 없다고 하거나 다 안다고 교만하면 성령의 사역과 역행하는 자들의 받은 영을 받는 악령의 역사가 될 수 있고 세상의 영에 미혹되는 것입니다. 이와 같은 경우에 있어서 처음에는 그렇지 않았는데 사람이 점점 나쁘게 달라져 가면, 그것은 영이 다른 사람이므로 경계해야 합니다. "우리가 세상의 영을 받지 아니하고 오직 하나님으로부터 온 영을 받았으니 이는 우리로 하여금 하나님께서 우리에게 은혜로 주신 것들을 알게 하려 하심이라(고전2:12)"

4) 영분별은 이미 전파된 정상적인 복음이 아닌 다른 것을 전하거나, 또한 거룩한 영, 성령이 아닌 다른 영을 받게 하는 경우는 다른 영, 곧 악령입니다. 즉 성경 말씀대로가 아닌, 전설의 고

향 같은 사후 인간의 불신자들이 귀신이라고 하는 것을 전하면 그 영은 경계해야할 다른 영인 것입니다. "만일 누가 가서 우리가 전파하지 아니한 다른 예수를 전파하거나 혹은 너희가 받지 아니한 다른 영을 받게 하거나 혹은 너희가 받지 아니한 다른 복음을 받게 할 때에는 너희가 잘 용납하는구나(고후11:4)"

5) 그 사람의 인격이 퇴보되거나 더러운 것, 즉 도덕적, 영적으로 깨끗지 못한 언행 심사가 나타나면 다른 영으로서 귀신의 영입니다. 성령은 거룩한 영이 십니다. 성령은 회개한 깨끗한 곳에 거하십니다.

6) 잘못된 영을 가진 자들은 이적을 행하며, 유혹하며, 넓게 활동하기 시작하여 살후2:9-10, 고후11:4-5. 13-15절과 같이 다른 복음을 전합니다. 그리하여 자기들은 사도적이라고 말하며 기적과 체험의 역사를 추종하며 나타냅니다. "악한 자의 나타남은 사탄의 활동을 따라 모든 능력과 표적과 거짓 기적과 불의의 모든 속임으로 멸망하는 자들에게 있으리니 이는 그들이 진리의 사랑을 받지 아니하여 구원함을 받지 못함이라(살후2:9-10)" 이들은 이단의 역사에 따라 거짓 기적을 행하여 의의 일군을 가장하며, 귀신의 교훈을 받는 귀신들의 제자로서 노략질하여 성도를 미혹하고 교회를 파괴시키며 교인 끌어가기 운동을 벌입니다. 주로 권세자, 명예자, 부한자, 지성인들을 포섭하여 사법부, 행정부, 입법부를 마비시키며, 또한 이성 관계가 부정한 것이 필수적인 열매입니다.

다섯째, 영들의 특징

1) 성령의 역사는 계속 성화 되므로 성품이 그리스도의 형상을 닮고(롬8:29, 엡4:13-16), 도덕적으로 성화 하여 자유 함을 누립니다(고후3:17).

2) 악령에 사로잡히면, 거짓된 기쁨을 얻고, 거짓확신 속에 미혹된 목사나 교역자만 주의 종같이 보이게 됩니다. 그러나 선한 종들을 핍박하되 무식하고 사기꾼이고, 거짓말쟁이라고 말하며, 성질이 완고해져, 극단적인 감정으로 흘러가도 알지 못하며, 사랑이 없어지고, 인격이 점점 편협하고, 옹졸해지며, 교만으로 합리화하여, 정신적인 노예가 되어, 미치거나 재산을 바치거나 가출하여, 직장이나 학업을 중단하게 되기도 합니다.

3) 영분별의 은사자도 성경에 악령과 성령과 천사를 잘 연구하여 죄와 도덕적인 선한 것들과 영적인 것을 신속히 구별할 수 있어야 합니다. 이 영분별의 은사는 성령께서 그 사랑하는 교회를 위한 사랑의 선물이므로 은사 성장을 위하여 순종해야 합니다. 이 은사는 선한 목회자들에게 다 있으나, 지혜와 담력, 그리고 체험의 부족으로 인하여, 어려움을 당하기도 합니다. 그러나 강하고 담대하여 말씀의 지식과 체험의 견문을 넓히고 양무리를 지켜야 할 것입니다.

여섯째, 실제적인 영분별의 능력을 겸비합시다. 실제적인 영분별의 능력을 구비하기 위하여 혼의 훈련이 무엇보다도 또 중요합니다. 영적 세계에서 일어나는 결과로 나타나는 사람의 영적인 변화는 혼 즉 지정의에 변화를 주게 되어 기쁨을 주거나 평안을 주거나 육에 변화를 주어 육체적인 새로운 현상이 나타나 능력이 나타나고 치유가 나타나는 것입니다. 성령의 역사가 영적 세계에 일어나면, 그 힘과 영향이 영과 혼의 전이 즉 교제가 일어나게 되어, 우리 직관력이 이를 분별하게 됩니다. 전이 상태 그 영향력이 계속되는 상태를 기름부음(요1:20)이라고 하며, 영적 의식의 단계에서 일어난 사건이나 변화를 혼의 직관력이 인식하게 되어, 하나님의 뜻이나 계시를 받아드리게 되거나 깨닫기도 하고, 감동이 오기도 하며, 힘을 얻어 충만하게도 됩니다. 이 성령의 기름부음의 결과로 나타나는 현상이 성령의 나타남입니다. "요한이 드러내어 말하고 숨기지 아니하니 드러내어 하는 말이 나는 그리스도가 아니라 한 대(요1:20)" 그래서 나타남을 영감이나 감동을 느끼고 말(명령)이나 행동을 하게 하므로 상대에게서 눈에 보이는 형상이 나타나는 것입니다.

악한 영이란 그렇게 어렵게 생각할 필요가 없습니다. 영을 분별한다는 것은 그리 어렵지 않다는 것입니다. 행동하고 노출되는 상태를 그대로 보면 영이 분별됩니다. 예를 든다면 짜증을 잘 낸다면 짜증내는 영입니다. 혈기를 잘 낸다면 혈기의 영입니다. 질병이 많다면 질병의 영입니다. 자꾸 서러워하거나 슬픔을 품는 다면 서러움의 영입니다. 이간질을 잘하면 이간질의 영입니다. 우울해 한다면 우울의 영입니다. 이렇게 분별하면 거의 맞습니다. 그러나 잠복되어 있어서 자신도 모르고 남도 모르는 미혹의 영들을 조심해야 합니다. 미혹의 영들은 불같은 성령을 체험하고 성령으로 장악되면 정체를 숨기지 못하고 폭로하게 됩니다. 그러므로 성도는 반드시 불같은 성령으로 세례를 받고, 자신의 심령을 성령으로 분별하고 축사해야 합니다. 자신의 정확한 심령의 상태는 평상시 자신이 알 수가 없습니다. 반드시 성령의 역사가 있어야 거울을 보듯이 자신의 모습이 정확하게 보이는 것입니다. 그래서 성령세례를 받으면 회개를 많이 하는 것입니다. 귀신의 영을 보거나 환상을 보는 것은 영의 의식단계에서 분별되는 것이요, 느낌이나 영감이나 확신은 전이단계에서 이루어집니다. 이러한 성령의 가르침을 혼이 훈련이 되어 있지 못하면 받아드리지 못하고, 혼이 인식을 하더라도 혼이 해석을 제대로 못하면 즉 혼에 사탄이 침입하였거나 말씀에 바로 서지 못하면 문제가 야기되는 것입니다. 고로 성령으로 충만하여 혼과 육이 성령에 장악 당해야 정확한 영분별이 됩니다. 자꾸 영을 깨우는 말씀을 들어야 영이 인식을 잘하고 민감해져서 분별이 잘됩니다. "믿음은 들음에서 나며 들음은 그리스도의 말씀으로 말미암느니라." 그래서 영분별 은사만을 강조 할 것이 아니라, 심령이 성령과 말씀으로 치유되는 것을 더 중요하게 여겨야합니다.

일곱째, 왜 영분별 사역을 해야 합니까?
1) 자신의 신앙상태를 정확히 알고 신실한 일꾼이 되기 위해

영분별을 합니다(히6:7-8). 성령으로 자신을 분별하여 자신이 지금 성령의 열매를 맺는 삶을 사는 지, 악령의 열매를 맺는지 알게 합니다(갈5:19-23). 제일 능력 있는 성도는 자기가 자신을 보는 성도입니다. 성령으로 자신을 보고 깨끗한 영성을 유지하시기를 바랍니다. 자신의 영적인 상태를 정확히 보기 위해 영분별을 합니다. "네가 말하기를 나는 부자라 부요하여 부족한 것이 없다 하나 네 곤고한 것과 가련한 것과 가난한 것과 눈 먼 것과 벌거벗은 것을 알지 못하는도다. 내가 너를 권하노니 내게서 불로 연단한 금을 사서 부요하게 하고 흰 옷을 사서 입어 벌거벗은 수치를 보이지 않게 하고 안약을 사서 눈에 발라 보게 하라(계3:17-18)"

2) 주변의 성도들을 분별하여 기도하고, 바른 길로 인도하기 위해 영분별을 합니다(골 2:20-23). 상대방을 보아 잘못된 영이 보인다고 입빠르게 말하는 것을 주의해야 합니다. 제일 좋은 것은 자신이 자신을 보게 하는 것입니다.

3) 영분별의 은사는 교회나 집회 장소에서 마귀의 역사와 성령의 역사를 분별하기 위해 영분별을 합니다. "그러나 성령이 밝히 말씀하시기를 후일에 어떤 사람들이 믿음에서 떠나 미혹하는 영과 귀신의 가르침을 따르리라 하셨으니 자기 양심이 화인을 맞아서 외식함으로 거짓말하는 자들이라(딤전4:1-2)" 예를 들어 교회나 집회 장소에서 전하는 말씀과 역사하고 있는 영이 참석한 사람들로 하여금, ①하나님께서 살아 계신 것과 그분은 위대하신 하나님이시며, ②죄를 미워하는 분이시라는 사실을 평소

보다 더욱 민감하게 깨닫게 해주며, ③사람들에게 그들이 반드시 죽는다는 것과 인생은 짧으며 대단히 불확실하다는 것을 깨닫게 해주며, ④다른 세상이 있다는 것과, ⑤그들이 죽지 않는 영혼을 가지고 있다는 것과, ⑥그들이 반드시 하나님께 직고해야 한다는 사실을 확실히 느끼게 해주며, ⑦그들의 본성의 죄와 행동으로 지은 죄가 매우 많이 있다는 것을 깨닫게 해 주며, ⑧그들 자신으로서는 그것을 어찌할 수 없다는 것을 깨닫게 해 주며, ⑧건전한 교리에 일치하는 다른 진리들을 확신케 해 준다면, 이와 같이 역사하는 그 영은 진리의 영입니다.

말씀과 성령이 충만한 것입니다. 바른 진리의 말씀을 전하는 것입니다. 그리고 그 교회나 집회장소가 성령의 역사가 일어나는 장소인가 아닌가는 이렇게 분별하면 됩니다. 제가 지금까지 성령치유 사역을 하다가 보니 성령의 역사가 일어나는 말씀을 영으로 받고, 영으로 들으면 변하게 되어 있다는 것입니다. 이는 변하는 것이 자신의 눈에 보입니다. 그리고 느끼게 됩니다. 참 평안을 누리게 됩니다. 질병들이 자꾸 없어집니다. 자신의 성품이 유순하게 변합니다. 언행심사가 바르게 됩니다. 항상 자신의 부족을 알고 기도하게 됩니다. 그러나 반대로 성령의 역사가 일어나지 않는 혼적인 말씀을 들으면 그 때는 은혜를 받는 것 같은데 실제로는 변화되지 않습니다. 이는 성령의 역사가 없기 때문에 구습이 변하고 떠나가지 않기 때문입니다. 구습이 변하고 육성에 역사하는 영들이 떠나려면 성령의 역사가 일어나는 영의 말씀을 들어야 변하는 것입니다. 왜냐하면 육성에 역사하는 영은 사람보다 강하기 때문에 반드시 초자연적으로 역사하는 성령이 오셔야 떠나가는 것입니다. 그러므로 교회나 집회장소를 상당한 기간을 다녔는데 자신이 변하지 않는다면 일단 의심하여 보는 것이 맞습니다. 조치는 본인이 결정할 문제입니다.

그리고 꼭 요란하게 몸을 흔들고 발작을 한다고 성령 충만한 장소가 아닐 수가 있습니다. 오히려 성령의 역사가 강하게 나타나면 조용하게 악한 기운들이 떠나가는 것입니다. 만약에 요란하게 역사가 이러나는데 심령이 변하지 않는다면 이 장소도 일단 의심해 보아야 하는 장소입니다. 왜냐하면 사단도 역사를 일으키기 때문입니다. 교회나 기도원이나 집회 장소에도 귀신역사가 있습니다. 놀라지만 마시고 말씀과 성령으로 분별력을 기르시기를 바랍니다.

4) 영분별의 은사는 괴로워하거나, 우울증에 걸렸거나, 고통을 받고 있거나, 귀신들린 사람들을 구원하는 사역에 사용됩니다(눅9:38-42). 우리는 먼저 예수를 믿고 교회에 들어와 믿음 생활하는 성도들을 바르게 양육을 해야 합니다. 그래야 진정한 하나님의 군사가 되어 전도할 수가 있는 것입니다. 전도는 자신이 어느 정도 영적인 수준이 된 다음에 해도 늦지 않습니다. 전도는 영적인 전쟁입니다. 아무나 할 수 있는 일이 아닙니다. 능력전도 할 수 있는 권능을 기러 나가시기를 바랍니다.

5) 영분별의 은사는 엘루마 같은 악령의 하수인의 정체를 드러내는 데 사용됩니다(행13:10). 바울의 전도 여행지인 구브로

섬에서 바울은 복음을 총독에게 전파했는데, 엘루마라고 하는 박수에 의해서 많은 방해를 받았습니다. 그러나 분별의 은사를 가진 성령이 가득찬 바울은 박수를 꾸짖었고, 엘루마는 얼마동안 눈이 멀게 되었던 것입니다(행13:10-11). 이 분별의 은사는 모든 시대를 걸쳐서 거짓 교사들이면서 천사의 빛을 띠고 변형한 사탄의 간계에서 교회를 보호하는 것이므로 오늘날까지도 이 영분별의 은사는 절실하게 필요합니다.

6) 영분별의 은사는 믿는 자들로 하여금 실족하게 만드는 어떠한 원인을 밝혀내는 데 사용됩니다(마16:17-23). 베드로가 예수님의 신성을 긍정했을 때 예수님은 베드로가 선언한 것이 하나님에게서 나온 것이라고 인정했습니다. "예수께서 대답하여 이르시되 바요나 시몬아 네가 복이 있도다 이를 네게 알게 한 이는 혈육이 아니요 하늘에 계신 내 아버지시니라(마16:17)" 그 후에 베드로가 예수님의 장차 올 죽음에 대해서 예수님을 만류할 때 예수님은 곧 베드로가 한 말이 사탄적인 근원에서 나온 것임을 알아차렸습니다. "예수께서 돌이키시며 베드로에게 이르시되 사탄아 내 뒤로 물러가라 너는 나를 넘어지게 하는 자로다 네가 하나님의 일을 생각하지 아니하고 도리어 사람의 일을 생각하는도다 하시고(마16:23)" 베드로가 가진 분별의 은사는 아나니아와 삽비라의 속임을 바르게 꿰뚫어 보게 했는데, 이들은 그들의 땅을 팔아서 전액을 다 가져왔다고 가장했지만 실제로는 사도들에게 얼마를 숨기고 가져온 것임을 베드로는 알았던 것입

니다(행5:1-10). 또한 사마리안 시몬이 신앙을 고백할 때 세례를 받았으나 그 후 시몬은 돈을 주고 성령의 권능을 사고자할 때 베드로가 시몬의 마음속에 악함이 가득하게 있음을 분별하고 책망을 했던 것입니다(행8:20-23).

7) 영분별의 은사는 "모든 능력과 표적과 거짓 기적과, 멸망하는 자들에게 임할 불의 모든 속임"을 밝혀내는 데 필요합니다(살후 2:9-10). 사단도 뱀을 만듭니다. 그리고 하늘에서 불이 내리게 합니다. 그러기에 큰 권능을 행하는 것이나, 거룩한 웃음을 터트리는 것이나, 금가루가 생기게 하는 것이나, 금이빨이 생기게 하는 것이나, 뒤로 넘어트리는 것 등등. 이런 것들로 그 사람이 하나님의 사람이라는 것을 증명하지 못합니다. 또 예언이나 예언의 정확성이나, 계시를 받는 것이 분별의 잣대가 될 수 없습니다. 사단, 마귀는 이 모든 것을 위조할 수 있으며 흉내 낼 수 있습니다. 분별의 잣대는 마7:15~20 입니다. "거짓 선지자들을 삼가라 양의 옷을 입고 너희에게 나아오나 속에는 노략질하는 이리라. 그들의 열매로 그들을 알지니 가시나무에서 포도를, 또는 엉겅퀴에서 무화과를 따겠느냐? 이와 같이 좋은 나무마다 아름다운 열매를 맺고 못된 나무가 나쁜 열매를 맺나니 좋은 나무가 나쁜 열매를 맺을 수 없고 못된 나무가 아름다운 열매를 맺을 수 없느니라. 아름다운 열매를 맺지 아니하는 나무마다 찍혀 불에 던져지느니라. 이러므로 그들의 열매로 그들을 알리라."라는 말씀대로 그 열매로 그들을 분별할 수 있습니다. 그러나 보통은, 계시나 능력이나 기적, 표적이 나타나면 거기에 압도되어 분별

할 생각을 하지 못하고, 목사나 성도나 할 것 없이 무조건 따라갑니다. 그들은 하나님의 영광보다 표적이나 기적 같은 현상에 미혹되는 것입니다. 하나님보다 선물을 더 원하거나, 하나님 그 자신보다 하나님의 능력을 더욱 추구하는 사람들이 쉽게 빠져드는 함정입니다.

미혹이란 불의를 좋아하는 데서 역사 합니다. 진리보다 현상을 좋아하고, 진리를 좋아하지 않는데서 역사 합니다. 자신이 정말로 원하는 것이 기적이라면 기적이 나타나면 무조건 추종하게 됩니다. 그가 정말 원하는 것이 권력이라면 권력이 나타나면 그것을 추종하게 됩니다. 그래서 성도는 자신이 원하고 추구하는 분야가 제일 취약하니 공부를 많이 하여 그 원하는 분야에 전문가가 되어야 합니다. 그래야 속지 않습니다.

8) 그리스도께서 나다나엘을 알아보셨던 것처럼, 영분별의 은사는 어떤 사람 안에 있는 선한 영을 분별하는 데 사용됩니다(요 1:47). 시편기자는 이를 "깊은 바다가 서로 부르며"(시42:7)라고 표현하고 있습니다.

9) 이 분별의 은사를 가진 사람은 어떤 종교적인 서적을 읽고, 그 가운데서 교활한 오류를 찾아 낼 수도 있고, 그는 어떤 설교를 듣고 진리에 어떤 결함이 있다는 것도 찾아낼 수 있습니다. 그는 진리와 오류가 복합되어 있는 새로운 의식의 교훈을 들으면 그런 것들을 받아들일 수 없는 것이라는 사실을 곧 알아차릴 수 있습니다. 그는 예배의 분위기가 단순한 감정인지, 또는 성경적인 진리를 기초로 하고 있는지를 알 수 있습니다. 성도는 영을

분별하여 악인의 꾀를 쫓지 않는 것입니다(시 1:1).

10) 영분별 은사는 지역의 영을 분별하는데 사용합니다. 멜 테리 목사의 급하고 강한 바람처럼이라는 책이 있습니다. 멜 테리 선교사는 인도네시아 사람인데 그가 토착신을 섬기는 마을에 전도하러간 이야기가 나옵니다. 그들에게 복음을 전하러 마을에 들어가니까 토착신을 섬기는 제사장이 나와서 만일 우리에게 예수 신을 전하고 싶으면 예수가 우리 신보다 강하다는 것을 증명해 보라고 했습니다. 그래서 시합을 하자, 그 토착신 제사장이 모든 천 여 명의 사람들을 모아놓고 그 자리에서 너희 예수 믿는 사람들이 먼저 그러면 예수신이 강하다는 것을 보여 달라고 그랬습니다. 그래서 멜 테리 목사님이 같이 간 사람들과 함께 우리가 예수의 보혈을 의지해서 예수 이름으로 명하노니 사탄은 떠나갈 찌어다. 예수 이름으로 명하노니 떠나가라. 그러자 맨 앞에 있던 토착신 제사장이 덜덜 떨면서 하는 말이 선생, 나는 당신들이 섬기는 예수 신을 믿고 싶습니다. 라고 하는 것입니다. 선교사는 왜 그러느냐? 그랬더니 당신이 지금 그 말을 하자마자, 나는 마을의 제사장으로써 늘 신들과 대화를 해왔는데, 당신들이 예수 이름으로 떠나가라고 명하자, 이곳에 있던 가장 큰 신부터 작은 신까지 떠나면서 하는 말이 우리가 이곳에 머무는 것을 예수가 더 이상 허락하지 않는다. 달아나자. 내 앞에서 다 달아나 버렸는데 내가 그 사람들 믿었다가 무엇하겠습니까? 날 좀 예수 믿게 해주십시오. 그래서 온통 온 마을이 다 회개하고 예수를 믿게 되었다는 기록이 나와 있는 것입니다.

여덟째, 영을 분별했으면 대책을 강구해야 합니다. 성령의 역사, 예수의 피, 예수의 이름, 레마의 말씀, 방언, 찬송과 능력기도와 대적기도로 사단의 세력을 물리치고 쫓아낼 수 있습니다. 성령으로 충만해야 악한 영들이 정체를 폭로하고 떠나갑니다. 성령의 역사 없이는 악귀를 몰아낼 수가 없습니다. 악령을 분별하여 축사합시다. 축사하지 않으려면 분별하지 말아야 합니다. 그러나 같은 교우가 잘못된 영을 가지고 있다면 피하거나 그 교우를 위하여 기도해야 합니다. 그 교우가 자신의 상태를 인정하고 축사를 받게 해달라고 기도해야 합니다. 그러나 직접대고 상태를 이야기 하는 것은 심사숙고해야 합니다. 그리고 마귀의 세력은 우리의 마음과 육신에 작용합니다만 영은 건드리지 못합니다. 우리를 괴롭히는 사건과 감정들을 엄밀히 감정이 아니라 악한 영들의 훼방입니다. 생각의 주입으로 침범하여 행동을 지배하려고 하고, 영까지 파괴하려는 궤계입니다. 영적생활을 못하게 하려고 합니다. 귀신의 축사 즉 귀신을 쫓아냄 보다 중요한 것은 회개입니다. 그리고 축사가 안 되는 경우는 말씀과 회개 그리고 믿음이 없을 때입니다. 악한 세력의 영향은 성품의 이상, 육신의 병, 그리고 악습에 잡히는 등등으로 나타납니다. 사단의 나타내는 현상을 잘 분별하여 축사합시다.

3부 카리스마로 영적세계를 장악하라.

11장 믿는 자들은 카리스마가 주어졌다.

> (롬 8:9)"만일 너희 속에 하나님의 영이 거하시면 너희
> 가 육신에 있지 아니하고 영에 있나니 누구든지 그리스
> 도의 영이 없으면 그리스도의 사람이 아니라"

하나님께서 예수를 믿고 성령으로 거듭난 크리스천들에게 카
리스마를 주셨습니다. 예수님을 믿은 모든 크리스천에게 카리스
마가 주어졌습니다. 예수님의 카리스마를 가진 크리스천답게 긍
지와 자부심을 가져야 합니다. 유무형교회 안에서 역사하는 예
수님의 '카리스마'는 나쁜 것이 아닙니다. 자신은 스스로에 대해
서 어떻게 생각하고 있습니까? 예수를 믿고 하나님의 자녀가 되
어 교회에 출석하고 있는 크리스천이라도 부정적인 자화상을 가
지고 있는 사람들도 많을 것입니다. "어휴 나 같은 게 뭘 한다고.
어휴 난 머저리야." "내가 무슨 예수님의 카리스마를 가지고 있
어… 카리스마는 특별한 크리스천에게 주신 것이지…" 그리고
이렇게 생각하는 것을 일종의 겸손이라고 생각하고 있을지도 모
르겠습니다. 이는 겸손이 아니라, 자기 비하입니다. 예수를 믿고
성령의 인도를 받는 크리스천은 예수님의 카리스마를 가진 자들
입니다. 하나님의 자녀답게 예수님께서 부여한 카리스마로 세상

을 장악해야 합니다.

예수님께선 최고의 '카리스마'(권위)를 가지셨던 분으로 사람들에게 말씀하시기를 "내가 곧 길이요 진리요 생명이다! 내가 곧 천국이다! 나를 따르라!" 라고 하셨습니다. 심지어는 아버지를 장사지내고 오겠다던 사람에게까지 죽은 자들로 그들의 죽은 자를 장사지내게 하고 너는 나를 따르라! 라고 말씀하셨습니다.

저 같으면, 그래요. 장래를 치르고 나오십시오. 자신의 현실 문제를 해결하고 나오게 했을 것입니다. 하지만, 주님은 그 사람을 전혀 배려하지 않으신 듯합니다. "날 따르라. 난 나다. 그러므로 너는 절대적으로 나를 따르라. 난 너를 결코 배려하지 않는다. 내가 곧 천국이니 나를 따르면 살고 따르지 않으면 죽으리라." "싫으면 그만두어라" 스스로에 대한 신뢰가 도에 지나쳐 오히려 이기적으로 보이기까지 합니다.

스스로를 존 귀히 여기고, 스스로를 철저히 신뢰합니다. 그것이 예수님의 그 강력한 카리스마의 바탕이 되었습니다. 그 예수님께서 우리 안에 계십니다. 그리고 그 절대부동의 자존감의 중량감에 우리는 날마다 예수에게 강력한 힘으로 흡입됩니다. 그를 따르게 되며, 그를 위해 싸우게 되며, 선망의 눈으로 그를 바라보게 하며, 심지어 기쁨으로 그에게 충성하게 됩니다. 그를 사랑하게 됩니다.

그리고 예수를 모신 우리 유 무형교회마저 세상을 대하여 그리스도인이란 이름으로 강력한 카리스마를 가지게 됩니다. 그리고 세상은 교회에게 날마다 강력한 힘으로 흡입됩니다. 세상은 교회를 따르게 되며, 교회를 위해 싸우게 되며, 선망의 눈으로 교회를 바라보게 되며, 심지어 기쁨으로 교회에 충성하게 됩니다. 교회를 사랑하게 됩니다. 사랑스런 그대, 예수님의 신부 교회여, 그대 안에 계신 예수의 카리스마로 인한 진정한 "권위의 카리스마"를 회복할 수 있기를 바랍니다. 그리하여 카리스마로 영적인 세계를 장악하기를 바랍니다.

첫째, 카리스마의 어원이다. 바울은 "누구든지 그리스도의 영이 없으면 그리스도의 사람이 아니라"(롬8:9)하고, 또 "너희가 하나님의 아들이므로 하나님이 그 아들의 영을 우리 마음 가운데 보내사 '아빠 아버지'라 부르게 하셨느니라."(갈4:6)라고 기록하고 있습니다. 여기에서 바울이 말하는 성령은 그리스도의 영으로 그리스도인 안에서 하나님을 향한 그리스도의 자세를 나타냅니다. 성령은 그리스도를 드러내 보임으로 그리스도 안에 있다는 것은 성령으로 받아들인 결과라고 할 수 있습니다. 따라서 바울의 입장에서 보면 그리스도인들은 누구를 막론하고 성령과 관계된 사람들이라 할 수 있습니다. 그런데 카리스마는 반드시 성령과 관련이 됩니다. '카리스마'는 '카리스'라는 어근에서 사용되었는데, 전자는 간헐적으로 사용되나 후자는 일상적인 헬라문헌과 신약에서 공히 풍성하게 나타납니다.

이러한 희소성 때문에 바울에게서만 카리스마가 독특한 것으로 말할 수 있고, 더 나아가 카리스마는 바울로부터 그 어원적 중요성을 획득했다라고 할 수 있습니다. 바울서신에서 일반적으로 은혜(grace)로 번역되는 '카리스'와 '은사'(gift)에 대한 독특한 신약적 용어인 '카리스마'는 한 면에서는 '카리스'와 연결되고, 또 다른 한 면에서는 영적현상들이 '카리스마타'라는 면에서는 '프뉴마'와 연결됩니다. 그래서 카리스마는 '영적인 선물'로 이해되어야 하며, 이것은 은혜의 구체화, 즉 인간 피조물에 대한 하나님의 관대하시고 권세 있는 관심의 구체적인 표현을 의미합니다.

그것은 거룩한 은혜의 수단이 되는, 즉 하나님의 은혜경험의 매개가 되는 어떤 행동이나 말에 대해서 사용되어집니다. 반드시 성령으로 되는 것입니다. 바울이 로마서 1:5에서 '신령한 은사를 나눠주어'란 표현을 쓰고 있는데 이것은 인상적인 표현으로서 사실상 고린도전서12:1과 14:1에서 '푸뉴마티카=카리스마타'이기 때문에 같은 말을 중복하여 사용하고 있다고 보아야 합니다. 그래서 이러한 표현은 추가적인 강조로 보아야 할 것입니다. 은혜는 아마도 구원사건을 표현하는 바울의 가장 근본적인 개념일 것입니다. 그러므로 바울에게 있어 은혜는 인류를 향한 하나님의 성품이나 태도가 아니라, 오히려 하나님의 은혜로운 행위라는 개념을 나타내고 있다고 이해하는 것이 중요합니다. 그러므로 카리스마는 은혜의 큰 틀에서 주어지는 구체적인 선물이라고 말해야 할 것입니다.

예수를 믿고 성령으로 거듭난 크리스천은 카리스마가 선물로 주어졌습니다. 신앙인 우리는 예수님에게서 언제나 그 해답을 찾으며, 제자다운 삶을 위해 기도하며 행동하려고 합니다. 예수님에게서 보여진 카리스마를 생각해 봅니다. 카리스마라는 말은 헬라어로 하나님이 거저주시는 은총에 대한 표현으로 선물, 은사를 의미합니다. 신약성경에서 사도바울은 '은혜의 선물', '하나님의 선물', '은사'라는 뜻으로 사용했습니다. 이렇게 바울이 성령의 은사라고 표현하는 카리스마는 어떤 특별한 인물에게만 주어지는 것이 아니라, 많은 사람에게 넘치게 주어지는 선물이요, 각각의 신자들에게 다양하게 주어지는 선물입니다.

카리스마는 그것을 받은 사람에게 어떤 외적인 매력이나 장악력을 주는 것이 아니라, 그를 굳세게 하고, 그리스도 안에서 영원한 생명을 누리게 하며, 예수 그리스도의 나타나심을 기다리게 하고, 하나님의 이름을 가장 우선으로 하는 것입니다.

그래서 바울은 카리스마를 성령의 은사 중에 가장 큰 은사는 "사랑"이라고 했습니다. 일반적으로 카리스마는 대단히 강력한 권위의 지도력과 개인적인 매력으로 이해하는 경향이 있지만, 그리스도인에게는 하나님이 주시는 능력과 은총이며, 예수님이 우리와 함께하시는 삶에서 나타나는 사랑입니다.

예수님은 카리스마의 사람입니다. 예수님은 많은 사람을 감동시켰고, 수많은 사람을 헌신시켰고, 이 한사람, 예수님 때문에 또 많은 사람이 순교 당했고, 개종하였고, 기독교가 세계적 종교가 되었습니다. 예수님의 관심이 언제나 '하나님나라'였기에 보여주신 삶과 가르침은 성전이나 율법과 같이 성스럽게만 제한하는 것이 아니었고, 주변사람들의 일상이 화두였으며, 율법주의자들과는 달랐습니다. 너무도 자연스럽고, 친근하고 소박했습니다. 들의 풀과 백합화를 이야기하고, 등경위의 등불을 가리키고, 공중에 나는 새와 아궁이의 풀, 나무와 열매, 길가와 돌밭의 씨앗이야기, 겨자씨와 농부, 하루의 품삯에 매달리는 노동자, 우물가의 여인까지도 삶의 동행자였습니다.

그런 예수님의 모습은 따뜻하고 겸손하며 사랑이 풍성하고 마음이 너그럽고, 낮은 곳에 임하며, 우는 자와 울고, 아픈 자를 고치시고, 귀신을 내쫓으시며, 군림이 아니라 섬기며, 십자가 희생에 주저하지 않으며, 진리와 평화, 정의와 생명으로 이끄는 "사랑"의 삶이었습니다. 이 사랑이 공동체의 화합과 유익을 더욱 강화하여 그리스도의 몸을 이루어 가는 은사, 카리스마라고 바울은 규명하였습니다. 성경 속에 지도자들의 카리스마는 다 하나님의 일을 위한 것이었습니다. 카리스마는 사람의 것이 아니고 하나님의 것입니다.

예수 그리스도를 주로 시인하는 크리스천은 성령의 은사를 통해 우리도 카리스마를 발휘할 수 있습니다. 예수님께서 믿는 자 안에서 모두 카리스마를 행하고 계시기 때문입니다. 바로 예수님의 사랑을 실천하면 카리스마 있는 사람이 됩니다. 예수님의 카리스마는 모든 프로그램을 통해 "생명의 바람", "치유의 바람", "권능의 바람"을 일으키는 사랑입니다. 한없이 낮아져서 세상의 고통과 아픔을 치유하고 생명의 능력으로 채우시려는 그 사랑에 오늘도 하늘의 축복이 내립니다. 지금, 우리는 오해로 꾸며진 세상의 논리와 관념이 아닌 진정으로 하나님 나라와 예수님의 가르침에 순종하는 카리스마 있는 일꾼이 되기를 다짐하며 감사의 노래로 화답하기를 기원합니다.

둘째, 카리스마의 쓰임을 보여주는 예이다. 신약에서조차도 카리스마는 상대적으로 희귀한 단어로 17번만 나타납니다. 베드로전서4:10을 제외하더라도 모든 언급은 바울서신에서 발견됩니다. 로마서에서 6번과 고린도전서에서7번 그리고 3개의 여타 바울서신에서의 언급들을 포함해서 16번의 언급이 신약에서 나타납니다. 이 용례는 바울이 최초로 이 용례를 소개했거나 또는 교회가 바울이 이전에 그 용어에 친숙해 있어서 바울이 이미 통용중인 표현을 사용했다고 가정할 수 있습니다. 문제는 후자의 견해를 지지할 만한 어떤 증거도 제시할 수 없으므로 본 용어의 중요성은 독특한 바울의 것이며, 그것은 그 스스로 그리스도와의 만남을 통한 결실이었습니다.

던(James D.G. Dunn)은 "이 단어의 선택을 결정짓는 바울의 중요한 영향력은 자기 자신의 경험, 즉 그것이 묘사하는 창조적인 경험이다"라고 했습니다. '카리스마'의 쓰임을 보여주는 용례와 관련하여 첫째, 바울은 카리스마의 용어를 일반적으로 사용했습니다. 예를 들면 로마서6:23과 5:15,16에서처럼 카리스는 사용되지 않지만, 카리스마는 여기서 카리스와 상당히 겹칩니다. 그리고 카리스마는 가장 광범위한 의미범위를 차지합니다. 왜냐하면 카리스마는 예수 그리스도 안에서 하나님의 은혜로운 행위이면서, 신자와 관련하여 그 행위의 포괄적 결과를 포용합니다. 바울은 "하나님의 값없이 주시는 은사(카리스마)는 그리스도 예수 안에서 영생이니라."(롬6:23). 성령의 은사는 믿는 자에게 하나님께서 은혜로 주시는 선물입니다.

둘째로 카리스마의 용어는 신자에게 주어진 특정한 은사로 두 번 사용됩니다. 고린도전서 7:7에서 독신에 관해 말하면서 바울은 카리스마를 개인화 합니다. "각 사람은 하나님께 받은 자기의 은사가 있으니"라고 하며, 고린도후서 1:11에서 카리스마를 아주 위험한 상황으로부터 바울을 구해내는데 허용된 하나님의 호의로 간주합니다. 특히 독신의 목적이 고린도전서12:8-10과 로마서 12:6-8에서 은혜의 또 다른 나타남, 즉 교회의 오이코도메(세움 건축)와 같다면, 물론 고린도전서7:7을 아래의 제3범주에 할애하는 것 또한 가능합니다. 이와 마찬가지로 고린도후서1:11은 본 용어의 일반적인 사용의 범주에 포함시킬 수 있습니다. "너희도 우리를 위하여 간구함으로 도우라 이는 우리가 많은 사람의 기도로 얻은 은사로 말미암아 많은 사람이 우리를 위하여 감사하게 하려 함이라(고후 1:11)"

셋째로 본 용어는 신자의 공동체 내에서 은혜의 나타남을 가장 빈번히 보여줍니다. 로마서 11:29에서 자신의 선택이 그들의 은사와 부르심에서 확립되는 구약백성인 이스라엘을 향한 하나님의 은혜의 행위에 초점이 모아집니다. 주요구절들인 로마서 12:6-8과 고린도전서 12-14는 하나님의 은혜의 결과로서 예수그리스도의 몸을 세우기 위한 특정한 은사들을 반영합니다. 마지막으로 직분으로서의 카리스마 사용의 용례를 볼 수 있습니다. 로마서 1:11과 고린도전서 1:7 그리고 디모데전서4:14와 디모데후서1:6을 고려해 보면 이러한 이해가 가능합니다. 직분으로 카리스마를 사용한 대표적인 분이 바로 예수그리스도이십니다.

예수님은 카리스마를 사용하여 많은 사람들을 구원하셨습니다. 현 세상에서도 많은 사람들에게 강한 이미지를 가지고 영향력을 발휘하는 그런 사람은 분명 멋있는 사람입니다. 자신도 그런 사람이 되고 싶으십니까? 아니면 그런 사람을 만나기 원하십니까? 오늘 그런 사람을 만나게 해드리겠습니다. 바로 예수님이십니다.

그 사람이 가는 곳마다 사람들이 술렁이기 시작합니다. 그 사람을 한 번 이라도 만난 사람은 꼭 다시 만나기 원하게 됩니다. 온갖 삶의 고뇌와 번민에 빠진 사람이 그 사람을 한 번 만나면 얼굴이 천사처럼 변해서 가게 됩니다. 병원의 의사들도 포기한 환자들이 그 사람을 한 번 만나면 깨끗하게 치료받게 되었습니다. 교도소에 밥 먹듯이 드나들며 사람들의 손가락질을 받는 죄인도 그 사람을 한 번 만나면 자기 스스로도 어찌할 수 없던 죄의 습관들이 끊어집니다.

　그분의 눈빛을 한번이라도 본 사람은 그 깨끗하고 강렬하고 온화한 세상사람 같지 않은 그 눈빛을 평생 잊지 못합니다. 너무나도 평범한 가정의 맏아들로 태어난 그는 어려서 부모님께 효도하는 착한 아이였습니다. 하지만 남다른 신앙에 그 부모님 대로는 부담스러울 정도로 예사롭지 않은 청년으로 자라갔습니다. 나이 서른이 되었을 때 그때까지 한 번도 부모님께 거역하지 않았던 그가 눈물을 흘리시는 부모님을 뒤로하고 집을 나섭니다. 사람이 아무도 없는 광야에 홀로 가서 아무것도 먹지 않고 아무것도 마시지 않고 기도를 합니다. 40일이 다 되었을 때 검은 옷 입은 사람이 나타나서 "네가 만일 하나님의 아들이라면 이 돌을 빵이 되게 해봐라!"하고 유혹합니다. 그 때 그 사람은 "사람이 빵으로만 살 것이 아니요 하나님의 말씀을 먹고 살 것이다"라고 대답합니다.

　다시 검은 옷 입은 사람이 나타나서 높은 산으로 데려갑니다. 거기서 세상과 그 영광, 인기를 다 보여주며 "네가 만일 나에게 절하면 이 모든 세상의 영광과 인기를 네게 다 주리라"고 유혹합니다. 오늘날 만일 이런 유혹을 하면 수만 명의 사람들이 그 검은 옷 입은 사람에게 절하려고 줄을 설 것입니다. 하지만 그 사람은 그런 영광과 인기에는 관심이 없었습니다. 그래서 이렇게 대답합니다. "사탄아 물러가라! 하나님에게만 절하고 주 너의 하나님만 섬기라" 철저하게 성령님의 인도를 받으셨습니다. 세상의 영광과 인기에 마음이 없는 사람은 세상을 초연하게 살 수 있습니다. 누가 뭐래도 자신의 소신껏 사는 것입니다. 어느 누구의 눈치도 보지 않고 그리고 세상의 고통당하는 사람에게는 끝없는 관심과 애정을 보이는 것입니다.

세상의 인기를 따라가는 사람들은 세상의 영광을 얻기 위해 사탄에게 절하면서 온갖 아부와 눈치를 보며 더러운 돈을 따라가는 것입니다. 그런 사람들에게 자신의 인생은 없습니다. 다만 인기를 위해 예쁘게 포장한 제2의 자기만 있을 따름입니다. 그속을 들여다보면 온갖 더러운 냄새나는 것들로 가득합니다. 그리고 결국은 그가 섬기는 사탄이 그를 영원한 지옥으로 끌고 가버리는 것입니다.

40일 동안 광야에서 시험을 통과한 그 사람은 이제 세상으로 나가서 떠돌기 시작합니다. 낮에는 뜨거운 사막의 햇볕을 걸으며 외치고 밤에는 길거리 아무데서나 겉옷을 이불삼아 잠을 청하고…. 그러다가 시골의 한 마을에서 추종자를 불러서 함께 다닙니다. 오랜 여행으로 옷들은 다 낡았고 얼굴은 까맣게 탔지만 그 얼굴에서는 왠지 모를 빛이 있었습니다. 그리고 그 눈에는 마음을 꿰뚫는 것과 같은 날카로움이 있었습니다. 그리고 가난하고 병든 사람들에게는 천사와 같은 따뜻함으로 다가갔습니다.

어느날 제자들과 함께 배를 타고 바다에 나갑니다. 그런데 갑자기 비바람이 몰아치고 파도가 높이 일어서 배가 곧 뒤집히려고 합니다. 그런데 그 제자들은 무서워서 울부짖고 난리가 났습니다. 제자들이 부르는 소리에 밖으로 나간 그분은 파도를 향하여서 큰소리로 외치십니다. "파도야, 바람아, 잠잠하라. 고요하라!" 그 말씀이 떨어지기 무섭게 그렇게 배를 삼킬듯하던 파도와 바람이 잠잠해졌습니다. 이런 카리스마는 세상 어느곳에도 없습니다. 제자들은 "우리가 모시고 있는 이분은 도대체 어떤 분이길래 바람과 파도가 순종할까?"하면서 그분을 두려워합니다.

하루는 갈릴리 호수를 지나 거라사라는 동네에 갔는데 귀신들려서 정신이 나간 사람을 만나게 되었습니다. 어찌나 힘이 세던지 쇠줄로 묶어놓아도 그 쇠줄을 끊고 도망가는 그런 미치광이였습니다. 아무도 건드리지 못하는 그 미치광이가 그분과 눈이 마주쳤습니다. 그 속에 있던 귀신이 그분을 알아보고는 그 미치광이 속에서 견디지 못하고 나옵니다. 그래서 평생을 미치광이로 살았던 그 사람이 온전하게 되어 그분의 제자가 됩니다.

이제 최후의 날이 다가옵니다. 자기를 싫어하는 사람들이 자신을 나무에 메달아 죽일 것을 예감한 그분은 하나님의 예루살렘성전으로 올라가십니다. 하나님의 성전에서 사람들이 장사하느라 온갖 짐승의 냄새와 사람들의 고함소리가 울려 퍼집니다. 하나님께 예배드려야할 성전이 이처럼 더럽혀져 있음을 참지 못한 그분을 가죽 채찍을 만들어 성전에서 장사하는 사람들의 물건들을 내리치십니다. "하나님께서 말씀하셨다. 내 집은 만민이 기도하는 집이라"

이제껏 아무도 건드리지 못했던 장사꾼들을 모두 쫓아내십니다. 그 장사꾼들의 뒤에는 정치인들이 뒤를 봐주고 돈을 받아먹고 있었던 것입니다. 모두가 한통속이 되어 하나님의 성전을 돈 냄새로 가득하게 하였던 것입니다. 온갖 비리를 하나님의 정의로 모두다 깨버리신 것입니다. 세상에 이분처럼 당당하고 자유롭게 사신 분도 없을 것입니다. 온갖 세상의 영광과 인기를 초월하여서 오직 하나님의 영광만을 구하며 사셨던 것입니다.

그래서 그분을 많은 사람들이 좋아하고 따르는 것입니다. 지금도 10억의 사람들이 그분을 존경하고 사랑합니다. 세상의 어떤 사람이 10억의 사람들에게 인기를 한 몸으로 받을 수 있겠습니까? 그것도 2000년 전 사람인데, 그동안에 그분을 믿고 죽은 사람만도 몇 천억입니다. 앞으로 또 수많은 사람들이 그분을 존경하고 따를 것입니다.

이렇게 강력한 카리스마를 보셨습니까? 우리가 믿는 예수님은 지금도 살아서 우리 마음속과 수억의 사람들의 가슴속에 살아서 세상을 움직이고 계십니다. 그 예수님께서 이 세상에 곧 오실 것입니다. 예수님께서 오실 때는 세상 모든 사람들이 그분 앞에 무릎을 꿇을 것입니다. 믿는 사람이든 믿지 않는 사람이든 모두다 절을 할 것입니다. 온 세상의 왕으로 임하실 것이기 때문입니다. 그 예수님이 믿는 자들인 우리 안에서 카리스마를 행하고 계십니다. 우리들은 성령의 감동에 순종하여 예수님의 카리스마를 통하여 세상을 장악해야 합니다.

셋째, 카리스마의 동의어들이다. 바울은 동사와 명사의 형태로 공히 동의어로 사용했습니다. '카리조마이'가 일반적인 나눔의 행위를 표현하는 것처럼, 디도미는 동일한 기본적 행위를 나타냅니다. 신약에서 동사의 주어는 흔히 하나님 예수님 또는 사람들에게 축복을 부어주는 성령입니다. 명사형은 다양하게 나타납니다. 에베소서4:8에서 바울은 "그리스도가 사람들에게 선물을 주셨다"고 언급합니다. 에베소서 4:7에서 바울사도는 본 인용을 다음과 같이 진술합니다. "그러나 우리 각자에게 그리스도의 선물의 분량대로 은혜를 주셨으니" 여기의 도레아는 카리스마와 호환적으로 로마서5:15에서 사용된 반면, 5:16에서 바울은 더 나아가 도레미와 카리스마를 병행시킵니다. 그리고 엡2:8에서 구원의 은혜적 성격을 강조하는 도론의 사용은 기본적으로 동일한 추진력을 보여줍니다. 고린도전서12:4-6에서 복수형 '카리스마타'는 또한 본 용어 디아코니아와 카리스마로 병행됩니다. 고린도전서12:1과 14:1에서 두 번 복수형으로 사용한 명사 타 프뉴마티카 역시 "은사성의 언어"에 속한다. 프뉴마티카와 카리스마간의 관계성 문제는 그들이 동의어인가 아닌가의 문제입니다. 첫째는 카리스와 프뉴마 역시 호환적이기 때문에 프뉴마티카는 완전 동의어입니다. 그래서 프뉴마티카는 "성령의 은사의 총체"를 나타냅니다. 둘째는 두 용어간의 동의어의 자격이 있습니다. 셋째는 동의어 가정은 있을 수 없다는 견해입니다. 이상의 논의에서 카리스마의 용어사용과 관련하여 몇 가지의 주요사항을 정리할 수 있습니다.

카리스마(타)는 카리스에서 유래된 말로서 교부문헌뿐만 아니라, 유대교와 대중적인 헬라문헌에서 조차도 용어사용의 용례가 희귀한 바울만의 독특한 개념입니다. 도레아 도레마 도마타 그리고 카리스와 같은 동의어적 표현을 사용할 때 바울이 나타내 보여준 용이함 때문에 은서성에 대해 바울이 선화하는 용어로서 카리스마의 독특성은 더욱 증가됩니다. 케제만(E. K semann)은 카리스마를 "은혜의 개인화, 프뉴마에 대한 우리의 개인적 참여, 그리고 우리의 기독교적 소명의 구체화"로 정의합니다.

던(Dunn)은 "특정한 경우에 그리고 그 경우를 위해서만 은혜와 권능의 경험이다"라고 함으로 은혜의 체험적인 국면을 강조합니다. 슐츠는 "바울에 따르면, 카리스마는 무엇보다도 하나요, 동일한 성령의 은사, 선물, 부여, 그리고 나타남, 구체화, 그리고 개인화, 권능으로서의 은혜의 역사이며, 결국 그것은 원수를 포함하여 이웃에 대한 섬김의 직분이다."라고 함으로 원수까지로 이웃에 대한 섬김의 스펙트럼을 확장합니다. 이러한 '카리스마타'에 대한 이해는 존 스토트가 적절히 정의했습니다. "사람들로 하여금 구체적이고 상응적인 봉사하도록 맞추어주는, 하나님의 은혜와 능력에 의해서 부여된 어떤 역량들"이라고 하면서 "카리스마는 능력자체도 아니고, 사역이나 직임자체가 아니라, 사역을 위해서 사람에게 자격을 부여하는 능력이다. 더 간단하게 말하면, 그것은 은사와 그 속에서 은사를 행할 수 있는 직업, 혹은 직업과 그것을 가지고 직업을 감당하는 은사로 간주될 수 있을 것이다"고 했습니다.

12장 예수님의 카리스마를 100% 본받자.

(눅 22:60-62)"베드로가 이르되 이 사람아 나는 네가 하는 말을 알지 못하노라고 아직 말하고 있을 때에 닭이 곧 울더라 주께서 돌이켜 베드로를 보시니 베드로가 주의 말씀 곧 오늘 닭 울기 전에 네가 세 번 나를 부인하리라 하심이 생각나서 밖에 나가서 심히 통곡하니라"

하나님은 예수를 믿고 성령으로 거듭난 크리스천들이 예수님의 카리스마를 나타내어 사용하기를 원하십니다. 예수님의 카리스마를 그대로 사용하는 비결은 다름이 아니라, 자신(옛사람)이 없어지는 것입니다. 자신이 없어지고 성령의 감동에 순종하면 예수님의 카리스마가 100% 발휘되어 초자연적인 역사가 일어납니다. 기사와 이적이 일어납니다. 자신을 통하여 기적을 날마다 체험하려면 자신이 죽는 것입니다. 자신 안에 성전삼고 계시는 하나님께서 주인 되는 것입니다. 그러면 자신을 통하여 예수님의 카리스마가 100% 발휘될 것입니다.

그리스도를 만난 어부들이 모든 것을 버리고 예수를 따른 이야기를 마가는 속도감 있게 들려줍니다. 이처럼 어부들이 모든 것을 버려두고 미지의 삶을 향해 그리스도를 따라가도록 만든 것은 무엇일까요? 위대한 지도자들에게는 사람들을 끄는 자석과 같은 마력이 있다고 합니다. 이것을 한마디로 카리스마라고 합니다. 이것은 대부분의 사람들이 가질 수도 있고 가지지 못할 수도 있는 신비하고도 알쏭달쏭하며 정의할 수 없는 자질이라고 합니다.

진정한 카리스마가 있는 사람은 사람들의 필요와 이익에 대한 관심을 보여주는 능력이 있다고 합니다. 사람들과 함께 있을 때 그들의 필요를 감지하고 보살핌으로써 그들로 하여금 자신의 중요성을 느끼도록 만드는 것입니다. 다른 사람의 필요를 알고 제공하는 능력이 카리스마라고 합니다. 병든 자를 치유하는 것과 귀신에 고통당하는 자를 해방시키는 것을 카리스마라고 할 수가 있습니다.

남을 감동시켜 행동하게 할 만한 관심이 생기게 하려면 먼저 그들과 함께 시간을 보내는 것이 중요합니다. 그들의 필요를 알아야 하기 때문입니다. 성경에서 예수님은 가셨고 보셨고 느끼셨으며 그리고 보살피셨습니다. 그리스도는 갈릴리 호숫가에서 어렵게 생계를 이어가던 어부들을 만나주셨습니다. 그리스도는 그들의 눈을 쳐다보시고 그들을 원하셨습니다. 그리고 부르십니다. 부름에 순종합니다. 순종하고 나오니 예수님의 카리스마로 그들의 인생이 바뀌게 됩니다.

첫째, 예수님의 카리스마의 최고봉은 역시 변화산 사건입니다. "엿새 후에 예수께서 베드로와 야고보와 그 형제 요한을 데리시고 따로 높은 산에 올라가셨더니 그들 앞에서 변형되사 그 얼굴이 해 같이 빛나며 옷이 빛과 같이 희어졌더라"(마 17:1-2). 예수님께서 제자들이 보는 앞에서 그 얼굴과 온 몸에서 광채가 나는 모습으로 변화되셔서 모세와 엘리야와 함께 더불어 대화를 나누십니다. 예수님에게서 나오는 광채를 본 베드로는 정신이 혼미해져서 "주여! 우리가 여기 있는 것이 좋사오니 만일 주께서 원하시면 내가 여기서 초막 셋을 짓되 하나는 주님을 위하여, 하나는 모세를 위하여, 하나는 엘리야를 위하여 하리이다"(마17:4)라고 말합니다.

예수님이 변화산에서 그의 얼굴과 온 몸에서 광채가 나셨을 때도 에너지를 사용해야만 했을까요? 아주 개인적인 생각이지만 예수님은 광채를 내시기 위해 일부러 힘을 써야 하지는 않으셨을 것입니다. 온 몸에 힘을 쭉 빼고 긴장을 이완시키면 아주 자연스럽게 빛이 나오는 분이십니다.

요한은 예수님을 증언하기를 '참 빛 곧 세상에 와서 각 사람에게 비추는 빛'(요 1:9)이라고 합니다. '참'이라는 말에 사용되는 헬라어가 여러 가지가 있습니다. 그 중 가장 보편적으로 쓰이는 말이 '알레데스'라는 말로서 '진짜', '이상적', '순수한'이라는 뜻을 가지고 있습니다. 그러나 요한이 말한 것은 '알레디논'이었습니다. 그릇됨의 반대인 '참'이 아니라, 불완전의 상대적 개념인 완전을 뜻하는 말로서의 '참'을 의미합니다. 요한이 말했던 '참 빛'은 '불완전하며 인위적으로 만들어 낸 빛'의 반대말로 '완전하며 스스로 내는 빛'의 의미입니다. 또한 예수님은 '아버지의 독생자의 영광'이시기에 억지로 애써야 빛이 나는 분이 아니십니다.

예수님 자체가 빛이시기 때문입니다. 예수님은 어두운 죄 가운데서 인생을 구원해 주시는 구원의 빛이 되십니다. 하나님과 단절되어 인생의 의미와 목적을 상실한 채 살아가는 인생들에게 생명의 빛이 되십니다. 어두움은 죄의 세력을 의미합니다. 예수님은 십자가에 못 박혀 죽으시고 부활하셔서 어두움과 죄악의 세력을 물리치심으로 세상을 밝히셨습니다. 세상은 도덕적으로 혼돈스럽고 영적으로 하나님을 알지 못하여 죄 가운데 방황하고 있습니다.

그러나 예수님은 도덕적으로 어두워서 사망의 골짜기에서 헤매는 세상에 정신적인 빛으로 얼굴을 드러내시고 무지에서 벗어나 생명을 얻도록 도우십니다. 빛 되신 예수님 안에서 인생의 참된 의미와 목적을 발견하고 거룩하고 참된 길을 걸을 수 있기를 바랍니다. 빛 되신 예수님을 따르는 자는 어두움에 다니지 않습니다.

세상의 빛 되신 예수님을 따르게 될 때, 우리는 영적인 어두움에 있지 아니하고 참 생명의 빛을 얻게 됩니다. 빛이신 예수님께로 나아와 주님의 가르침과 인격과 삶을 통해 예수님을 구주로 믿고 의지하고 순종할 때 우리는 하나님에 대한 무지와 무능과 부패와 고난과 의심과 불안에서 벗어나 참 지식과 능력과 거룩함과 생명의 기쁨을 누리며 살 수가 있습니다.

또한 예수님은 자기를 믿고 따르는 자들을 향하여 '너희는 세상의 빛'이라고 말씀하셨습니다(마5:14). 어두움의 일을 벗어버리고 빛을 갑옷을 입어야 합니다(롬13:12). '빛의 열매는 모든 착함과 의로움과 진실함에 있다'고 했습니다(엡5:9). 빛 되신 예수님을 따르는 자로서 우리는 선한 행실에 힘써야 합니다. 날마다 성령으로 심령을 정화해야 합니다. 그러면 자신 안에 계신 예수님이 빛으로 역사하십니다. 자신은 순종하면 되는 것입니다.

둘째, 사마리아 여인을 회복시킨 예수님의 카리스마. 예수님의 카리스마를 보고 변화된 사람 중에 사마리아 여인이 있습니다. 요한복음 4장에는 수가성에 사는 사마리아 여인의 이야기가 기록되어 있습니다. 예수님이 유대를 떠나 갈릴리로 가실 때 사마리아 성을 지나가십니다. 당시에는 사마리아 사람들을 천시하는 분위기였기에 대부분의 사람들은 아무리 급한 일이 있어도 사마리아 성을 통과하지 않았습니다. 항상 먼 거리를 돌아서 다녔습니다.

그러나 예수님은 특별히 바쁜 일이 있었던 것으로 보이지 않는데도 그 성으로 들어가십니다. 더군다나 그 성에 있는 야곱의 우물에 잠시 쉬실 때의 시각이 정오였습니다. 그 시간은 좀처럼 여행하지 않는 시간입니다. 너무 더워서 쉬다가 해가 지고 나면 다시 여행을 하는 것이 일반적이었습니다. 하지만 예수님은 마치 그 시각에 맞춰 오시려고 서두른 사람처럼 보이셨습니다. 예수님은 야곱의 우물에 이르자 그 곁에서 지쳐 그대로 앉아 버리십니다. 그리고는 제자들에게 먹을 것을 구해오라고 동네로 들여보내십니다.

그 때 사마리아 여인이 나타났고 두 사람의 대화가 시작됩니다. 하지만 두 사람의 대화는 마치 동문서답 하는 듯 다소 이상해 보입니다. 예수님과 수가성 여인의 대화는 '물을 좀 달라'는 부탁으로 시작됩니다. 당시에는 유대인이 사마리아 사람과 상종하지 않을 때였는데도 불구하고 예수님은 이 사마리아 여인에게 물을 좀 달라고 부탁하셨습니다. 예수님은 이 땅에 오신 목적이 하나님의 나라를 만드시는 것이기 때문에 당시의 문화가 어떠하든 사마리아 여인에게 물을 달라고 하신 것입니다.

그런데 물을 달라는 말씀에서 영생하도록 솟아나는 샘물이야기를 거쳐 '가서 네 남편을 불러 오라'는 말씀으로 이어집니다. 대화는 다시 예배라는 주제로 바뀌고 마지막에는 메시야에 관한 이야기로 끝납니다. 물을 달라고 하셨던 예수님은 정작 물을 마시지 못하셨는데 여자가 물동이를 버려두고 동네로 들어가 버립니다.

다소 황당하다 싶은 대화였습니다. 이 대화가 끝났을 때 제자들이 먹을 것을 구해 와서 예수님께 드렸습니다. 하지만 예수님은 '내게는 너희가 알지 못하는 먹을 양식이 있느니라' 하시면서 드시지 않으셨습니다.

이런 여러 가지 상황들을 종합해보면 예수님은 사마리아 여인을 만나기 위해 서둘러 오셨던 것이고, 제자들을 동네에 보내신 것도 배가 고프셔서 먹을 것을 구하기 위해서가 아니라 이 여인과 단 둘이 말씀하시고자 제자들로 하여금 자리를 비키도록 일부러 동네로 보내셨던 것입니다. 물을 좀 달라고 하셨던 이유도 그저 여인에게 말을 걸기 위해 하신 말씀이었지 정말로 물이 마시고 싶었던 것은 아니었습니다.

또 다른 아이러니는 여자와 예수님이 하셨던 마지막 대화입니다. "하나님은 영이시니 예배하는 자가 영과 진리로 예배할지니라. 여자가 이르되 메시야 곧 그리스도라 하는 이가 오실 줄을 내가 아노니 그가 오시면 모든 것을 우리에게 알려 주시리이다. 예수께서 이르시되 네게 말하는 내가 그라 하시니라. 이때에 제자들이 돌아와서 예수께서 여자와 말씀하시는 것을 이상히 여겼으나 무엇을 구하시니이까, 어찌하여 그와 말씀하시나이까, 묻는 자가 없더라. 여자가 물동이를 버려두고 동네로 들어가서 사람들에게 이르되 내가 행한 모든 일을 내게 말한 사람을 와서 보라 이는 그리스도가 아니냐 하니"(요 4:24-29).

예수님과의 대화에서 확신을 얻지 못했던 여인이 메시야가 오면 그 분에게 다 물어볼 것처럼 이야기 합니다. 그러자 정작 예수님께서 자신이 바로 그 메시야임을 밝히자 더 이상 아무 말도 못하고 동네로 들어가 사람들에게 예수님을 증거합니다.

왜 아무 말도 못했을까요? 사마리아 여인은 보통의 여인들이 우물에 나오는 시간이 아닌 가장 더운 정오에 물을 길러 나온 것으로 보아 사람들을 만나기 싫어하는 것 같습니다. 예수님이 물을 달라고 하셨을 때 달라는 물은 주지 않고 따지기부터 하는 것으로 보아 남자들에게 많은 상처를 받았던 것도 같습니다.

남편이 다섯이 있었다는 것은 이 여인이 몸을 파는 여인이었을 수도 있으나 그보다는 당시 형이 죽으면 형수와 결혼해야 했던 형사취수제도(兄死取嫂制度)에 따라 여러 번 결혼하고 남편을 많이 떠나보내야 했던 여인일 가능성이 더 커 보입니다. 왜냐하면 예수님이 '지금 있는 자도 네 남편이 아니다'라고 하신 것으로 미루어 짐작해 보면 당시 제도에 의해 의무적 남편과 살고 있었을 거라 여겨집니다.

형사취수제도에 의해 결혼하는 경우는 형이 아들을 낳아주지 못했을 경우에 해당됩니다. 따라서 동생들은 본처가 따로 있었고 형수에게는 아들을 낳게 해서 형의 유업을 이어가게만 하면 되는 것이었기에 진짜 남편이라고 할 수 없었습니다. 창세기에 보면 유다의 며느리 다말의 이야기가 나옵니다. 다말이 장남 엘과 결혼했다가 엘이 죽자 둘째 오난이 다말과 결혼합니다. 하지만 오난은 다말에게 아들을 낳아줘 봐야 자기 것이 되지 못할 것을 알고 땅에다가 설정을 하고 하나님의 진노를 받아 죽었습니다. 사마리아 여인이 다말과 비슷한 경우였을 것이라고 생각되어집니다. 단순히 창녀였다고 하기는 예배에 대한 관심과 메시야를 기다리는 열망 등이 상당히 컸기 때문입니다.

이런 정황들을 놓고 볼 때 사마리아 여인의 아픔을 조금은 들여다 볼 수 있습니다. 장밋빛 미래를 꿈꾸며 사랑하는 사람과 결혼했다가 남편이 아이도 보지 못한 채 죽어버렸습니다. 여인으로서는 굉장히 참기 힘든 상처가 되었을 것입니다. 그런데 둘째도, 셋째도 그렇게 다 죽어버립니다.

어떤 이유가 됐건 이 여인은 남편을 잡아먹는 여인이라는 비난을 면치 못했을 것입니다. 이런 일이 계속되면 그 다음 남편은 이 여인을 가까이 하기 싫어했을 것이고 남편으로부터 사랑을 받는 일도 없었을 것입니다. 이 정도 되면 사는 것은 죽지 못해서일 뿐 모든 것이 괴롭고 짜증스러울 것입니다.

예배에 대해 관심이 큰 것으로 보아 아마도 하나님께 자신의 처지를 탄원했을 것입니다. 그러나 아무런 응답도 없습니다. 사람들은 하나님께서 예루살렘 성전에 계시므로 그곳에 가서 예배해야 한다고도 합니다. 하지만 예루살렘 성전은 이 불쌍한 사마리아 여인의 예배를 허락하지 않습니다.

여인이 기대할 수 있는 것은 이제 오로지 메시야 밖에 없습니다. 메시야가 오면 많은 것들을 따지고 싶었습니다. 왜 남편들은 일찍 자기 곁을 떠나야 했는지, 왜 자기에게는 아들을 허락하시지 않은 것인지, 왜 그토록 울며 기도했는데 침묵하셨는지 등등 묻고 싶은 것들이 한두 가지가 아니었습니다. 그런데 그토록 기다리던 메시야를 만났는데도 왜 아무 말도 못하고 동네로 들어가 버릴까요?

예수님께서 '내가 바로 그니라' 말씀하셨을 때 이 여인은 변화산에서 보여주신 카리스마의 일부를 보았습니다. 그 카리스마는 그동안 쌓여있던 주를 향한 원망과 아픔들이 눈 녹듯 녹아버리게 만들었습니다. 그래서 사람을 만나기 두려워했던 여인은 물동이마저 버려두고 동네 사람들을 찾아가 자신을 만나 준 주님에 대해 증거 하게 된 것입니다. 우리들도 성령님의 감동에 순종하면 예수님께서 우리들을 통하여 사람을 꿰뚫어보는 카리스마를 행하십니다. 전적으로 순종하는 우리를 통하여 주님이 행하시는 것입니다.

셋째, 베드로를 통곡하게 만든 예수님의 카리스마. 성경에 나오는 주님의 카리스마 중 가장 하이라이트는 역시 베드로를 통곡하게 만드신 그 카리스마입니다. 예수님이 붙잡히셔서 대제사장에게 심문을 받으실 때 베드로는 그 뜰에 있었습니다. 다른 사람들과 같이 불을 쬐고 있을 때 한 여종이 베드로를 알아보았고, 그가 예수님과 함께 있던 사람이었다고 말하자 베드로가 부인합니다. 다시 조금 후에 다른 사람이 또 '너도 그 당이라' 하니까 두 번째 부인합니다. 한 시간쯤 있다가 또 한 사람이 장담하며 "너는 갈릴리 사람이니 참으로 그와 함께 있었다."고 주장하자 세 번째 부인하고 있을 때 닭이 울었습니다.

그 때의 장면을 누가는 다음과 같이 증언합니다. "베드로가 이르되 이 사람아 나는 네가 하는 말을 알지 못하노라고 아직 말하고 있을 때에 닭이 곧 울더라 주께서 돌이켜 베드로를 보시니 베드로가 주의 말씀 곧 오늘 닭 울기 전에 네가 세 번 나를 부인하리라 하심이 생각나서 밖에 나가서 심히 통곡하니라."(눅 22:60-62).

베드로를 통곡하게 만든 것은 닭이 울었기 때문이 아닙니다. "주께서 돌이켜 베드로를 보셨기" 때문입니다. 예수님이 눈에 힘주고 제자의 배신에 분노하시며 원망의 눈빛으로 노려보듯 하신 것이 아닙니다. 그냥 말 그대로 "돌이켜 보셨"습니다. 주와 눈이 마주친 베드로는 주님이 하신 말씀을 기억하며 나가서 심히 통곡하고 맙니다. 베드로가 주님의 말씀을 기억하며 통곡하게 만든 것은 주님과 눈이 마주쳤을 때 주님의 특유의 카리스마를 보았기 때문입니다. 우리들도 성령으로 거듭나 자신이 없어지고 전인격이 성령의 지배를 받으면 카리스마가 얼굴과 눈에 나타남으로 세상이 굴복하게 됩니다.

넷째, 드러내지 않는 카리스마. 카리스마를 지니신 예수님께서 사람들에게 무기력하게 끌려가셨습니다. 그리고 사람들에게 엄청난 고문을 당하셨습니다. 그들은 예수님에게 사십에 하나 감한 매를 채찍으로 때립니다. 그 채찍은 동물의 뼈를 박은 채찍이었습니다. 그 채찍에 맞으면 맞은 자리에서 살점이 떨어져나가는 아주 무서운 채찍이었습니다.

그들이 예수님께 그 험한 채찍을 무자비하게 내리칠 수 있었던 것은 예수님께서 자신의 카리스마를 감추고 계셨기 때문입니다. 예수님께서 너무 견디기 힘들어 그 매를 맞지 않으려 하셨다면 큰 기적을 행하지 않고도 그냥 베드로를 쳐다보시듯 쳐다보시기만 해도 됐습니다.

마가복음 14장 65절에는 이런 말씀도 나옵니다. "어떤 사람은 그에게 침을 뱉으며 그의 얼굴을 가리고 주먹으로 치며 이르되 선지자 노릇을 하라 하고 하인들은 손바닥으로 치더라"

예수님이 침 뱉음을 당하셨다고 합니다. 너무 치욕스러운 일을 당하셨습니다. 그들은 주먹으로 얼굴을 때립니다. 하인들은 손바닥으로 쳤다고 합니다. 그 당시 주인이 하인을 때릴 때는 손등을 사용하여 때립니다. 자기보다 아랫사람이기 때문입니다. 친구들끼리는 손바닥을 사용합니다. 사람들이 주먹으로 때렸다는 말이 노예에게 하듯 했음을 의미하고 하인들에게는 같은 하인이라는 의미로 손바닥으로 때리게 했던 것입니다.

침 뱉고 주먹으로 치고 하인들에게 손바닥으로 치게 한 것은 아프게 하려는 의미보다 모욕감을 안겨 주려는 의도였습니다. 그들이 예수님을 그렇게 모욕스럽게 대할 수 있었던 것도 '그의 얼굴을 가리고' 했기에 가능했습니다.

군인들이 예수님을 끌고 브라이도리온이라는 뜰에 끌고 가서 온 군대를 다 모으고 그 앞에서 자색 옷을 입히고 가시관을 엮어 머리에 씌우고 갈대로 예수님의 머리를 때리며 침을 뱉는 등 온갖 희롱을 한 후에 십자가에 못 박으려고 끌고 나갔습니다. 군인들은 유대인이 아닙니다. 그들은 로마사람으로 이방인이었습니다. 예수님께서 이방인들에게까지 그런 멸시를 받지 않으실 수 있었습니다. 그저 사마리아 여인에게 '내가 그로다' 말씀하시던 그 눈빛으로 그들을 쳐다보시기만 했어도 됩니다.

하지만 예수님은 우리의 질고를 지고 우리의 슬픔을 당하시고 우리의 허물과 죄악을 담당하시고 우리로 평화를 누리고 우리가 나음을 받도록 하나님께서 우리 모두의 죄악을 담당케 하신 그 십자가를 온전히 지시려고(사 53:4-6) 자신의 카리스마를 모두 감추시고 이 모든 고난을 그냥 참아내십니다. 십자가에 매달려 많은 사람들에게 조롱과 멸시를 받으실 때도, 그들이 예수님에게 "만일 하나님의 아들이어든 자기를 구원하고 십자가에서 내려오라"(마27:40)할 때도 예수님은 끝까지 카리스마가 드러나지 않도록 애써 참으셨습니다.

만약 사마리아 여인을 회복시킨 카리스마나 베드로를 통곡하게 만든 눈빛을 거기 모인 사람들에게 보여주셨다면 아마도 십자가에서 험하게 죽지는 않으셨을 것입니다. 이 모든 아픔과 고통과 멸시를 견디지 못하시고 변화산에서 제자들에게 보여주셨던 그 광채의 일부를 드러내셨다면 사람들은 기겁을 하고 예수님을 십자가에서 끌어 내리고 도리어 군인들을 십자가에 매달고자 했겠지요. 에스더 시절의 하만처럼 말입니다. 하만은 에스더의 삼촌이었던 모르드개를 미워하여 그를 매달아 죽이려고 긴 장대를 준비했다가 에스더의 지혜로 도리어 하만 자신이 준비한 장대에 매달려 죽었습니다.

다섯째, 감춰진 카리스마를 발견하다. 예수님은 십자가에서 전혀 자신의 카리스마를 드러내지 않으셨습니다. 어떤 의미에서 보면 오히려 예수님은 구속사역이 완성되기까지 십자가 위에서 엄청난 아픔 속에서도 온 신경을 곤두세워 그 카리스마를 사람들이 보지 못하게 최선을 다하셨을 거라는 생각까지 듭니다. 하지만 그렇다고 해서 십자가 위에 계신 주님에게서 그 카리스마가 없어진 것은 아닙니다. 다만 감춰진 것일 뿐입니다.

'카리스마'라는 단어는 바울이 즐겨 쓰는 표현이었습니다. 바울은 카리스마를 두 가지 방식으로 사용하는데 하나는 구원에서 하나님의 '값없는' 또는 '특별한' 은혜의 선물을 언급할 때 사용하고, 다른 하나는 기독교 공동체를 섬기는 데 필요한 능력을 표현할 때 사용합니다. 우리말로는 '은사'로 번역됩니다.

카리스마의 어원은 '카리스'입니다. 뜻은 '은혜'입니다. 은혜를 바탕으로 구원 얻게 만드는 힘이나 능력을 카리스마라고 합니다. 이 말이 현대에는 다른 사람을 매료시키고 영향을 끼치는 능력의 의미로 쓰입니다. 우리가 예수님을 믿을 수 있게 된 것이 바로 주님의 카리스마 때문이었습니다. 결국 카리스마는 은혜였습니다. 베드로를 통곡하게 만드신 주님의 은혜였고 사마리아 여인의 마음을 녹인 것도 역시 주님의 은혜였습니다.

십자가에는 주님의 카리스마가 교묘히 감춰져 있었습니다. 그것을 발견하지 못하고 사는 사람들이 있는가 하면 우리는 그 카리스마를 발견하고 십자가 앞에 엎드려 우리의 모든 죄를 자복하고 회개하게 됩니다.

　교회에서 성도를 볼 때 어떤 이들은 사마리아 여인과 같이 많은 아픔을 가진 사람들이 보이기도 하고, 또 어떤 이들은 베드로처럼 뜨거웠던 열정이 식어져 버려 밋밋한 신앙생활을 하는 사람들도 보입니다. 십자가의 감춰진 카리스마를 발견하고 교회에 엎드려 있다고 해도 성도는 죽는 날까지 주님이 보여주시는 카리스마를 발견하며 살아야 합니다. 저 역시 삶의 고비마다 주님의 카리스마 덕분에 신앙을 잃지 않을 수 있었습니다. 차갑게 식어버린 열정을 다시금 불태울 수 있었던 것도 주님의 카리스마 덕분이었습니다. 날마다 십자가를 보면서 감춰진 것 같지만, 그 어느 때보다도 강렬한 주님의 카리스마를 발견하며 살아가는 성도가 되기를 기원합니다. 예수님으로부터 흘러나오는 카리스마를 사용하며 살아가시기를 바랍니다.

　크리스천은 '예수 닮은 형상'을 가진 자들입니다. 그럼에도 그리스도인들이 자신들의 정체성을 분명히 갖지를 못하고 좌초된 배처럼 표류하고 있습니다. 우리가 '그리스도인'이라 할 때 이것은 하나님을 믿는 사람들의 표지인 것입니다. 그리스도인(크리스티아노이)이라는 말은 하나님의 자녀이고 하나님의 진정한 가족의 일부이며, 그리스도 안에서 새 생명을 받는 자들입니다.

　바울은 그리스도인이 가져야 되는 그리스도인 됨의 자기 정체성에 대해서 너무도 분명하게 말합니다. "이 후로는 누구든지 나를 괴롭게 하지 말라 내가 내 몸에 예수의 흔적을 지니고 있노라"라고…. 너무도 멋지고 명쾌한 바울의 고백은 영적인 기백이 느껴지고 진정한 카리스마가 느껴집니다. '예수의 흔적'이라고 번역한 '스티그마타 투 예수'라는 의미는 핍박으로 말미암아 갖게 된 육체의 상처이기보다는 '예수 닮은 형상'을 말합니다. 당시 갈라디아 교회 안에는 바울의 가르침 보다는 교회 안에 침투가 된 율법주의자들의 가르침을 따르는 사람들이 훨씬 많았습니다.

이들은 육체의 할례를 강조하였고, 할례로서 구원받은 백성의 표로 삼고자 하였습니다. 이에 바울은 힘 있게 강조합니다. "너희는 할례로써 구원받은 백성의 표를 삼고자 하지만, 나는 내 몸에 예수의 형상을 지녔다. 이것은 내가 그리스도 말미암아 받은 은혜를 통해 만들어진 흔적이다." 당시에 노예들이 도망치지 못하도록 그들의 몸에 표를 하였는데, 그것을 '스티그마'라 불렀습니다. 바울의 확고한 고백은 바울 자신의 노예 됨은 예수 그리스도의 사랑의 노예가 된 것입니다. 이 노예는 강제성이기 보다는 도리어 노예로 자처하며 살아가는 것을 말합니다. 누구의 강요나 억압이 아닌 십자가의 은혜로 인해 스스로 노예가 되는 것을 말합니다.

13장 주님의 카리스마를 100% 사용하라.

(갈 2:20)"내가 그리스도와 함께 십자가에 못 박혔나니 그런즉 이제는 내가 사는 것이 아니요 오직 내 안에 그리스도께서 사시는 것이라 이제 내가 육체 가운데 사는 것은 나를 사랑하사 나를 위하여 자기 자신을 버리신 하나님의 아들을 믿는 믿음 안에서 사는 것이라"

하나님은 예수를 믿고 성령으로 거듭난 크리스천들이 옛사람을 벗어버리고 새사람으로 살아가기를 원하십니다. 새사람으로 살아가면서 예수님의 카리스마를 나타내면서 환경을 장악하기를 소원하십니다. 예수님께서 자신을 통하여 카리스마 나타내시게 하려면 율법의 행위에서 복음으로 바뀌어야 합니다. 관념적인 신앙에서 체험적인 신앙으로 바뀌어야 합니다. 베드로는 하나님의 은혜로 이방인 고넬료를 영접하고 식사하였습니다. 그것을 비방하는 유대인에게 왜 자신이 이방인과 식사했는지 설명하였습니다. 안디옥에 와서도 이방인과 식사하였습니다. 그러나 베드로의 깊은 잠재의식에는 아직도 이방인과 식사하는 것이 자연스럽지 못했습니다. 그만큼 수천년 걸쳐 형성된 습관에서 벗어나는 것이 어렵습니다. 그는 야고보에게서 온 어떤 형제가 이르자 그들을 두려워하여 일어나 나갔습니다. 바나바도 베드로를 따라서 나가고 다른 유대인들도 따라서 나갔습니다. 그는 지식적이나 의지적으로는 이방인을 영접하였으나 깊은 감정과 무의식은 아직도 변화되지 못하고 있었습니다. 바울은 이런 베드로를 책망하였습니다. 그리고 우리는 이런 율법적인 데서 죽었으므로 예수님 안에서 새로운 삶을 살아야하는 것을 말씀하고 있습니다.

하나님 아버지 내가 예수님을 믿고 거듭났습니다. 분명히 내안에 예수님이 살아계십니다. 그러나 나의 깊은 옛사람은 아직도 죄악 됨을 고백합니다. 나의 마음에는 아직도 자기 사랑이 있고 자기 영광을 구하는 마음이 있고 아직도 사람을 두려워하는 마음이 있고 아직도 음란함도 있습니다. 무엇보다 아직도 나의 내면에는 교만함이 있고 살아계신 하나님을 두려워하지 못하는 불신이 있습니다. 깊은 마음에 아직도 거짓됨이 있음을 고백합니다. 주님 제가 구제불능인 것을 고백합니다. 나는 나의 힘으로 도지히 변화될 수 없습니다. 내 안에 살아계신 예수님이 나를 새로운 사람으로 변화되게 도우시기를 기도합니다. 하나님의 은혜로 나를 믿음으로 사는 새로운 사람, 하나님을 경외하는 하나님의 사람이 되게 하시기를 기도합니다. 날마다 이렇게 기도하면서 옛사람을 십자가에 못을 박으시기를 바랍니다. 옛사람이 죽어야 예수님이 주인이 되시는 것입니다. 예수님이 주인이 되어야 주님의 카리스마가 자신을 통하여 100% 나타나는 것입니다. 자신이 죽지 않으면 절대로 주님의 카리스마는 나타나지 않습니다.

첫째, 하나님의 기뻐하시는 일을 해야 카리스마가 나타난다.

예수님께서도 자신의 의지를 내려놓고 하나님께서 기뻐하시는 일을 하셨습니다. 우리는 예수님의 순종을 배워서 적용해야 주님의 카리스마를 나타낼 수가 있는 것입니다. 예수님께서는 세상에 천국을 건설하려고 사람의 몸을 입고 오셨습니다. 예수님께서 공생애에 하신 일을 보면 아버지께서 가르치신 대로 하셨습니다. 요한복음 8장 28절에 "또 내가 스스로 아무것도 하지 아니하고 오직 아버지께서 가르치신 대로 이런 것을 말하는 줄도 알리라" 라고 하셨습니다. 이 말씀은 "예수님은 하나님 말씀 그대로 순종하셨음"을 의미합니다.

예수님은 하나님의 아들이면서 하나님이십니다. 그럼에도 예수님은 철저히 하나님의 말씀에 순종하셨습니다. 예수님의 5가지 생애 즉 ①탄생, ②십자가 죽으심, ③부활, ④승천, ⑤재림도 하나님께서 말씀하신 대로 순종하신 것입니다. 예수님은 하나님의 말씀에 절대적으로 순종하셨습니다.

항상 아버지가 기뻐하시는 일을 하셨습니다. 요8:29절에 "나를 보내신 이가 나와 함께 하시도다. 나는 항상 그가 기뻐하시는 일을 행하므로 나를 혼자 두지 아니하셨느니라."라고 말씀하셨습니다. 이 말씀은 예수님은 "하나님이 기뻐하시는 일을 하셨음"을 의미합니다. 예수님은 하나님께서 기뻐하시는 일을 하셨습니다. 우리도 하나님이 기뻐하시는 일을 하면서 살아야 합니다.

많은 사람을 믿게 하셨습니다. 요8: 30절에 "이 말씀을 하시매 많은 사람이 믿더라" 라고 하셨습니다. 이 말씀은 예수님은 "많은 사람을 구원하셨음"을 의미합니다. 눅4장 43절에 보면 예수님께서 이 땅에 오신 목적이 나옵니다. 기적을 체험하게 하여 믿게 하는 전도입니다. 예수님은 전도하기 위해 이 땅에 오셨습니다. 그리고 많은 사람을 구원하셨습니다. 예수께서 온 갈릴리에 두루 다니시면서 그들의 회당에서 가르치시며 천국 복음을 전파하시며 백성 중의 모든 병과 모든 약한 것을 고치셨습니다(마4:23). 하나님께서 살아서 역사하시는 것을 친히 보여주신 것입니다. 예수님께서 이 땅에 천국을 건설하려고 오신 것을 이방인들이 눈으로 보고 믿게 하신 것입니다. 기적을 행하신 것입니다. 천국을 체험하게 하신 것입니다. 예수님의 소문이 온 수리아에 퍼졌습니다. 그러자 사람들이 모든 앓는 자 곧 각종 병에 걸려서 고통당하는 사람을 데리고 나와서 고침을 받았습니다. 귀신 들려서 고통당하는 자들을 귀신으로부터 해방시켜주셨습니다. 간질 하는 사람을 데리고 나와서 치유 받았습니다. 중풍병자들을 데려오니까 그들을 고치셨습니다(마4:24). 기적을 체험하니 갈릴리와 데가볼리와 예루살렘과 유대와 요단 강 건너편에서 수많은 무리가 따랐다고 성경을 말씀하고 있습니다(마 4:23-25).

이제 우리가 이일을 해야 합니다. 관념적인 믿음으로는 사명을 감당할 수가 없습니다. 하나님의 살아계심을 세상에 증명하지 못하기 때문입니다. 그렇게 되면 하나님과 상관이 없는 크리스천이 될 수가 있습니다. 관념적이 되지 않기 위하여 하나님은 성령으로 세례를 받으라고 말씀하십니다. 예수를 믿으면서도 오만가지 문제와 고통을 당하면서 사시는 분들을 보면 모두가 하나같이 관념적인 믿음 생활을 했다는 것입니다. 그래서 고린도전서 4장 20절에서 "하나님의 나라는 말에 있지 아니하고 오직 능력에 있음이라" 하신 것입니다. 필자는 목회자와 성도들을 영적으로 바꾸며 치유를 전문으로 사역하는 목사입니다. 제가 15년이 넘도록 사역을 하면서 체험한 바로는 성령으로 세례 받아 체험적인 믿음이 되지 못하니 자신의 상처와 자아와 혈통의 문제를 해결 받지 못하여 30년을 믿어도 여전하게 불통의 생활을 하고 있었습니다. 불통의 세월뿐만이 아니라, 오만가지 문제와 상처와 정신적이고 영적인 문제로 고생하고 있었습니다. 물론 전부 다는 아닙니다. 일부 성도들이 세상 사람들과 똑 같은 문제로 고생을 하면서 살아갑니다. 이는 예수를 믿고 교회에 나와 성령으로 세례를 받아 전인격을 성령이 지배하게 하여 섞인 세상 것을 정화하지 못한 연고입니다.

반드시 크리스천은 말씀과 성령으로 섞인 세상 것을 해결해야 하나님께서 원하시는 마음천국과 아브라함의 복을 받습니다. 왜냐하면 "세례 요한의 때부터 지금까지 천국은 침노를 당하나니 침노하는 자는 빼앗느니라(마 11:12)" 하셨기 때문입니다. 성령으로 세례를 받아야 성령의 권능으로 살아계신 하나님을 증명하면서 살아갈 수가 있습니다.

둘째, 절대적으로 순종하는 모세를 본받아야 한다. 예수님의 카리스마를 나타내면서 살아가려면 모세를 닮아야 합니다. 모세는 하나님과 대면하면서 하나님께서 지시하는 대로 순종하는 카리스마적 권능입니다. 하나님의 카리스마적 권능이 모세를 통하여 100% 나타나는 것입니다. 모세는 이스라엘의 역사에서 가장 우뚝한 인물입니다. 그는 어느 특정 범주에 갇히지 않는 멀티플 레이어형 영도자였습니다. 그는 본디 레위 인들의 가문에 속하였지만(출2:1), 예언자이자(신34:10), 입법자요, 판관(행6:14), 곧 영도자로서 이스라엘 백성을 약속된 땅까지 인도하는 역할을 수행했습니다. 요즈음으로 치면, 입법·사법·행정 3권을 관장했을 뿐 아니라, 종교적 리더십까지 행사했던 셈입니다. 후대 역사가들은 그의 독보성을 이렇게 집약합니다. "그 후에는 이스라엘에 모세와 같은 선지자가 일어나지 못하였나니 모세는 여호와께서 대면하여 아시던 자요, 여호와께서 그를 애굽 땅에 보내사 바로와 그의 모든 신하와 그의 온 땅에 모든 이적과 기사와 모든 큰 권능과 위엄을 행하게 하시매 온 이스라엘의 목전에서 그것을 행한 자이더라(신 34:10-12)"

하나님과의 대면 대화, 이집트 파라오를 제압한 온갖 기적들, 시내산에서 받은 십계명 등 희대의 사건들을 통해 드러난 모세의 면면에 대한 칭송입니다. 워낙에 교양의 일환으로도 두루 알려진 바이니, 그가 하나님의 권능을 빌려 연출한 이스라엘 백성의 이집트 탈출 및 광야 행군을 굳이 상세히 기술할 필요는 없을 것입니다. 전대미문의 카리스마! 도대체 그것이 발원된 비밀은 무엇일까요? 신명기는 그 답을 한 문장으로 제시합니다. "이 사람 모세는 온유함이 지면의 모든 사람보다 더하더라(민 12:3)" 주님께서는 모세의 충실함과 온유함을 보시고 그를 거룩하게 하시어 만인 가운데에서 그를 선택하셨습니다.

무슨 주석과 설명이 더 필요하겠습니까? '겸손'과 '온유'는 '순종'의 덕과 같은 과에 속하는 단어들로서, 사실상 순종을 가리킵니다. 모세는 온전하게 순종하였습니다. '충실함'은 '충직'을 가리킵니다. 요컨대, 모세의 카리스마는 100% 하나님 표 권능이라는 말입니다. 하나님 일에 부름 받은 이들이 반드시 가슴에 새겨두어야 할 대목입니다. 어디에서나 모세는 없었습니다.

출애굽 하는 그날 그 장관? 경천동지(驚天動地)할 기적들? 홍해 바다의 갈라짐? 돌 판에 새겨진 십계명? 거기 모세는 없었습니다. 오직 하나님만 존재했을 뿐입니다. 모세는 그저 즐거운 바지 슈퍼맨, 진짜배기는 여호와 하나님이십니다. 카리스마? 말뜻 그대로 깡그리 그분으로부터 받은 것입니다. 그냥 분부하신 대로 따랐더니, 그냥 한눈팔지 않고 끝까지 의리를 다했더니, 천하를 호령할 권능이 하늘에서 마구 쏟아졌을 뿐. 내 손에 들린 지팡이가 증언합니다. "여호와는 말의 힘이 세다 하여 기뻐하지 아니하시며 사람의 다리가 억세다 하여 기뻐하지 아니하시고, 여호와는 자기를 경외하는 자들과 그의 인자하심을 바라는 자들을 기뻐하시는 도다(시편 147,10-11)” 말씀하십니다.

우리는 모세의 형형한 눈에 반하지 말고, 우주 끝에서 끝을 꿰뚫는 하나님의 안광에 빠져야 합니다. 모세를 경탄치 말고, 모세의 막후 여호와 하나님을 숭상해야 합니다. 카리스마적 권능을 갖고자 하는 분들에게 모세는 비밀이자 비결이자 답입니다. 큰일을 꿈꾸는 자들이 도대체 무엇을 구비해야 하는지, 그것을 가르쳐 주는 선생님입니다. 주님 앞에 겸손한 자, 곧 순종하는 자만이 바다를 가르는 카리스마를 행할 수 있음을 깨닫게 합니다. 자신이 철저하게 죽어야 모세와 같은 카리스마가 나타나는 것입니다.

셋째, 믿음과 행위가 일치하는 삶을 살아야 한다. 예수님의 카리스마가 자신을 통하여 100% 나타나게 하려면 믿음과 행위가 일치하는 실재적이고 체험적인 삶을 살아야 합니다. 교회 안에는 크게 두 종류의 그리스도인이 있습니다. 하나는 이름뿐인 명목상의 그리스도인이고, 다른 하나는 믿음과 행위가 항상 일치하는 참 그리스도인입니다. 교회에는 하나님을 형식적으로 예배하는 자가 있는 반면에, 그 분을 영과 진리로 예배하는 자가 있습니다. 마음은 세상 것을 좇으며 신앙생활 하는 자가 있는 반면에, 하나님께 마음을 온전히 바치는 자가 있습니다.

자기유익을 위해서는 악한 것도 행하는 자가 있는 반면에, 악을 멀리하고 항상 선한 일을 행하는 경건한 자가 있습니다. 믿음과 행동이 따로 노는 자가 있는 반면에, 말씀을 믿고 믿음대로 행하는 자가 있습니다. 세상과 하나님을 동시에 섬기려는 자가 있는 반면에, 하나님만을 항상 사랑하고 신뢰하며 그 분께 순종하는 자가 있습니다. 믿음을 고백하면서 마음에 사랑이 없는 자가 있는 반면에, 이웃을 내 몸처럼 사랑하는 자가 있습니다.

죄를 의식하고 회개하지 않는 자가 있는 반면에, 항상 죄를 깨닫고 회개하며 죄를 혐오하는 자가 있습니다. 세상과 타협하며 죄를 대수롭지 않게 여기는 자가 있는 반면에, 세상과 죄를 이기고 이기며 죄의 심각성을 느끼고 오직 예수님만을 믿고 의지하는 자가 있습니다.

넓은 길을 좋아하는 육신에 속한 교인이 있는 반면에, 항상 자신을 부인하고 예수님만을 따르며 좁은 길을 걸어가는 알곡인 그리스도인이 있습니다. 신앙생활을 오래하였다고 영적 교만에 빠진 자가 있는 반면에, 항상 겸손하고 주님 앞에서 마음과 몸을 낮추는 자가 있습니다. 자기는 하나님의 자녀라고 의기양양 하는 자가 있는 반면에, "주여! 저는 죄인이로소이다. 긍휼히 여겨 주옵소서"라고 애통하는 자가 있습니다. 하나님은 항상 자기편이라며 하나님을 말랑말랑하게 보는 자가 있는 반면에, 하나님을 두려움과 떨림으로 경외하는 자가 있습니다. 관념적으로 성령세례 받았다고 자랑하는 자가 있는가하면, 성령으로 세례를 받기 위하여 노력하는 자가 있습니다. 성경을 많이 알고 열심히 하는 것으로 믿음의 분량을 가늠하는 자가 있는가 하면, 자신이 생명의 말씀과 성령으로 지배를 받아 자신을 통하여 예수님의 카리스마가 100% 나타나기를 사모하면서 믿음 생활하는 크리스천이 있습니다.

　그렇다면, 교인들 중에서 이처럼 엄청나게 차이를 보이는 이유가 무엇일까요? 그것은 바로 "성령으로 체험적인 세례를 받고 거듭남"에 있습니다. 참 그리스도인은 성령으로 마음이 변화된 자이고, 이름뿐인 그리스도인은 마음이 변화되지 못한 자입니다. 거듭남은 바로 "마음의 변화"를 의미합니다. 마음의 변화는 성령의 역사로만 가능한 것입니다. 마음이 변화가 되어야 예수님의 카리스마가 100% 나타나게 됩니다. 마음이 변화가 일어나는 것은 우리의 힘과 의지로는 변화의 한계가 있지만, 성령은 우리에게 철저한 마음의 변화를 일으켜 줍니다.

　성령님이 우리에게 임하시면, 성령으로 세례를 베풀어 주시고, 우리로 하여금 죄를 깨닫고 회개시켜 주며, 우리를 거듭나게 하면서 철저하게 잠재의식을 정화하시면서 "내적 변화"를 일으켜 주십니다. 예수님이 이르시기를 "사람이 물과 성령으로 (거듭)나지 아니하면 하나님 나라에 들어갈 수 없느니라."(요 3:5). 여기서 예수님의 말씀은 마음의 변화를 의미하는 것으로써, 마음이 변화되어 생명의 말씀과 성령으로 세례 받고 거듭난 자만이 하나님 나라에 들어갈 수 있다는 것입니다. 즉 "말씀과 성령으로 거듭남 없이 구원 없다"라는 뜻입니다. 생명의 말씀과 성령으로 거듭나지 않으면 예수님의 카리스마는 나타나지 못합니다. 명목상 신자가 되는 것입니다. 관념적인 신자가 되는 것입니다. 반드시 생명의 말씀과 성령으로 세례를 받아 거듭나야 합니다. 생명의 말씀과 성령으로 세례를 받아 거듭나서 지금 천국을 누려야 합니다.

거듭남이란 뜻을 거볍게 생각지 마십시오. 비유로 말씀드리면 거듭남이란, 애벌레가 어두운 땅속에서 몇 년간 기어 다니는 삶을 마치고 성충이 되어 나비나 매미로 변신하는 과정과 흡사한 것으로써, 사람이 성령으로 옛 사람에서 새 사람으로 다시 탄생되는 것을 말합니다. 이러한 "성령으로 체험적인 세례를 받고 거듭남"은 반드시 성령으로 이루어지는 참된 회개(회심)를 전제로 합니다. 사람이 성령으로 참된 회개를 하게 되면, 죄가 단지 싫어하는 정도가 아니라, 죄를 혐오스럽게 느끼고 죄를 가장 미워하게 됩니다.

생각만으로도 악한 것이 떠오르면 심히 괴로워하고 주님께 통회자복하며 머릿속에서 지워지기를 간구합니다. 죄에 대해 민감한 반응을 일으키며 죄라면 진절머리를 내고는 도망칩니다. 참된 회개를 한 자는 날마다 죄와 싸우며 매일매일 알고 모르게 지은 죄를 회개합니다. 그리고 예수님이 "나의 주님" "나의 구세주"로 조금도 의심 없이 확실하게 믿어집니다.

예수님이 다름 아닌 "나의 죄" 때문에 십자가의 고난을 받고 피 흘려 죽으셨다는 것이 뼈아프게 느껴지면서 굵은 "회개의 눈물"을 뚝뚝 흘리게 됩니다. 예수님이 죽음에서 부활하셨듯이 나도 죽음을 이기고 믿음으로 예수님과 함께 부활할 수 있다는 확신이 마음에 아로새겨집니다. 그리고는 세상으로 향했던 마음이 예수님께로 확 끌려집니다. 세상과 나보다 예수님을 더욱 지극히 사랑하게 됩니다. 이제는 예수님 없이는 한 순간도 숨을 못 쉽니다. 예수님께 꼭 달라붙어 있고 싶어 하며 예수님과 떨어진다고 생각하면 괴로워 못 견딥니다.

하루일과 중에도 항상 예수님을 생각하고 묵상합니다. 걸어다니는 성전의식을 가지고 자신 안에 계신 예수님께 집중합니다. 예수님을 생각만 해도 그 분을 너무나 사랑하기에 금방 눈가에 눈물이 고입니다. 예배를 드리게 될 때는 머리 숙여 "주여! 저는 죄인이로소이다, 제 죄를 용서해 주시고 저를 변화시켜 주옵소서."라고 가슴을 치며 눈물로 통회합니다. 그리고는 주님을 경배, 찬양, 감사하게 될 때 주님을 향한 지극한 사랑의 기쁨으로 넘쳐납니다. 항상 주님을 위해 해드린 것이 없다고 생각하면서 안타까워하고, 남은 인생을 아낌없이 주님이 기뻐하시는 일을 하다가 죽기를 간절히 소망합니다.

예수님과 떨어진다는 것은 곧 죽음을 의미한다고 생각합니다. 바로 그렇습니다. 예수님은 인간들을 죄로부터 구원하기 위해서 이 땅위에 육신을 입고 오신 우리의 구세주, 참 하나님이십니다. 예수님이 죄인을 구원하실 때 크게 두 가지를 행하십니다. 예수님은 자신의 백성을 구원하기 위하여 성령을 보내주십니다. 첫째로 성령을 받아 진심으로 회개하는 영혼에게 죄를 깨끗이 씻어주시고 값없이 용서해 주십니다. 이것이 바로 "칭의"입니다. 둘째가 새로운 사람으로 다시 태어나게 하십니다. 이것이 바로 "거듭남(중생)"입니다. 칭의와 거듭남은 구원에 절대적으로 필요한 것으로써 서로 분리될 수 없는 것입니다.

칭의를 받은 사람은 거듭난 사람이고, 거듭난 사람은 칭의를 받은 사람입니다. 이러한 칭의와 거듭남은 바로 성령님의 역사입니다. 성령은 하나님, 예수님 또는 그리스도의 영이라고 불리 우시는 삼위일체 하나님이십니다. 로마서 8장 9절에 의하면, "누구든지 그리스도의 영이 없으면 그리스도의 사람이 아니라" 즉, 성령으로 세례를 받아야 참 그리스도인이라는 뜻입니다.

그리스도인이라면 누구나 다 반드시 성령으로 세례를 받아야 합니다. 우리가 성령을 받아야 "참된 회개"를 하고 참 믿음의 그리스도인이 되면서 성령으로 거듭나는 변화의 체험을 할 수 있기 때문입니다. 그래서 예수님이 사역을 다 마치시고 하늘로 승천하시면서 제자들에게 마지막으로 당부하신 말씀이 "너희는 성령으로 세례를 받으리니"(행 1:5). 우리가 성령세례를 받기 위해서는 겸손하고 주님 앞에서 마음을 낮추어야 합니다. "하나님은 교만한 자를 대적하시되 겸손한 자들에게는 은혜를 주시느니라."(벧전 5:5). 예수님이 네 가지 땅에 떨어진 씨 비유를 말씀하시면서 마음 밭이 착하고 좋은 사람은 말씀을 듣고 지키어 30배, 60배, 100배의 결실을 맺는다고 하셨습니다. 이것은 바로 회개의 합당한 열매, 즉 거듭남을 통해 이루어지는 것입니다.

농부가 씨를 뿌리기 위해 밭을 갈아 업듯이 성령으로 사람의 마음 밭이 갈아 업어져야 말씀의 씨앗을 잘 받고 사람이 합당한 열매를 맺는다는 것입니다. 예수님께서 말씀하시기를 "좋은 나무마다 아름다운 열매를 맺고 못된 나무가 나쁜 열매를 맺나니" (마 7:17). "아름다운 열매를 맺지 아니하는 나무마다 찍혀 불에 던져지느니라."(마 7:19).

그래서 사람이 수많은 인고의 세월을 보내면서 고난을 겪으며 자기연단과 훈련을 통해 겸손해지고 마음이 낮아지면서 하나님의 은혜로 합당한 열매를 맺을 수 있는 마음의 준비 자세가 갖추어지나 봅니다. 지금 고난을 심히 겪고 계신 분은 힘든 광야생활을 끝까지 견디어 승리 하십시오. 하나님께서 당신을 지극히 사랑하시어 낮추시고 시험하사 마침내 복을 주시기 위함입니다.

예수님이 말씀하기를 "너희 의가 서기관과 바리새인보다 더 낫지 못하면 결단코 천국에 들어가지 못하리라"(마 5:20). 이 말씀의 뜻은 위선된 서기관과 바리새인처럼 사람이 회개하지 않고 성령으로 거듭나지 아니하면 의롭다함을 받지 못하고 구원받을 수 없다는 것입니다. 또한 그 때에 내가 그들에게 밝히 말하되, "내가 너희를 도무지 알지 못하니 불법을 행하는 자들아 내게서 떠나가라"(마 7:23).

여기서 불법을 행하는 자들이란 성령으로 거듭나지 아니하고 하나님 말씀대로 살지 않은 자들을 의미합니다. 이처럼 성령으로 회개하고 거듭남은 우리에게 절체절명으로 중요한 것이고 구원의 필수적 요소입니다. 그러나 오늘날 적지 않은 교회들이 오직 "믿기만"을 강조하면서 "믿기만 하면 구원된다."고 가르칩니다. 오직 "믿음"만을 강조한다고 쉽게 믿어지는 것이 아닙니다.

또 구원의 확신을 강요한다고 쉽게 확신되는 것이 아닙니다. 믿음은 성령으로 이루어져야 "참 믿음"이 되는 것이고, 사람의 머리나 지식으로 이루어지는 것이 아닙니다. 따라서 우리는 성령으로 이루어지는 "참된 회개"와 "거듭남"의 의미를 바르게 알고 주님께 성령을 간절히 간구합시다. 주님은 구하고 찾는 자에게 반드시 성령을 보내 주시겠다고 약속하셨습니다. 또한 주님은 각 사람이 은혜를 받을만한 적당한 때에 은혜를 베풀어 주심을 우리는 기억하면서 인내로 그 때를 기다립시다.

교회 각 교파마다 가르치는 교리가 약간씩 다릅니다. 자기가 속한 교파 교리만이 옳다고 주장하는 것은 바람직하지 않습니다. 우리에게 가장 중요한 것은 "예수님의 말씀"입니다. 예수님의 말씀이 유일한 진리이기 때문입니다. 필자는 이렇게 말하고 싶습니다. 사람이 만든 교리가 중요한 것이 아니라, 하나님의 말씀을 성령으로 깨달아 확신을 갖는 것입니다. 사람의 논리가 구원을 할 수가 없습니다. 성령의 인도로 구원에 이르게 됩니다. 성령으로 깨달아 확신을 갖아야 합니다. 구원은 하나님과 나와의 일대 일 관계 입니다. 어느 교파, 어느 누가 나를 대신해서 구원해 줄 수 없습니다.

14장 카리스마로 주변 환경을 장악하라.

(요 14:12-14)"내가 진실로 진실로 너희에게 이르노니 나를 믿는 자는 내가 하는 일을 그도 할 것이요 또한 그보다 큰일도 하리니 이는 내가 아버지께로 감이라. 너희가 내 이름으로 무엇을 구하든지 내가 행하리니 이는 아버지로 하여금 아들로 말미암아 영광을 받으시게 하려 함이라. 내 이름으로 무엇이든지 내게 구하면 내가 행하리라"

하나님께서는 크리스천들이 카리스마로 영적세계와 주변 환경을 장악하기를 소원하십니다. 주님으로부터 흘러나오는 카리스마를 사용해야 하나님의 나라가 견고해집니다. 마귀는 이 세상 임금으로 지금도 불순종하는 영 가운데 역사합니다. 마귀는 눈에 보이지 않지만, 사람들이 부패하고, 죄 짓고, 시험 들고, 타락하는 것을 보면서 마귀가 실재한다는 것을 알게 됩니다. 이렇게 마귀는 눈에 보이지 않지만, 그가 저질러 놓은 일들은 현저합니다. 모든 불의 배후에는 악의 실체가 존재합니다.

마귀는 눈에 보이지 않으나 실존합니다. 우리는 보통 귀신이 병을 일으키는 원인이라고 합니다. 없던 병이 생기는 것은 귀신들이 실제로 역사하고 있다는 것이며, 그들을 부리는 마귀 또한 실존합니다. 그리고 귀신이 부부 사이를 갈라놓으니까, 의처증, 의부증이 생깁니다. 그것은 영적인 문제입니다. 성경에도, 이미 그 조직이 통치자와 권세와 하늘의 주관자들과 어둠의 주관자들과 하늘의 악령들이라고 그 종류까지 다 말해 놓았습니다. 우리 주 예수께서도 사단의 나라라고 했습니다. 실재하고 있는 나라입니다. 영이라 보이지는 않지만 실재하고 있는 나라이기 때문에 실제 살아서 역사하시는 성령의 권능으로 쫓겨나가는 것입니다.

첫째, 믿는 자는 예수님이 위임한 권능(카리스마)이 있다. 분명하게 성령으로 난 믿음의 위력을 가진 사람들은 이 마귀의 능력을 부인할 힘이 있다는 것을 지금 말하고 있는 것입니다. 우리가 귀신의 일을 꾸짖고, 그가 하는 일들을 중단하도록 쫓아버리는 능력이 바로 믿는 자에게 있는 카리스마 힘입니다. 마귀 귀신이 실존하는 것처럼 성령님께서도 영이시라 실재 보이지는 않지만 실존하는 권능인 것입니다. 그러나 반드시 성령으로 세례를 받은 크리스천이 예수님의 이름으로 명령할 때 귀신이 물러가는 것입니다. 우리는 그것을 성경에서 배웠습니다. 예수 이름 앞에서 귀신들이 자기의 일들을 다 포기하고 떠나는 것을 보았습니다. 누가복음 10장 19절에 "내가 너희에게 뱀과 전갈을 밟으며 원수의 모든 능력을 제어할 권세를 주었으니, 너희를 해할 자가 결단코 없으리라" 이것이 주님이 주신 권세입니다. 우리는 이 권세(카리스마)가 있기 때문에 마귀의 능력을 부인할 수 있는 힘이 있습니다. 마귀의 능력을 훼파할 권세가 있는 것입니다. 만약에 성령의 권능이 없는 자신의 힘으로 귀신아 떠나가라. 하면, 귀신은 떠나가지 않습니다. 귀신은 사람의 힘이나 능력으로 이길 수가 없기 때문입니다. 그러나 성령으로 거듭난 우리는 그런 카리스마가 있기 때문에 꾸짖는 것이고, 바로 이렇게 성령의 임재가운데 권위 있게 명령할 때에 귀신들이 우리 앞에서 복종하는 것입니다.

마귀의 힘을 부정할 수 있는 능력이 성령으로 난 믿음입니다. 성령으로 난 믿음의 위력을 가진 사람들이 당연히 마귀의 일을 꾸짖을 힘이 있습니다. 그러니까 마귀의 능력을 제어할 수 있는, 그것을 억압하고 꾸짖고, 물리칠 수 있는 힘을 믿는 우리에게 성령으로 주셨습니다. 그것이 성경이 계시하신 믿음입니다. 이제는 우리 자신이 그 힘을 드러내라는 것입니다. 다시 말하면 예수의 이름을 사용하라는 것입니다. 예수님이 주신 카리스마를 사용하라는 것입니다. 예수의 이름을 사용하라는 것은, 다시 말하면, 마귀의 능력을 부인할 힘을 드러내라는 것입니다.

"믿는 자에게는, 마귀의 능력을 부인할 힘이 있다!" 하나님의 말씀을 신뢰하는 순간부터 우리의 의지는 견고해집니다. 예수님이 위임한 권능(카리스마)를 사용해야 합니다. 지금 사람들이 자기 의지가 하나님의 말씀과 자꾸 갈등을 일으키니까 믿음이 없는 것입니다. 예수님께서 가지신 카리스마가 자신 안에 있다는 믿음이 있어야 합니다. 우리가 하나님의 말씀을 시인하고, 또 인정하고 그 말씀을 의지하면 나중에는 그 말씀과 우리의 의지가 결코 분리될 수 없습니다.

말씀을 많이 읽고 말씀을 많이 사용하면, 나중에는 그 말씀이 그대로 그냥 함께 나오는 것을 느낄 수 있습니다하면, 1단계는 믿는 자에게는 마귀의 능력을 부인할 힘이 있다! '믿는 자에게는 마귀의 능력을 부인할 힘이 있다' 곧 그 힘을 드러내는 것이 바로 예수의 이름을 사용하는 것입니다. 다시 한 번 정리 하면, 1단계는 믿는 자에게는 마귀의 능력을 부인할 힘이 있다! 다음 2단계로는, 예수 이름을 사용해서 그 힘을 드러내라는 것입니다.

능력(카리스마) 있는 신앙생활을 하기 위해서 우리는 이제부터 행동해야 하는데, 그것은 바로 성경대로 믿고 그대로 순종하는 것입니다. 성경대로 믿고 순종하는 것 이상으로 능력 있는 것이 없습니다. 지금 우리가 말씀을 못 들어서, 말씀을 많이 못 배워서 능력이 없는 것이 아닙니다. 이제 믿음이 마귀를 이기는 능력이라는 것을 알았다면, 그것을 알게 한 성경을 그대로 믿고 성령의 감동에 순종하는 겁니다. 성령님이 감동하시는 것에 대하여 순종하기를 겁낸다면 그 다음의 이적은 기대할 수 없습니다.

성령의 감동에 순종할 때 카리스마가 나타납니다. 인간의 생각은 그 자체가 부정적이어서 귀신에게 이용당하기가 쉽습니다. 그래서 할 수 없다는 말을 많이 합니다. 그러나 주님의 말씀은 능치 못함이 없습니다. 그러니까 그 말씀이 이루어 질 때까지 우리는 순종하는 것입니다. 의심이 배어 있는 순종은, 처음부터 이적을 기대할 수 없습니다. 자기 마음에서 의심을 제거하고, 계속 순종하는 것입니다. 하나님께서 우리 손을 그의 권능의 지팡이로 쓰실 때까지 순종하라는 것입니다. 이것이 세상을 이기는 믿음입니다. 마귀가 더 이상 그 능력을 우리 앞에서 주장할 수 없도록, 순종하시기 바랍니다.

능력 있는 신앙생활은 성경대로 믿고 성령의 감동에 순종하는 것입니다. 왜냐하면 우리는 이미 믿음으로 세상을 이긴다는 증거를 받았기 때문입니다. 이제는 그것을 내가 얻을 차례입니다. 성경에는 하나님께서 그 아들을 보내사 마귀의 권세를 이미 다 깨뜨렸다고 말씀했습니다. 이제 우리에게는 이김만 남겨 놓으시고, 싸우라 하시는데, 왜 우리가 이 믿음을 가지고서 방황하겠습니까? 믿음을 쓰지 않는 것 자체가 방황하는 것입니다. 믿음 없는 것부터가 방황하는 것입니다. 이제부터 우리 모두는 일평생 방황하지 않고 믿음을 사용하여 능력 있는 신앙생활을 할 수 있기를 예수 이름으로 축원합니다.

둘째, 예수 이름의 권세(카리스마)는 언제 누구에게 나타날까.
그럼 과연 예수 이름의 권세는 언제 누구에게 나타나는 것일까요? 먼저 생각할 것은 "우리가 이 땅에서 예수 그리스도의 이름을 부르는 의미를 알라" 기도는 나를 위한 것이 아니라 하나님을 위한 것임을 잊지 말아야 합니다. 즉 예수 이름을 사용하는 목적이 나를 위함이 아니라, 하나님의 영광을 위함이어야 한다는 것입니다. 예수의 이름은 내가 하나님을 이용하도록 주신 것이 아니라, 하나님께서 나를 사용하시기 위해 주신 이름이라는 말씀입니다.

그럼, 우리가 언제 어떻게 하나님을 영화롭게 할 수 있을까요? 1)그의 나라와 의를 구하는 것이며, 2)우리가 이 땅에서 믿음으로 예수 그리스도의 이름으로 선포할 때입니다. 이 땅에서 우리가 예수의 이름으로 어둠을 몰아내고 질병을 물리치고 귀신을 쫓아내고 하나님나라를 이룰 때, 아들의 이름을 통해 아버지가 영광을 받으신다는 것입니다. 요14:14에 예수님은 우리가 예수 이름으로 기도할 때 친히 보증하시고 응답해주시겠다고 약속하셨습니다. 그 이유는 그 일을 통해 아버지께 영광을 돌리기 원하시기 때문입니다.

따라서 우리가 예수의 이름으로 기도를 하는 것은 하늘에서 그 나라가 이루어지는 것같이 이 땅에서도 이루어질 수 있도록 하여 아버지를 영화롭게 하는 기회를 드리는 일입니다. 그런데 예수님의 이름으로 권능을 행사하려면 자신 안에 하나님의 나라가 이루어져야 합니다. 하나님은 분명하게 "그런즉 너희는 먼저 그의 나라와 그의 의를 구하라 그리하면 이 모든 것을 너희에게 더하시리라(마 6:33)" 하셨기 때문입니다. 자신 안에 하나님의 나라 권능으로 귀신들이 물러가기 때문입니다.

우리는 마귀가 장악하는 세상에서 자신의 열심이나 행위로 직접 하나님의 의를 이룰 수 없습니다. 자신은 예수를 믿을 때 죽었습니다. 자신의 힘으로는 마귀가 물러가지 않습니다. 자신의 권위가 마귀의 권위보다 한 차원 약하기 때문입니다. 그러나 예수를 믿고 성령으로 세례를 받고 성령의 임재가운데 명령하면 마귀보다 한 차원 높기 때문에 귀신들이 물러가는 것입니다. 그래서 성경에 성령으로 기도하며 예수님은 내 이름을 사용하라 하신 것입니다. 따라서 우리가 이 땅에서 살며 하나님 아버지를 위해 할 수 있는 일은 바로 예수 그리스도의 이름을 사용하여 열매를 맺어 하나님을 영광되게 하는 것입니다.

"너희가 내 안에 거하고 내 말이 너희 안에 거하면 무엇이든지 원하는 대로 구하라 그리하면 이루리라 너희가 과실을 많이 맺으면 내 아버지께서 영광을 받으실 것이요 너희가 내 제자가 되리라(요15:7-8)" 이런 크신 약속(기도)를 주셨지만 예수 믿어 구원받은 자녀들이 성령으로 기도하지 않는 것은 우리를 통해 받으실 영광에 손상을 입히고 마귀를 간접적으로 돕는 큰 범죄를 저지른 게으르고 악한 종의 모습입니다. 예수 이름을 부르는 것은 먼저 하나님께 영광이요, 개인의 구원을 누리며 영광가운데 사는 기회가 되는 것입니다.

예수님이 살아 계셨을 때는 제자들은 예수님께 필요한 것을 직접 요청했고, 예수님은 아버지의 뜻대로 모든 것들을 행하셨습니다. 그래서 많은 그리스도인들이 예수님이 행하신 일을 성경에서 읽고 이런 생각을 합니다. "나도 2천 년 전에 이스라엘에서 태어났더라면 참 좋았을 것을…. 그러면 예수님을 만날 수 있고, 나의 모든 문제를 물어보고 해결해 주실 수 있었을 텐데…."

그러나 섭섭해 할 필요가 없습니다. 물론 예수님을 친히 보고 싶은 마음은 이해하지만, 여기에 머무른 자는 예수님과 성경을 모르는 자입니다. 예수님은 십자가에 못 박히기 전에 제자들에게 "조금 있으면 너희가 나를 보지 못하겠고 또 조금 있으면 나를 보리라(요16:16)" 하셨고, "지금은 너희가 근심하나 내가 다시 너희를 보리니 너희 마음이 기쁠 것이요 너희 기쁨을 빼앗을 자가 없느니라(요16:22)" 말씀하셨습니다. 또한 "지금까지는 너희가 내 이름으로 아무것도 구하지 아니하였으나 구하라 그리하면 받으리니 너희 기쁨이 충만하리라(요16:24)" 약속하셨습니다.

본문에서 예수님은 분명히 나는 인간이 죄를 대신 지고 죽지만 우리가 그분을 곧 다시 볼 수 있으며, 그때는 놀라운 기쁨이 있을 것이라는 말씀입니다. 더 구체적으로 "내가 너희를 고아와 같이 버려두지 아니하고 너희에게로 오리라(요14:18)" "그날에는 내가 아버지 안에, 너희가 내 안에, 내가 너희 안에 있는 것을 너희가 알리라(요14:20)" 이 말씀은 삼위일체 되신 성령님의 내주는 곧 예수님과 함께 사는 것임을 알려 주신 것입니다. 그러므로 우리는 능력의 주님이 육신의 눈으로는 보이지 않지만, 각자 마음속에 있는 성전에 성령으로 함께하심을 볼 수 있는 것입니다. 문제는 영적으로 충만하지 못하여 육신대로 살기 때문에 내주하시는 성령님을 통해 알게 되는 예수님을 만나지 못하는 것입니다.

예수님을 만나는 것은 2천 년 전이나 지금이나 동일합니다.

예수님이 십자가에 못 박히신 후 부활하신 예수님을 경험할 때 기쁨이 충만했던 것처럼, 우리도 우리 안에 내주하신 성령님을 만나는 것은 곧 그리스도를 만나는 것으로 큰 기쁨을 누리게 됩니다. 제자들은 옆에 계신 주님을 보았고, 우리는 내 안에 계신 주님을 믿음으로 보는 차이밖에 없습니다. 제자들은 성육신하신 예수님께 모든 것을 요청했다면 우리는 나의 심령 속에 부활하신 예수님을 만날 때 별도로 요청할 필요 없이 우리가 직접그리스도의 이름을 사용하여 하나님께 직접 요청할 수 있다는 것입니다. "지금까지는 내 이름으로 아무것도 구하지 아니하셨으나 구하라 그리하면 받으리니"라는 말씀의 뜻이 이것입니다. 우리가 육신의 눈으로는 예수님을 만나볼 수는 없지만, 성령을 통해 예수님을 만날 수 있습니다.

그리고 성육신하셨던 시절에는 예수님이 직접 활동하셨다면, 지금은 내주하신 성령님이 우리를 통해 일을 하신다는 것입니다. 앞으로 세워질 하나님 나라는 우리가 어떻게 예수 이름을 사용하느냐에 달려 있습니다. 우리가 가진 재산은 예수 이름뿐입니다. 그런데 예수 이름을 어떻게 사용하고 있는가요? 예수 이름의 능력이 나를 통해 나타나고 있는가요? 믿음을 가지십시오.

하나님은 우리를 사랑하셔서 주신 예수 이름의 선물로 영혼 구원과 이 땅에 마귀를 멸하고, 저주를 제압하며, 하나님의 나라(뜻)을 이루는데 사용할 줄 알아야 합니다. 강조합니다. 예수 이름을 기도 끝날 때 사용하는 관용구 정도로 사용하지 말라는 것입니다. 예수 이름의 능력과 권세를 알지 못하면 쓸 수도 없고, 외친다고 할지라도 아무런 일도 일어나지 않을 것입니다.

많은 사람들이 문제를 해결받기 위해서 예수님의 이름으로 주님의 뜻을 구하고, 응답을 간청합니다. "하나님 아버지 당신이 살아 계시고 나를 불쌍히 여기시고 나의 일에 간섭하신다면 무슨 일이든지 좀 해 보세요" 그러나 대부분 응답 받지 못하고 물러납니다. 그러면서 기도에 대해 불신을 합니다.

여기서 우리가 붙들어야 할 말씀이 있습니다. 그것은 예수님이 2천 년 전 십자가에서 "다 이루시고 운명하셨다(요19:30)"는 것과 "무엇이든지 너희가 땅에서 매면 하늘에서도 매일 것이요 무엇이든지땅에서 풀면 하늘에서도 풀리리라(마18:18)"는 약속입니다. 예수님께서 다 이루시고 그 대가로 우리에게 주신 것이 바로 이 땅에서 승리할 수 있는 지상 최대의 무기인 예수 이름을 주셨다는 사실입니다. 우리는 늘 하나님이 어떤 일을 행하시길 기다립니다. 하지만 실제로 기다리시는 분은 하나님이십니다.

문제와 상황에 대해서 무엇인가 조치를 취해야 할 사람은 바로 자신입니다. 우리에게 이미 예수 그리스도의 이름을 허락하셨기 때문입니다. 이제 우리가 할 일은 하나님이 무엇을 해 주시기를 기다리는 것보다 우리가 예수의 이름을 사용하여 무언가를 이루는 것이 옳습니다. 주변의 환경에 대하여 예수 이름으로 명령하십시오. 성령님이 도움을 요청하십시오. 자신 안에 있는 카리스마를 내놓으십시오. 그러면 이루어집니다.

셋째, 비정상적인 것들을 행하여 카리스마를 사용하라. 우리가 바르게 알아야 합니다. 예수님이 육신을 입고 살아계실 때는 예수님께서 직접 말씀으로 바다를 잔잔하게 하시고, 죽은 자를 살리고, 병든 자를 고쳐주시고, 나병환자를 치유하여 주시고, 눈 먼 자를 보게 하시고, 귀신들을 쫓아내셨습니다. 지금은 우리 안에 계신 성령님의 감동을 받아 예수 이름으로 자신이 직접 명령할 때 초자연적인 역사로 기적이 일어나는 것입니다. 그렇기 때문에 성령의 감동에 순종하지 않으면 기적을 체험할 수가 없는 것입니다. 자신 앞에 일어나는 비정상적인 일들이 하나님의 일이며 성령의 감동을 예수이름으로 선초하면 해결이 된다는 믿음이 중요합니다. 성령으로 난 믿음이 없이는 예수님의 카리스마를 나타내지 못하는 것입니다. 자신은 예수를 믿을 때 죽었습니다. 지금은 예수님이 자신을 대신하여 사시는 것입니다. 그래서 믿음이 없으면 자신이 가진 권능(카리스마)를 사용하지 못하는 불신자나 다름이 없는 자가 되는 것입니다. 성령의 감동에 따라 자신 앞에 일어나는 비정상적인 것들을 향하여 담대하게 선포할 때 성령의 역사로 기적이 일어나는 것입니다. 성령의 임재가운데 예수님의 권능(카리스마)를 사용할 때 성령의 역사로 환경을 장악할 수가 있는 것입니다.

우리가 하나님께 부르짖을 때와 이 땅에 하나님의 뜻을 이루기 위해 선포할 때가 따로 있습니다. 예를 들어 설명합니다. 하나님께서 모세에게 "모세에게 너는 어찌하여 부르짖느뇨 이스라엘 자손을 명하여 앞으로 나가게 하고 지팡이를 들고 손을 바다 위로 내밀어 그것으로 갈라지게 하라 이스라엘자손이 바다 가운데 육지로 행하리라(출14:15-16)" 이 말씀을 비밀을 안다면 마16:19와 18:18의 비밀을 알게 됩니다. "내가 천국 열쇠를 네게 주리니 네가 땅에서 무엇이든지 매면 하늘에서도 매일 것이요 네가 땅에서 무엇이든지 풀면 하늘에서도 풀리리라(마16:18)" 중요한 것은 예수 이름의 특권과 권능은 예수 이름의 실체를 아는 자만이 제대로 쓸 수 있는 이름입니다.

각 사람의 이름이나 지명에는 다 뜻이 내포되어 있는 것처럼 예수 그리스도라는 이름에는 그 분의 속성이 내포되어 있습니다. 우리가 예수 이름으로 선포하면 그것은 그 이름의 실체가 지닌 속성을 나타내게 됩니다. 따라서 예수 이름을 제대로 사용하려면 우리는 예수님에 대해 제대로 이해해야 합니다.

우리가 예수 이름으로 명령할 때, 예수 그리스도의 이름이 내포하는 속성을 의거하여 선포하는 일이기 때문입니다. 우리가 예수 이름으로 선포하는 것은 하나님나라의 법적 근거와 공권력을 사용하는 것과 동일한 것입니다. 교통경찰이 도로의 차들을 통제할 수 있는 것은 국가가 저들에게 권한을 주었기에 사용하는 것입니다.

과연 예수님의 권세와 하신 일은 어디까지입니까? "하늘에 있는 자들과 땅에 있는 자들과 땅 아래 있는 자들로 모든 무릎을 예수의 이름에 꿇게 하시고(빌2:10)" "우리가 그리스도 예수 안에서 그의 은혜의 풍성을 따라 그의 피로 말미암아 구속 곧 죄사함을 받았으니(엡1:7)" "그리스도께서 우리를 위하여 저주를 받은바 되사 율법의 저주에서 우리를 속량하셨으니(갈3:13)"친히 나무에 달려 그 몸으로 우리 죄를 담당하셨으니 이는 우리로 죄에 대하여 죽고 의에 대하여 살게 하려 하심이라 저가 채찍에 맞음으로 너희는 나음을 입었나니(벧전2:24)"죄를 짓는 자마다 마귀에게 속하나니 마귀는 처음부터 범죄함이라 하나님의 아들이 나타나신 것은 마귀의 일을 멸하려 하심이니라(요일3:8)"

우리가 예수 이름으로 기도한다는 것은 예수 이름의 권세를 힘입어 기도한다는 것을 의미합니다. 그렇다면 우리는 예수 권세의 실체를 이해할 뿐 아니라 그분과 개인적인 관계를 맺어야 합니다. 1) 생명의 나눔이 없이는 그 이름을 사용할 수 없습니다. 자신은 예수님과 어떤 관계입니까? 내 안에 예수의 영이 있습니까?(롬8:9) 2)말씀에 순종입니다. 혹 약속한 말씀의 능력을 제한하고 있지는 않는가? 내 방법대로 살지 않습니까? 평소 그분과 친밀한 관계입니까? 3)주님의 뜻을 생각할 줄 알아야 합니다. 내가 아니라 주님이 나를 어떻게 생각하실까를 생각(자문)해보시기 바랍니다. 4)성령세례를 통하여 내가 죽어야 합니다. 반드시 성령으로 세례를 받아야 합니다. 자존자가 아니라 의존자로 살 때, 그분이 나의 심령뿐 아니라 나의 혼과 육을 다스리는 역사가 시작되는 것입니다. 우리는 성령의 감동에 순수하게 순종하는 것입니다. 순종할 때 성령께서 역사하시어 기적을 일으키시는 것입니다.

예수님은 언제 어떻게 아버지를 영화롭게 할 수 있었습니까? 아버지의 뜻에 따라 순종하시고 담대히 기도하고 선포하실 때였습니다. 이제 예수님은 아버지를 영화롭게 해 드리기 위해 우리를 통해 일하기 원하십니다. 주님이 하라는 대로 순종하는 자입니다. 우리가 할 일은 주님을 믿고 성령의 감동을 받아 대사로서 행세하는 것입니다. 모세가 바로 앞에 서서 일하듯…. 예수님께서 성령의 감동에 담대하게 순종하기를 원하십니다. 그렇다면 자신의 신분을 확실히 하십시오, 자신의 삶에 대해 자신감을 가지십시오. 듣기만 하면 아무 소용없습니다. 성령 안에서, 말씀대로 믿고 선포하고 행동하십시오. 담대히 예수 이름의 권능을 선포하는 그곳에 하나님의 나라가 이루어짐을 볼 것입니다. 지금 선포하십시오.

넷째, 법적인 대리권 행사를 하라. 예수님께서 위임한 권능(카리스마)을 사용하여 환경을 장악하고 변화시켜서 하나님의 살아계심을 증명해야 합니다.

1) 구원을 얻는데(행 4:12,10:43) 예수님의 이름을 사용하세요. 3천 군대 귀신에 사로 잡혀 청춘과 인생을 잃고 버림받은 청년을 예수님께서 즉시 즉각 치료하십니다. 영혼이 회복되어 온전해지고 정신이 회복되며 가치관이 회복됨으로써 삶이 소생되는 기적을 얻습니다. 예수님의 은총은 상한 갈대를 꺾지 아니하시고 꺼져가는 등불과 같은 사람들을 회복시켜주십니다. 예수께서 십자가에서 죽으시고 남의 무덤에서 장사 되었지만 사흘 만에 부활하시고 마가 다락방의 제자들에게 성령을 부어주셔서 이 지구상에 500만개의 교회와 25억의 인류가 예수님을 믿

고 구원을 받았습니다. 이 천하보다 소중하다는 말은 천하에 있는 금과 보화를 다 쏟아 부은 다해도 사람의 영혼을 구원할 힘을 만들 수 없습니다.

예수님은 시간과 공간을 초월해서 주님께 의뢰하는 모든 영혼을 구하십니다. 인간의 구원을 다른 우상이나 종교에 맡기지 마시고 영혼의 구주되신 예수님께 맡기십시오. 주님은 오히려 기뻐하십니다.

2) 성령으로 세례 받는데(행 3:38) 예수님의 이름을 사용하라. 성령을 선물로 주셨습니다. 최첨단 문명 시대라지만 인간의 힘으로 접근할 수 없는 것이 있습니다. 마음의 평안입니다. 심령의 평안을 잃고 지친 나머지 정신의 질병을 앓고 있는 사람들이 셀 수가 없습니다. 성령으로 세례는 오직 주님의 이름으로 베풀어집니다. 우린 회개기도, 순종 전도의 생활을 철저히 함으로써 성령의 충만함을 덧입고 주님께 영광 드리는 승리의 삶을 살 수 있습니다.

3) 치료받는데(막 16:17-18) 예수님의 이름을 사용하라. 육신의 고향은 지상이지만 영혼의 고향은 천국입니다. 사람의 심령 곳곳엔 천국을 알 만한 요소들로 가득 채워있습니다. 또한 천국의 백성임과 동시에 이 땅에 오신 예수님을 따라 영혼 구원의 길을 갈 사명을 지니고 있습니다. 오병이어의 기적이 일어난 사건 속에 예수님의 뜻을 좇아 소량의 음식과 고기를 주님께 봉헌했을 때 오천명이 빈들에서 배불리 먹고 12광주리가 남게 되었습니다.

주님과의 관계는 풍요의 관계입니다. 사랑의 관계입니다. 회복과 변화의 관계입니다. 이러한 행복을 파괴하고 인간을 병자나 죄인, 정신병, 조현병, 방랑자, 우상 숭배자로 만드는 것이 사탄의 행위입니다. 주님을 따를 대 영혼이 회복되고 주께서 지켜주심을 통하여 귀신이 떠나며 질병이 사라지과 육신적 정신적 영적 평화가 도래합니다. 주님은 치유와 사랑의 권능이며 회복의 권능이며 은혜의 권능을 허락하십시오.

4)생활전반에 걸쳐 구할 권리(요14:13-14)가 있습니다. 주님은 주님의 죽음으로써 전 인류의 죄를 구속하셨으며 주님의 핏값으로 성도의 영혼에 대한 속전을 지불하셨습니다. 영적 생활을 더하여 나아가면 더욱 더 선명하게 하나님의 섭리와 은총을 볼 수 있습니다. 교회에 적은 두었지만 마음은 주님과 멀어진 상태로 세속의 향락과 명예 불의한 돈을 쫓아가는 사람은 주님의 이름을 짓밟습니다.

거룩한 빛과 성결한 성령의 능력으로 찾아오신 주님은 위대한 사랑과 인내와 불변의 용기를 가지시고 영혼을 부르고 계십니다. 영혼을 부르며 고단하게 왕래하시는 곳이 우리의 마음입니다. 주님과 멀리 떨어지지 않도록 기도하십시오. 그리스도의 이름을 신뢰하십시오. 하늘 아버지의 영광을 위하여 일하십시오. 모든 일에 무엇이든지 선을 심으며 선을 행할 때 낙심하지 말고 선을 행하십시오. 전능자 여호와의 영광이 그대에게 있을 것입니다.

4부 영의세계는 영들의 흐름이 있다.

15장 카리스마적인 권능이 흐르게 하라

> (딤후1:6)"그러므로 내가 나의 안수함으로 네 속에 있
> 는 하나님의 은사를 다시 불일듯 하게 하기 위하여 너로
> 생각하게 하노니"

하나님께서는 하나님의 사람을 통하여 권능을 전이시킵니다. 인생의 본질은 사람과의 접촉이라고 할 것입니다. 첫째, 하나님이 함께하는 사람의 만남이라는 것입니다. 무수한 사람과의 만남의 연속이지만 중요한 고비에서 중요한 인물과의 만남은 그 사람의 삶 전체를 바꿀 수도 있는 것입니다. 만남을 갈망해야 합니다. 영적 갈망이 있다고 해서 당장에 되는 것은 아닙니다. 이런 갈망이 끊임없이 자신의 내부에서 샘솟듯 해야 어느 날 그 문을 찾을 수 있게 됩니다. 열망이 때로는 부정적인 형태로 나타나기도 합니다. 하나님에 대한 원망이나 불평으로 나타나기도 합니다. 우리는 사랑과 관심에 대한 표현이 긍정적일 때는 존경과 기쁨으로 표현되지만 부정적일 때는 원망과 불평으로 나타납니다. 이 모든 것이 관심의 표현입니다. 하나님에 대한 관심이 없으면 이런 원망과 불평도 생기지 않습니다.

둘째는 찾는 일입니다. 이 과정은 영적 여정에 대한 지식을 얻

는 것을 의미합니다. 영적 여정은 반드시 올바른 지식을 갖추어야 합니다. 복음 진리에 무지하면 절대로 그 여정에 들어갈 수 없지요. 그러므로 영적 지식을 얻는 배움의 과정은 필수입니다. 이 배움은 신실한 신앙의 선배나 지도자를 통해서 배우게 됩니다. 영적 여정을 통과한 증거가 있는 지도자에게서 배워야 합니다. 검증된 영적 서적을 통해서 지식을 얻을 수 있지만, 살아있는 사람을 통해서 배우는 것이 가장 바람직합니다. 영적 멘토를 찾아서 만나는 것은 그 입구로 들어가는 중요한 포인트입니다. 영적 지식은 자신의 영적 성향과 같아야 쉽게 배우게 되고 이해도 잘 됩니다. 지적이고 사변적인 성향이 강한 좌뇌형 인간과 감성적이고 즉흥적인 성향이 강한 우뇌적 인간이 있습니다. 영적 경로를 추구하는 성향이 이와 같이 분명하게 대조됩니다. 그러므로 이런 자신의 성향에 따라서 지도자를 만나야 합니다. 영적 성향을 이해하지 못하면 여러 가지로 어려움을 겪게 됩니다. 영적 지식은 깊이와 폭이 중요합니다. 한쪽으로 치우치는 일은 바람직하지 못합니다. 깊이와 넓이가 균형을 이루어야 합니다. 그러므로 너무 서두르는 일은 올바르지 못합니다. 영적 지식의 깊이와 넓이는 그 입구를 찾았을 때 비로소 온전해지는 것입니다. 영적 경로에 들어간 이후에는 영적 지식이 나침반과 같습니다.

셋째, 두드리는 일은 매우 중요합니다. 적용이 없는 경험은 아무런 의미가 없습니다. 두드리는 일은 입구를 찾는 일보다는 찾고 난 이후에 더 소중합니다. 영적 여정에서 우리는 계속해서 또 다른 문을 열어야 합니다. 첫 문을 열면 그 이후의 문들은 영적 성장을 위한 문입니다. 이문을 두드리는 일이 곧 적용이며, 수행이며, 실행입니다. 적용하지 않으면 아무런 변화과 얻지 못합니다.

무엇보다 중요한 것은 첫 관문을 발견하고 그 관문을 통과하는 것입니다. 이 관문은 찾기도 어렵지만 통과하기도 어려운 문입니다. 앞에서 언급한 세 가지 과정을 진행하는 가운데 그 문이 찾아지게 됩니다. 이것은 비전을 얻는 일이며, 소명을 확인하는 일입니다. 자신의 길을 찾음으로써 비로소 영적 여정의 길에 들어서게 된 것입니다. 보다 쉬운 것은 영적 지도자를 통해서 개발하는 길입니다. 영적 관문을 찾았지만 그 관문을 확인하여 자신이 들어갈 길로 인식하기까지 어려움이 많습니다. 이 과정에서 신중한 성향을 지닌 사람들은 더 어렵습니다. 믿음이 적은 사람도 어렵습니다. 영적 입구는 획기적인 변화를 의미합니다. 사고의 변화와 가치관의 변화가 영적 여정의 입구입니다. 생각이 바뀜으로써 삶이 바뀌게 됩니다. 새로운 세계로 들어가는 것은 새로운 경험을 얻게 되는 것을 의미합니다. 영적 여정의 입구는 이런 변화를 가져오는 것입니다. 그 변화는 획기적이기 때문에 누구나 의식할 수 있습니다. 사람에 따라서 획기적인 변화를 획기적으로 느끼지 못하는 사람도 있을 것입니다.

획기적인 변화의 시점이 영적 경로로 들어가는 입구입니다. 이 변화는 중요한 인물을 만나는 것을 포함해서 중대한 시련과 삶의 고비일 수도 있고, 환경의 변화와 육체의 질병일 수도 있습니다. 가장 바람직한 것은 중요한 인물과의 만남입니다. 엘리사가 엘리야를 만나고, 여호수아가 모세를 만나고, 디모데가 바울을 만난 것과 같은 영적 지도자를 만나는 것이 가장 이상적인 입구입니다. 사람과의 만남을 통해서 자신의 영적 경로의 입구에 들어서게 되지만 이것을 인식하기까지 거쳐야 하는 몇 가지 단계들이 있습니다. 이 부분에 대해서 다음에 다루겠습니다.

인생의 본질은 사람과의 접촉이라고 할 것입니다. 무수한 사람과의 만남의 연속이지만 중요한 고비에서 중요한 인물과의 만남은 그 사람의 삶 전체를 바꿀 수도 있는 것입니다. 세속적 삶에서도 사람과의 만남은 중대한 영향을 주고받지만 영적인 일에서는 하나님의 인도하심과 계획하심이 있기 때문에 더욱 중요한 것입니다. 영적인 변환의 고비에 사람을 잘못 만나면 좋지 못한 결과를 가지고 올 수도 있습니다. 영적인 일에서 사람의 만남은 반드시 영적 영향을 주거나 받게 됩니다. 이 일은 힘의 법칙이기 때문에 당사자의 의지와는 별로 상관이 없습니다. 물은 높은 곳에서 낮은 곳으로 흐르듯이 영적인 힘 역시 강한 쪽에서 약한 쪽으로 흘러 들어가게 됩니다. 영의 순수함이나 부정함은 상관없이 힘에 의해서 흐르게 되는 것입니다.

우리가 가장 먼저 만나는 상대는 말씀이신 그리스도입니다. 우선 이 만남이 있어야 다음의 만남이 가능해집니다. 예외적으로 영이신 그리스도를 먼저 만나는 사람들도 있기는 하지만 이런 일은 흔하지 않습니다. 우리는 전도를 통해서 말씀이신 예수님을 영접하고 신앙생활을 하기 시작하며, 이어서 영이신 그리스도를 만나게 됩니다. 이로써 영적 여정의 길에 들어서게 되는 것입니다. 이런 만남은 이제 인격이신 그리스도로 이어지기 위해서 부득불 우리는 사람과의 접촉을 이루게 됩니다. 실제로 이런 일들은 담임목사가 행하여야 하지만, 이 일을 제대로 하지 못하는 경우가 많습니다. 여기에는 제도적인 문제를 비롯해서 목회자의 자질 문제까지 다양한 이유들이 있습니다.

우리가 생각하기보다 훨씬 더 많은 사람들이 영적인 지도를 제대로 받지 못해서 방황하는 경우를 볼 수 있습니다. 주님에게 헌신해야 하는 데 어떻게 해야 할지를 몰라 방황합니다. 예언기도도 받기도 하고 상담도 하지만 그 이후에 어떻게 해야 할지를 잘 모릅니다. 신학교에 들어가면 배우는 동안은 그래도 괜찮은 편인데 그 이후에 더 깊은 갈등을 경험하게 됩니다. 담임목사는 자신에게 속한 성도의 영적 변화에 대해서 정확하게 설명할 수 있어야 합니다. 성도들의 영적 경험은 단순한 경험이 아니라 하나님의 뜻이 드러나는 의미 있는 변화입니다. 영적 경험은 그 사람의 영적 상태와 그에 대한 하나님의 인도하심이며, 더욱 구체적으로 나아가면 그 사람을 이끄시는 하나님의 손길임을 알게 됩니다.

구약에 엘리 제사장은 비록 하나님에게는 책망 받을 결점이 많은 사람이었지만 어린 사무엘의 영적 지도를 맡아 그를 잘 양

육한 사람입니다. 사무엘이 중대한 영적 변화의 시기에 엘리는 올바른 지도를 하였습니다. 이런 도움으로 말미암아 사무엘은 선지자로서의 첫 관문인 하나님의 음성을 듣는 법을 깨닫게 되었습니다. 영적 여정을 시작하는 사람에게 있어서 첫 관문은 지도자를 제대로 만나는 것으로부터 시작하는 것입니다.

여호수아는 모세를 만났습니다. 여호수아는 이스라엘의 한 지파를 대표하는 족장이요 뛰어난 장군이었습니다. 그러나 그의 가장 주된 임무는 자기 지파를 다스리는 것도, 전쟁터에서 싸우는 것도 아니었습니다. 출애굽기 33장 11절에 보면 "사람이 그 친구와 이야기함 같이 여호와께서는 모세와 대면하여 말씀하시며 모세는 진으로 돌아오나 그 수종자 눈의 아들 청년 여호수아는 회막을 떠나지 아니하니라."고 말씀하고 있습니다.

여호수아는 무려 40년간 모세의 팔과 다리가 되어 모세를 모셨습니다. 여호수아의 주된 임무는 모세를 수중 드는 것이었습니다. 즉 모세의 손과 발의 역할을 하는 것이었습니다. 여호수아는 모세의 종이 되기 이전에는 하나님의 종이 될 수 없었습니다. 성경에 의하면 여호수아는 모세가 회막을 떠난 뒤에도 회막을 떠나지 않았습니다. 이것은 아주 중요한 것을 우리에게 말해줍니다. 이는 여호수아는 모세의 종 역할을 수행하면서 하나님과 관계를 열었다는 것입니다. 누구에게 지도자의 영이 전이되는지 아십니까? 교회에 제일 먼저 나오는 사람입니다. 하나님께 기도하는 사람입니다. 그리고 교회에서 자질구레한 일을 도맡아 하고 섬기며, 교회 문을 제일 나중에 나서는 사람입니다.

하나님은 이런 여호수아 같은 사람을 눈여겨보시다가 때가 되면 그에게 기름을 부으십니다. 한편, 성경에 보면 아주 주목할 만한 사실이 나옵니다. 하나님께서는 십계명을 주실 때 모세 혼자 산에 올라오라고 명령하셨습니다. 왜냐하면 누구든지 산에 접근하면 죽을 것이기 때문입니다.

그런데 여호수아는 산의 중간지점까지 모세를 따라 올라갔습니다. 중요한 사실은 그럼에도 불구하고 그가 죽임을 당하지 않았다는 사실입니다. 이것은 이미 일정 부분 모세에게 역사하는 성령이 여호수아에게 전이되었음을 말해줍니다. 여호수아가 모세를 성심껏 모시는 가운데 이미 모세에게 역사하는 성령이 여호수아에게 임한 것입니다. 훗날 여호수아는 모세의 안수 기도를 받습니다. 그리고 그때 지혜의 신으로 충만하게 됩니다(신 34:9).

아브라함의 조카 롯은 반대였습니다. 아브라함을 따라다니는 것이 바빠서 하나님과 관계를 열지 않았다는 것입니다. 창세기 13장 8절로 9절에 보면 "아브라함이 롯에게 이르되 우리는 한 골육이라 나나 너나 내 목자나 네 목자나 서로 다투게 말자 네 앞에 온 땅이 있지 아니하냐, 나를 떠나라 네가 좌하면 나는 우하고 네가 우하면 나는 좌하리라" 그러자 육신에 속한 롯이 자기의 생각대로 행동을 합니다. 창세기 13장 10-11저에 보면 "이에 롯이 눈을 들어 요단 지역을 바라본즉 소알까지 온 땅에 물이 넉넉하니 여호와께서 소돔과 고모라를 멸하시기 전이었으므로 여호와의 동산 같고 애굽 땅과 같았더라. 그러므로 롯이 요단 온

지역을 택하고 동으로 옮기니 그들이 서로 떠난지라" 롯이 하나님께 물어보지 아니하고 자기의 생각과 마음대로 눈에 좋게 보이는 소돔 땅에 들어갔습니다.

롯이 육의 눈으로 볼 때 소돔과 고모라가 여호와의 동산처럼 좋아서 선택하여 들어간 곳인데 그곳에서 소돔과 고모라 사람들의 불법한 행실 때문에 의로운 심령이 상하고 말았다는 것입니다. 벧후 2장 8절 말씀을 보면 "이 의인이 저희 중에 거하여 날마다 저 불법한 행실을 보고 들음으로 그 의로운 심령을 상하니라"고 했습니다. 의인이라도 소돔과 고모라라는 장소가 롯의 가정을 완전 파괴해버린 것입니다. 소돔과 고모라가 유황불 심판을 받을 때 숟가락하나 제대로 가지고 나오지 못했으며…. 롯의 아내는 소금기둥이 되었으며…. 롯과 딸들은 근친상간까지 하게 됩니다. 의인이라도 하나님과 관계를 열지 아니하고 자기 마음대로 선택하면 반드시 선택한 대가가 주어지는 것입니다. 롯이 아브라함을 따라다니면서 하나님께 물어보는 습관을 들여야 했던 것입니다.

능력은 주된 것과 부수적인 것이 있는데 지도자의 교육을 받지 못하면 주된 것은 인식하지만 보조적인 것은 알아차리지 못하는 경우가 많습니다. 그래서 사역의 폭이 좁고 능력도 한계를 느끼게 됩니다. 예를 들어 '예언자'로 세워질 사람은 단순히 예언하는 능력뿐만 아니라, '영분별의 능력' '치유의 능력' '지식과 지혜의 말씀' '꿈과 환상을 해석하는 능력' '중보기도의 능력' '축사의 능력' 등의 관련된 능력들이 개발되어야 합니다. 이 부분에 대해서 전문가의 수준으로 향상되어야 예언 사역을 제대로 할 수 있는 것이지요. 그래서 이런 부분에 대해서 지도자가 잠재되어 있는 기능들을 이끌어내어 인식시키는 것입니다. 지도를 받는 멘티는 이런 부수적인 기능의 연관성을 제대로 알지 못하기 때문에 처음에는 의심하기도 하고 그 많은 것들을 어떻게 감당할 수 있을까 하는 두려움도 가지게 됩니다. 멘티가 가장 두려워하는 것은 지도자가 겪은 고난을 자신도 겪어야 할 것이라는 막연한 걱정이 있습니다. 고난을 통과해야 하는 것이지만 엄청난 고난을 감당할 자세가 되어 있지 못하기 때문입니다. 그러나 이것은 기우일 뿐입니다. 바울이 당한 고난은 이루 말할 수 없습니다. 그러나 그의 제자들은 이런 고난을 일시적으로 또는 부분적으로 맛보는 정도로 경험하게 되었습니다. 디모데는 늘 몸이 좋지 않아서 고통을 당했습니다. 그러나 바울이 겪는 다양한 고난은 결코 당하지 않았습니다. 그럴 필요가 없었던 것입니다. 바울의 안수와 접촉을 통해서 전이 받았기 때문입니다. 지도자를 통해서 배우는 유익이 그런 것입니다. 부분적으로 한두 가지 고난은 경험하게 되지만 그것도 수준이 낮습니다. 그러므로 고난을 걱정할 필요는 없습니다. 지도자가 이미 겪은 것이기 때문에 그 의미를 잘 알고 있고 그 바탕에서 가르치기 때문입니다.

　스승이 없이 홀로 배우려고 하는 사람들이 있습니다. 고집이 세거나 남에게 배우려고 하지 않는 자존심이 강한 사람이 있는데 이는 실로 어리석은 행동입니다. 배울 수 있는 지도자 없거나 배울 환경이 되어있지 못해서 어쩔 수 없이 홀로 배워나가야 하는 개척자의 경우가 아니라면 훌륭한 지도자를 찾아 배우는 것이 좋습니다. 그 과정에서 겪어야 할 갖가지 고난을 겪지 않고 그 의미하는 바를 바로 깨달을 수 있기 때문입니다. 하나님이 우리에게 고난을 주시는 것은 그 의미를 가슴 깊이 새겨서 제대로 사용할 수 있게 하기 위함입니다. 그러므로 바른 이해가 이루어진다면 굳이 고난을 모두 겪을 필요는 없는 것입니다. 배움에서 오는 위험을 겪지 않아도 좋은 것입니다. 마리 퀴리는 방사능의 위험을 알지 못했기 때문에 방사능에 피폭이 되어 암에 걸려 죽었습니다. 그러나 그의 제자들은 그런 위험을 당하지 않게 되었지요. 스승 때문입니다.

스승은 제자에게 주어진 기능 전부를 이끌어내어 개발할 수 있는 능력이 있는 사람입니다. 자신이 모르는 것을 스승은 알기 때문에 잠재되어 있는 재능을 충분히 개발하여 훌륭한 능력 사역자로 세워주게 됩니다. 헬렌 켈러는 설리반이라는 훌륭한 지도자를 만남으로써 비로소 어두운 터널에서 벗어날 수 있었습니다. 반대로 지도자는 훌륭한 제자를 만남으로써 그 이름이 들어나게 됩니다. 제자와 스승은 독립된 개체이면서도 결코 독립적이지 않습니다. 이 둘은 동전의 양면과 같습니다.

멘토링을 통하여 어느 정도 터득을 하면 이제 성령님과 교통하며 멘토링을 받아 완성해야 합니다. 영성은 전적으로 사람에게만 의지하여 완성할 수가 없기 때문입니다.

하나님은 하나님과 관계가 열린 영감이 풍성한 지도자를 사용하십니다. 우리가 영감 있는 영의기도를 하는 것은 하나님에게 쓰임을 받기 위해서입니다. 기도하는 것은 영이신 하나님과 관계를 열기 위해서입니다. 성령으로 기도하여 하나님과 같은 영성이 되어 하나님의 음성을 듣고 순종하기 위해서입니다. 하나님은 하나님의 음성을 듣고 순종하는 사람을 통해서 이 땅에 하나님의 나라를 만드시는 것입니다. 하나님의 뜻에 합당한 쓰임받는 지도자가 되기 위하여 이렇게 해야 합니다.

1) 롤 모델을 만나야 한다. 롤 모델(Role Model)은 어떤 사람을 모범으로 삼아서 자신이 어느 정도의 성숙(성공)을 이룰 때까지 그를 모델로 삼는 것을 뜻합니다. 롤 모델을 우리말로 번역하면 역할모델이 됩니다. 엘리사가 엘리야보다 갑절로 더 크게 쓰임 받은 이유는 엘리야라는 영적 대가를 만났기 때문입니다. 나에게 도전정신을 주고, 나를 자극하고 흔드는 인생의 롤 모델을 만나야 합니다. 엘리야 같은 본받고 싶은 인생의 롤 모델을 만나기를 성령으로 기도해야 합니다. 한번뿐인 인생, 어떻게 살아야 할지 조언해줄 수 있는 인생 선배를 만나야 합니다. 무엇을 위해, 어떻게 살아야 할지, 현명하게 지도해줄 수 있는 인생의 모델을 만나는 것이 복중의 복입니다. 10~20대에는 배우자를 위한 기도보다는 본받고 뛰어넘을만한 엘리야와 같은 영적인 대가를 만나기 위해 기도해야 합니다. 바울이 바나바를 만난 것이 우리가 지금 알고 있는 바울이 될 수 있었던 가장 큰 원인이고, 디모데가 바울을 만난 것이 디모데의 인생의 최고의 복입니다.

쉽게 인생의 롤 모델을 만날 수 있는 방법이 '책을 읽는 것'입니다. 책을 통해 수많은 영적인 대가와 인생의 롤 모델을 만날 수 있습니다. 우리는 책속의 위대한 인물들을 만날 때마다 이렇게 외쳐야 합니다. '나는 당신을 뛰어넘을 수 있습니다.' 록펠러가 세운 미국의 시카고 대학은 1929년까지는 이름도 모르는 대학이었습니다. 그런데 5대 총장으로 취임한 로버트 허친스에 의해 일류대학으로 변했습니다. 지금까지 시카고 대학은 73개의 노벨상을 받는 대단한 학교가 되었습니다.

로버트 허친스는 [시카고 플랜]을 만들어 학생들의 수준을 완벽하게 끌어올렸습니다. 시카고 플랜의 핵심은 "철학 고전을 비롯한 세계의 위대한 고전 100권을 달달 외우게 만들고 이것을 하지 않는 사람은 졸업시키지 않겠다"는 것입니다. 학생들은 시카고 플랜에 참여하며 수많은 위인들을 만났고, 그들을 롤 모델로 삼았고 이전과는 전혀 다른 인생을 살기 시작했습니다.

우리는 주변에서 성공한 사람들의 이야기를 듣습니다. 우리는 그런 소리를 들으며 이런 마음을 먹어야 합니다. '내가 당신을 뛰어넘을 것이다.' 국회의원 홍정욱은 존 F 케네디 대통령을 인생의 롤 모델로 삼았습니다. 그는 존 F 케네디를 닮기 위해 그가 졸업한 로즈마리 홀 고등학교에 입학했고, 케네디가 졸업한 하버드를 졸업했습니다. 지금 그의 꿈은 존 F 케네디를 뛰어넘는 정치인이 되는 것이라고 합니다. 이런 사람들을 보면 우리는 이런 말을 할 수 있습니다. '너는 돈도 있고 능력도 있잖아.' 맞습니다. 우리는 돈도 없고, 능력도 없습니다. 하지만 우리에게 하나님이 계시지 않습니까? 둘째는 기도하는 것입니다. 성령으로 영의기도를 해야 합니다. 성령께서 감동하시어 멘토를 만나게 할 것입니다.

2) **장점을 발견하라.** 누구나 장점과 단점은 있습니다. 어떤 사람의 장점이 좋아 따라가다가 그 사람의 단점을 발견하고는 포기하는 경우를 봅니다. 그런 사람은 절대 큰사람이 될 수 없습니다. 엘리사는 엘리야를 10년 넘게 따라다녔습니다. 누군가를 따라다닌다는 것은 꼭 존경하고 좋아하기 때문만은 아닙니다. 그에게 배울 점이 있기 때문입니다. 배울 점이 있는 사람이라고 꼭 장점만 있는 것은 아닙니다. 엘리사는 엘리야의 장점도 봤겠지만 단점도 봤을 것입니다. 하지만 엘리사는 엘리야에게 장점을 배웠고, 결국 엘리야를 뛰어넘는 하나님의 사람이 되었습니다.

교회 안에 목회자들이 있습니다. 담임목사를 비롯한 목회자들입니다. 이들에게는 단점도 있지만 장점도 참 많습니다. 교회의 성도들이 이들을 청빙했을 때는 이들의 장점을 보고 청빙한 것입니다. 그렇다면 이들의 장점을 배우고, 이들의 장점을 칭찬해서, 이들의 장점이 극대화되어서 몸 된 교회에서 쓰임 받을 수 있도록 하는 것이 성도의 임무입니다.

3) **노력이라는 대가를 지불하라.** 누군가를 자신의 롤 모델로 삼는 것으로 끝나면 안 됩니다. 누군가의 장점을 발견하는 것으로 끝나면 안 됩니다. 그를 닮기 위해 노력해야 합니다. 노력은 거짓말하지 않는 것입니다. 자신이 추구하고 싶은 영감과 권능, 신령함을 가진 목회자를 롤 모델로 삼았으면 그의 행동, 말씀 전하는 법, 기도하는 습관, 집회 인도방법 등을 그대로 따라해 보세요. 그리고 그 목회자보다 2~3배 더 노력해보세요. 노력이라

는 대가를 지불하면 그를 능가할 수 있습니다.

호박벌은 굉장히 부지런하고 자기 일에 집중하는 곤충입니다. 몸길이가 평균 2.5센티미터 정도인데 일주일에 1,600킬로미터를 날아다닙니다. 작은 호박벌로서는 엄청난 거리이지만, 공기역학적으로 보면 너무 작아서 이렇게 날수 있다는 것이 기적인데 어떻게 이렇게 먼 거리를 날수 있을까? 호박벌은 꿀을 얻겠다는 집중력이 아주 강하다고 합니다. 그 분명한 목적의식이 그의 신체적인 한계도 뛰어넘게 만든 것입니다. 지금 당신은 어떤 일을 하는가요? 그 일을 위해 최선을 다하는가요? 최선이란 단순한 노력이 아닌 자신의 한계를 뛰어넘는 노력이 있어야 합니다. 하나님에게 기도해야 합니다. 나는 윈스턴 처칠의 옥스퍼드 대학에서의 강연을 좋아합니다. 'never never give up(절대로 절대로 포기하지 마라).' 윈스턴 처칠은 많은 약점이 있었습니다. 말도 잘못하고, 공부도 잘못했습니다. 열등감이 많았고, 수많은 소문들 때문에 마음고생이 심했습니다. 하지만 그에게 한 가지 장점이 있었습니다. 목표한 것을 포기하지 않고 끝까지 그 일을 향해 집중하는 것입니다. 육군 사관학교를 삼수하여 들어갔고, 수많은 시련이 있었지만 결국 수상이 되었습니다. 인생의 분명한 목표를 가지고 노력하세요. 대가를 만나기를 기도하고, 만난 다음에는 닮아가기를 노력하고 나중에는 그를 뛰어넘으시기 바랍니다. 그때 엘리야를 뛰어넘는 엘리사가 될 수 있습니다. 더 상세한 것들은 필자가 저술한 "살아계신 하나님을 증명하라."와 "카리스마의 극대화와 탈진극복"을 참고하시기를 바랍니다.

16장 영들의 흐름으로 피해를 당한다.

(마7:21-23)"(21)나더러 주여! 주여! 하는 자마다 다 천국에 들어갈 것이 아니요 다만 하늘에 계신 내 아버지 의 뜻대로 행하는 자라야 들어가리라."

하나님은 우리들에게 영적전이 뿐만 아니라, 영적손상이 있 다는 것을 알고 대비하게 하십니다. 신령한 은사를 받아서 사역 에 임하는 과정에서 흔히 경험하게 되는 두 가지 비슷한 영적 현상으로서 '전이'(transference)와 '손상'(damage)이 있습니 다. 이 두 가지는 증상으로는 서로 비슷하기 때문에 구분이 잘 되지 않지만 면밀히 살펴보면 분별할 수 있는 것입니다. '영적 전이'는 은사를 받은 초기에 주로 많이 나타나며, 전이를 체험 하는 가운데에는 자신의 은사의 한 기능으로 자리 매김이 되는 경우가 있습니다.

그러나 '영적 손상'은 사단과 마귀 또는 귀신으로부터 공격 을 받아 생기는 증상이기 때문에 주로 축사나 신유은사를 받 은 사람이 악한 영에 의해서 질병이 생겼을 경우, 그 질병을 치 유하는 사역자가 성령의 보증 없이 사역할 때 경험되는 것입니 다. 악한 영은 아직 영적 능력이 약하거나 경험이 많지 않은 초 보 사역자를 위협하여, 사역을 약화시키거나 두려움을 주어, 사 역을 못하고 물러나게 하기 위해서 충격을 주는 것입니다. 악한 영은 이렇게 악랄하게 영적인 사역을 못하도록 온갖 방법을 다

동원하는 것입니다. 개별치유 사역자는 성령으로 충만한 가운데 성령님이 보증하는 사역을 하는 습관이 되어야 합니다.

실제로 안양에 사시는 목사님이 저에게 이렇게 말했습니다. 저는 나이가 들어 목회자가 된 사람인데 나이가 있어 65세부터 신학대학원을 다니면서 교회를 개척하여 목회를 했습니다. 그런데 오시는 성도 분들이 모두 환자만 오셨습니다. 그래서 예수 이름으로 기도하면 병이 낫기도 했습니다. 그러던 어느날 할머니 한 분이 기도를 해달라고 하며 교회를 찾아오셨습니다. 그래서 머리에 손을 얹고 예수 이름으로 명하노니 질병은 떠나가라, 했더니 이 할머니가 막 울더랍니다. "야~ 이놈아, 네 놈 때문에 내가 나가야 한다. 야 이놈아, 네 놈 때문에 내가 나가야 한다." 하며 우는데 등골이 오싹하고 등에서 찬물이 줄줄 흐르는데 도저히 사역을 할 수가 없더랍니다. 그런 일이 있은 다음부터는 두렵고 불안하여 기도도 못하고 사역도 하지 못했다고 했습니다. 이것이 바로 영적 손상입니다. 이분은 아직 성령으로 장악당하지 못하고 성령님이 보증하여 주시지 않는 상태에서 사역함으로 악한 영으로부터 영적 손상을 당한 것입니다. 이 분은 자신이 축사를 받았어야 합니다. 만약에 이런 경험이 있었다면 귀신축사를 받으시기를 바랍니다.

그리고 일부 목회자가 하는 말이 귀신을 쫓아내려고 성령이 역사하는 장소에 가서 기도하고 안수를 받을 때 다른 사람들이 기침이나 하품을 할 때 밖으로 나온 귀신이 다른 사람에서 들어간다는 것입니다. 이는 잘 모르고 하는 말입니다. 자신이 성령으로 충만한 상태에서 기도하면 초자연적인 상태가 됩니다. 초자연적인 상태가 된 자신에게 초인적인 귀신이 자신 안에 들어올 수가 없는 것입니다. 자신 안에 역사하던 귀신도 떠나가느라고 정신이 없는데 밖에서 역사하던 귀신이 들어오지 못합니다. 오히려 귀신들이 자신에게서 나가지 않으려는 술책입니다.

자신 안에 귀신이 들어온다고 두려워하면서 움츠려 있으면 성령으로 충만하지 못합니다. 자연스럽게 귀신이 떠나갈 수 있는 영적인 상태가 되지 못하는 것입니다. 귀신이 자신에게 계속 역사할 수 있는 빌미를 제공하는 것입니다. 다른 사람에게서 나온 귀신이 들어온다는 논리는 기도하지 않고 멍청하게 앉아있는 사람에게 해당되는 말입니다. 이것은 명확한 사례가 없는 돌아다니는 사람의 말입니다. 경각심을 가지고 자신의 영을 지키기 위하여 관심을 가지라고 강조하는 말입니다.

첫째, 영적손상의 경우. 영육치유를 행하는 사역자나 축사를 행하는 사역자는 환자의 상태에 대한 지식의 말씀으로 영적 전이를 경험하게 됩니다. 환자가 앓고 있는 질병의 정도나 또는 아직 환자가 질병을 제대로 깨닫지 못하고 있는 경우에 또는 사역자가 어느 곳에 손을 얹어야 할 것인지를 깨닫게 하기 위해서, 그리고 자신이 감당할 수 있는 문제인지를 가늠하게 하기 위해서 성령께서 환자의 고통을 사역자에게 전이시켜 느끼게 하는 것입니다. 예를 들어서 머리가 아픈 사람을 치유 기도하려고 하면 사역자의 머리가 아프다는 것입니다.

예를 든다면, 상대방의 통증부위가 동일하게 아프고 힘들게 되기도 하고…. 속이 더부룩하거나…. 쓰리거나…. 어지럽거나…. 현기증을 느끼거나…. 구토증이 생기거나…. 냉기를 느끼거나…. 온 몸의 뼈나 근육이 뭉쳐들고 뻣뻣해지는 것 같은 체험을 하게 되며…. 눈앞이 아찔해지며…. 독한 약에 취한 사람처럼…. 넋을 잃은 것처럼…. 몽롱한 현상을 겪기도 합니다.

아주 약한 전기에 노출된 듯 손이나 팔이나 어깨에 찌릿해지는 정전기 같은 체험도 있고요…. 몸살이나 오한처럼…. 몸이 밑으로 쳐지며…. 미열이 나고…. 식은땀이 나기도하고…. 몸이나 팔다리가 욱신욱신 아프게 되는 영적다운 현상을 경험하기도 합니다. 이것이 바로 영적인 손상의 현상입니다.

저도 이런 일을 경험합니다. 한 일 년이 지난 일인 것 같습니다. 이 근방에서 기도원을 한다는 권사가 왔습니다. 그래서 권사를 나오라고 해서 기도하려고 하니까, 제 머리가 많이 아팠습니다. 기도를 해주고 상당한 시간동안 깊은 기도를 해서 해결했습니다.

또 치유 사역 초기에 이런 경우가 있었습니다. 집회에 처음 오는 사람이 많을 경우 첫 시간에 집회를 인도하기가 영적인 힘이 버거워지다가 두 시간 정도 지나면 장악이 되는 경우도 있습니다. 좌우지간 치유 사역자는 성령이 충만한 가운데 사역을 해야 합니다. 그래서 성령께서 앞서시면서 성령치유 사역과 축사를 하시게 해야 합니다. 사역자는 성령을 따라가는 사역자가 되어야 합니다. 그래야 사역자에게 피해가 생기지 않는 것입니다.

사역자는 부단하게 자신의 영성에 관심과 힘을 써야 합니다. 만약에 환자가 영적으로 강하여 귀신이 축사되지 않을 경우는 성령으로 완전하게 장악한 다음에 축사를 하도록 해야 합니다. 어느 정도 시간이 경과되어야 합니다. 절대로 영적인 사역은 급하게 되지 않습니다. 하나님의 시간표를 따라야 합니다. 치유를 받으러 다니는 성도님들도 이점을 알고 사역자에게 조급하게 안수기도를 받으려고 하지 말아야 합니다. 성령의 역사를 따라가지 않으면 악한 영의 영향으로 사역자가 고통을 당합니다.

탈진에 대한 자세한 것은 앞으로 출간될 "카리스마적인 권능과 탈진극복"을 참고하시기를 바랍니다. 실제로 어느 여 목사님은 류마치스 관절염을 앓는 환자를 기도해주었는데 자신이 류마치스 관절염이 걸려서 손가락이 틀어졌다고 하는 분을 기도해준 경험도 있습니다. 또 제가 시화에서 목회 할 때 어느 권사님이 벌침을 배우겠다고 해서, 제가 저희 교회에 와서 영성훈련을 받으면 신유은사가 나타나니, 신유은사를 가지고 전도를 하라고 했더니, 그 권사님 하시는 말이 저 신유은사 받지 않을래요, 전에 우리 교회 목사님이 신유은사가 있어서 환자들을 자주 기도해 주었는데, 기도해 주고나면 환자는 병이 낫는데 자신이 아파서 며칠씩 고생하는 것을 보았습니다. 저는 그런 고생을 하기 싫으니까 신유은사 받지 않겠습니다.

이런 경우 환자의 고통이 고스란히 사역자에게 전달되어 오는 것입니다. 자신이 감당할 수준이 아닌 문제를 다루고자 하면 문제가 해결 되지 않을 뿐만 아니라, 자신도 피해를 입게 되는 것입니다. 영적 전이의 현상은 사람마다 상황마다 다를 수 있습니다. 환자를 접촉하기 전인 중보기도 단계에서도 경험할 수 있으며, 환자를 직접 대하고 사역을 행할 때 느낄 수 있으며, 사역을 마치고 귀가한 후에 나타날 수도 있습니다.

현장에서는 전혀 느끼지 못했던 것을 집에 돌아온 후에 서서히 증상을 느끼기 시작하여 힘이 빠지고 통증이 일어나기도 합니다. 이런 경우 대부분은 잠깐 경험하게 되지만, 경우에 따라서는 몇 시간 또는 며칠이 될 수도 있습니다. 그러나 이런 경우는 예외적이며, 대부분은 기도하면 사라지게 됩니다. 성령으로 인도받지 못하고 성령이 보증해 주지 않는 이런 영적 사역은 자신이 지니고 있는 영적 능력을 소진하게 되는 소모성 사역입니다. 성령이 보증을 하여 주지 않는다는 증거입니다.

그러므로 사역자는 사역 전후로 충분한 기도로 무장해야 합니다. 이런 증상을 자주 경험하게 되는데, 치유하지 않고 그냥 방치한 일부 사역자에게는 악한 기능으로 고정되기도 합니다. 영적 사역은 영적 분별을 몸으로 느껴야만 하기 때문에 환자의 질병 정도를 가늠하기 위한 인식 수단으로 사역자의 영적 전이 현상이 환자 분별의 기능이 됩니다. 이런 기능을 갖추는 사람은 치유 사역자이며, 능력 전도자에게는 거의 찾아볼 수 없는 기능이기도 합니다. 일명 성령의 지식의 말씀의 은사입니다.

다시 한 번 말씀드리면 자신에게 강하게 고통이 찾아오는 경우는 영적으로 강하게 눌린 상태이므로 말씀과 영의 찬양과 안수로 치유를 받아야 합니다. 그리고 계속 성령의 깊은 임재로 완전히 심령이 장악된 다음에 사역을 하시기를 바랍니다. 성령의 사역은 급하게 인간 욕심으로 사역하면 안 됩니다. 대규모 군중집회에서 치유의 역사를 일으키는 전도자에게 있어서 영적 전이는 사실상 필요하지 않습니다.

이 기능은 일대일 치유를 하는 경우 전인치유를 위해서 주어지는 성령의 지식의 말씀의 한 부분이기도 합니다. 그러나 지식의 말씀의 은사는 환자를 치유할 때 나타나는 현상이지, 치유가 끝난 다음에 나타나는 현상은 아니라는 것을 아셔야 합니다. 사역을 끝낸 다음에 나타나는 현상은 영적손상으로 나타나는 현상이니 치유하고, 사역자 자신의 영성관리를 하여야 합니다. 이런 영적 전이와 비슷한 영적 손상은 악령의 공격에 의해서 영적 능력이 급격히 소진되었을 경우에 나타나게 되며, 간혹 충분한 기도와 성령의 역사 없이 인간적인 욕심으로 혼적인 사역을 행한 결과 영적 능력이 상당히 소진되어 버렸기 때문에 나타나는 현상입니다. 저는 이렇게 사역을 하시다가 체력과 영력이 소진되어 사역을 하지 못하는 목회자를 많이 치유하여본 경험이 있습니다. 이런 분들의 공통적인 특징이 목회를 할 수 없을 정도로 탈진을 경험한다는 것입니다.

영적 탈진은 과도하게 능력을 소모했거나, 자신이 감당하기에 벅찬 악한 영으로부터 충격을 받았을 경우 나타납니다. 마귀의 집요한 공격을 받게 되면 영적 탈진이 일어나, 영적인 일이 시들해지거나, 무기력해져서 무덤덤한 신앙생활을 하게 되는 경우가 있습니다. 성령 충만이 사라지고 육신적으로 신앙생활을 해야 하기 때문에 교리적이고, 형식적인 신앙생활에 빠지게 됩니다. 그리고 기도가 되지 않고, 몸이 이곳저곳 아프기도 하고, 힘이 없고 피곤하기만 합니다. 짜증이 심해지기도 합니다. 이것이 일반적인 성도들과 경험이 부족한 사역자들이 경험하게 되는 영적 탈진의 현상입니다.

영적 사역자들이 경험하는 영적 손상으로 인한 능력의 소진은 점진적으로 나타나는 것이며, 악령으로부터 지속적으로 공격을 받게 되면 영적 능력이 소멸되어가게 됩니다. 일부 사역자들이 이런 증상을 영적 전이로 오해하게 되어 자신에 대한 축사를 하지 않게 되어 지속적으로 악령의 공격을 받게 되며, 그럴 때마다 영적 탈진이 일어나고, 마침내는 더 이상 사역을 할 수 없는 지경에 이르게 되는 것입니다. 체력도 소진되고 여러 영육의 문제가 발생하여 더 이상 사역을 하지 못하게 되는 것입니다. 일 년을 치유해도 회복이 되지 않는 사역자도 있습니다.

악한 영에 의해서 발생한 질병이나 문제를 다룰 때는 반드시 악령으로부터 공격을 받게 됩니다. 그러나 경험이 부족하거나 이에 대한 지식이 부족한 사역자의 경우 단순한 질병이나 문제로만 여기고, 주님이 주신 영적인 권세로 축사를 제대로 하지 못하고, 성령께서 치유하시거나 해결해주시기만을 간구하는, 치유하여 주시옵소서하는 나약한 기도를 하게 됩니다. 이런 경우에도 치유가 일어나고 문제가 해결될 수도 있지만, 사역자는 자신도 모르는 사이에 악한 영으로부터 심각한 영육의 훼손을 받게 되는 것입니다.

영적 손상을 받게 되면 육신적으로 힘이 빠지고, 쑤시고 아파서 환자처럼 눕게 되거나, 머리가 어지럽고, 매스꺼우며, 정신이 혼미해지고, 힘이 빠져 행동할 수 없게 됩니다. 몸은 매를 맞은 듯이 쑤시고, 이곳저곳 아프며, 머리가 어지러운 현기증 증상에 시달리게 되며, 이명 현상(tinnitus)이 나타나 정신을 차릴 수가 없습니다.

때로는 정신이 맑아져 잠을 잘 수 없게 되어, 불면증에 시달리기도 합니다. 환상이 보이고 환청이 들리며, 육신이 고단해져서 신음소리를 내기도 합니다. 이런 육신적 고통을 단순히 영적 전이로만 이해한다면 문제가 생길 수도 있습니다. 왜냐하면 축사를 받은 후에 나타나는 증상과 비슷하기 때문에 속기 쉽습니다. 일반적으로 축사를 받을 후 며칠 동안은 힘이 없는 경우가 많습니다. 그래서 특히 축사사역에 있어서 영적 능력을 가늠하는 것이 중요합니다. 자신이 감당할 수 있는 악령의 수준이 있는 것입니다. 성령이 앞서서 하시게 해야 합니다. 그리고 강력한 영권으로 무장하여 대적기도를 해야 합니다.

감당하지 못할 강한 악령을 만나게 되면 심각한 타격을 받게 될 뿐만 아니라, 심하면 귀신 들리게 될 수도 있습니다. 능력도 없는 스게와의 일곱 아들들이 함부로 귀신을 쫓으려다가 봉변만 당하였듯이, 능력이 되지 않는 상태에서 귀신을 섣불리 상대하려고 하다가 불행한 일을 당하는 경우가 있습니다. 귀신들린 청년을 불쌍히 여기고 믿음으로 귀신을 쫓아주려던 사모가 귀신 들려 고생한 경우가 있었습니다.

축사 사역자의 경우에 기본적으로 어느 정도의 귀신들은 감당할 수 있는 능력이 있지만, 계속 되는 영적 전투에서 많은 능력과 체력을 소진할 수 있습니다. 그런 경우에 더 강력한 악령을 만나게 되면 심각한 손상을 받을 수 있습니다. 악한 영의 공격을 단순히 영적 전이로 오해하여 사역자 자신에 대한 적절한 축사를 하지 않으면 계속 탈진을 경험하게 됩니다. 악한 영에 의해서 생긴 문제를 다룰 때마다, 심각한 영적 탈진을 경험하게 되면 자신에 대해 축사를 해야 합니다.

악한 영을 대적하여 몰아내지 않기 때문에 악령은 사역자를 얕잡아보고 계속 공격을 하게 되고, 그럴 때마다 영적 전이라고만 생각하고 아무런 대응을 하지 않으면 이런 고통은 계속 당하게 될 것입니다. 영적 전이는 환자가 가지고 있는 영적 문제에 대한 정보를 성령으로부터 받아서 효과적으로 사역을 할 수 있게 하기 위한 성령의 기능으로 주어지는 일종의 지식의 말씀인 것입니다.

그런데 사단은 사역자를 괴롭게 하기 위해서 손상을 주게 됩니다. 사역 초기에 또는 이런 사실을 제대로 이해하지 못하는 사역자에게 마귀는 집요하게 공격을 하게 됩니다. 이렇게 되면 그 사역자는 영적 전이와 영적 손상을 함께 경험하게 됩니다. 그래서 자신에게 나타나는 모든 경험은 다 성령께서 주시는 영적 전이라고 믿어버리게 됩니다. 그 결과 육신적 고통을 계속 치르게 되는 것입니다. 더 나가서는 사역을 하지 못하게 되는 것입니다. 이를 흔히 '양신 역사'라고 부르는데, 성령과 악령이 그 사람을 함께 사용하는 것입니다.

그러나 이런 상태는 결국 오래 가지 못합니다. 사역자가 알아차리고 자신을 축사하고 관리하면 금방 없어집니다. 그러나 이런 사실을 제대로 파악하지 못하면 성령은 차츰 위축되고 악령의 역사가 더 강해지게 됩니다. 사단은 교묘하게 사역자를 속여서 그릇된 일을 하도록 만듭니다. 결과적으로 시간이 지나면 사역자의 타락으로 나타나게 됩니다. 인간 방법을 동원한 사역을 하게 됩니다.

그러다가 성령의 기름부음이 없는 사역자가 되어 필경에는 사역을 못하게 되는 것입니다. 이렇게 하는 것이 마귀의 목적입니다. 하나님의 일꾼을 타락시켜 사역에서 제외시키려는 것입니다. 영적 충격은 서서히 영적 능력을 소멸시켜 무기력하게 만들려는 사단의 전략이기도 합니다. 능력을 받아서 사역을 행하던 사람이 몇 년이 지나고 나면 무기력해져서 치유 사역을 더 이상 할 수 없게 되는 모습을 볼 수 있습니다. 이런 경우에 상당수는 이와 같은 과정에서 제대로 대처하지 못했기 때문에 있는 것도 빼앗긴 경우라고 볼 수 있을 것입니다. 그래서 사역자는 자신의 내면관리에 힘써야 합니다. 그리고 깊은 기도로 심령이 항상 성령의 임재 가운데 있어야 합니다.

그래야 자신의 영성을 보존하며 건강을 유지하며 사역할 수 있습니다. 특히 축사 사역을 할 때는 성령의 강한 역사를 일으켜서 성령께서 하시도록 해야 합니다. 절대 자신의 의지로 사역을 하려고 하면 영락없이 영적 손상을 당하게 됩니다. 그러므로 사역자는 항상 성령의 충만과 내면관리에 힘써야 합니다. 기도가 깊어져서 자신의 영성을 맑게 유지해야 합니다. 그래야 사역시 악한 영의 공격을 받지 않고 자신을 보호 할 수가 있습니다. 자신을 보호하며 사역을 해야 사역자의 수명이 길어지고 길게 사역을 할 수가 있는 것입니다.

얼마 전에 한 집사님이 저에게 메일로 상담을 하신 내용입니다. 저는 24년째 믿음 생활을 하고 있는 집사입니다. 제가 상담하고 싶은 것은 이런 것입니다. 제 생각 같아서는 충만한 교회에 직접 가서 은혜 받고 능력 받고 싶은 것이 솔직한 심정이나 그렇지 못할 상황이다 보니 저의 신앙을 상담 드립니다. 언제부터인가 금요 철야예배에 가서 찬양하고 기도 드리다보면 하품이 나는 것을 깨달았습니다. 저희 목사님도 성령 충만 하시다보니 기도 하던 중 넘어지기도 하고요. 말씀을 듣는 것도 아니고, 환상을 보는 것도 아니기에 능력을 받는 다는 느낌은 받지 못하고 그냥 그런 현상만 나타나는 것이었습니다. 그런데 "귀신축사 알고 보니 쉽다"라는 책과 "가계의 고통을 끊고 축복받는 비결"이라는 책을 보면 영안이 열릴 때 가슴이 답답하고 하품이 나온다고 했습니다.

저의 경우에는 새벽기도 때 환자를 위해 기도하다보면 주체할 수 없는 하품이 나오며 가슴이 답답하고 온몸에 힘이 다 빠지는 것을 몇 번 체험을 하였습니다. 물론 환자를 놓고 기도 할 때 다 그런 것은 아니지만 정말 하품을 할 때는 입이 찢어지는 것 같고 눈물도 주체가 되지 않습니다. 그러다 보면 온몸에 힘이 다 빠지는 것을 느낍니다. 그러나 책을 보면 이러한 현상은 성령 세례를 받을 때 한번 나타난다고 설명이 되어있는 것 같아서요. 정말 영안이 열려서 주의 일을 하고 싶고 기회가 닿으면 꼭 충만한 교회에 가서 능력 받고 싶어요. 저 같은 경우 왜 이런 현상이 자꾸 나타날까요? 그래서 제가 이렇게 답변을 해주었습니다.

성령의 체험은 이론을 알고 이론을 들어서 체험할 수 있는 것이 아닙니다. 성령은 살아있는 실체이기 때문에 이론으로는 이해할 수가 없는 것이지요. 집사님의 교회 목사님이 안수하시면 넘어지기도 한다고 하는데, 넘어지고 아무런 영적인 현상이 일어나지 않으면 한번 잘 생각해볼 문제입니다. 성령의 권능으로 영. 혼. 육이 순간 성령으로 장악이 되어 넘어지는 것인데, 저의 지금까지 임상적인 경험으로는 이렇게 성령으로 장악되어 넘어지면 영적인 무슨 현상이 일어나야 진정한 성령에 권능에 의해 넘어진 것입니다.

우리 교회에서 제가 안수를 할 때 넘어지는 사람은 더러운 영들이 떠나고, 성령으로 충만함을 받아 방언을 말하는 영적인 현상이 눈에 보이게 나타납니다. 그리고 집사님이 자꾸 하품이 나오고 가슴이 답답한 것은 미약한 성령의 역사가 집사님에게서 나타나는 현상입니다. 이런 상태를 가지고 환자를 기도해주면 집사님에게 환자에게서 잘못된 영이 전이 되어 집사님이 고생을 합니다. 왜냐하면 집사님의 영이 열린 상태이기 때문에 영들이 쉽게 들락거릴 수가 있습니다.

그래서 기도해주고 나면 힘이 없고 자신을 감당하기 어려운 영적다운 현상을 경험하는 것입니다. 이것은 신학적인 용어로 영적 손상이라는 것입니다. 내가 상대방의 악한 영의 전이로 인하여 고통을 당한다는 것입니다. 우리 교회에 교재와 테잎 중에 영의전이와 성령의 역사라는 것이 있습니다. 여기에 제가 아주 자세하게 설명해 놓았습니다. 권면을 드리자면 집사님은 아직 성령이 완전히 장악하여 내면에서 올라오는 상태가 아니기 때문에 환자를 기도해주는 것은 삼가는 것이 본인의 영성관리를 위하여 좋습니다.

　한번 오셔서 강한 불같은 성령을 체험하여 심령 안에 답답함을 말씀과 성령으로 씻어 내는 것이 좋겠습니다. 그리고 제가 지금 까지 출판한 책을 읽어보시면 많은 영적인 도움이 있고 집사님이 궁금해 하는 것이 많이 풀릴 것입니다.

　영적인 은사를 사용하려면 영감이 깊어져야 하고 영력이 있어야합니다. 영적 삶이란 성령의 일과 마귀의 일을 분별하는 능력을 길러내는 과정이라고 생각할 수 있습니다. 하나님의 아들 예수께서 오신 이유는 마귀의 일을 멸하고자 함이 아닙니까? 그리고 그의 제자들인 성도들 역시 마귀의 일을 멸하는 것이 의무입니다. 그러려면 마귀의 속임수를 파악해야 하며, 특히 성령의 일로 위장한 짝퉁을 분별해낼 줄 알아야 할 것입니다. 날이 갈수록 교묘해지는 사단의 전략 전술을 밝혀내고, 그 정체를 폭로하는 일은 영적 사역자가 할 일입니다. 말씀을 왜곡시키는 이단은 말씀 사역자인 신학자가 할 일이며, 육신적인 고통을 주어

무기력하게 하려는 사단의 음모는 능력 사역자가 폭로해야 할 영역입니다.

신학자와 능력 사역자가 서로 보조를 맞추어서 사단의 책략을 밝혀내어 성도들을 안전하게 지키는 것이 주님이 우리들에게 권세와 능력을 주신 목적이기도 합니다. 이단과 악령은 우리가 잠시, 조는 틈을 타서 가라지를 뿌리고 갑니다. 그래서 정신을 차리고 우는 사자처럼 다니는 악령들을 멸해야 할 것입니다. 깨어 기도하지 않고는 이런 일을 이길 장사가 없습니다. 정신을 놓으면 속아 넘어갈 수밖에 없는 짝퉁들이 너무 많습니다.

둘째, 영적인 사역자에게 잘 발생하는 영적손상의 경우

1) 안양의 어느 목사님의 경우에 부흥회를 인도하면 꼭 자녀들이 다칩니다. 이는 이 목사님이 자신의 가정 사역을 등한시해서 일어나는 현상입니다. 자신의 가정에 역사하는 악한 영의 역사를 성령으로 청소하면 이런 일이 일어나지 않습니다.

2) 경찰서 유치장에 전도를 열심히 하던 권사님의 경우입니다. 우울증으로 불면증으로 고생하다가 본 교회에 와서 치유 받고 갔습니다. 이는 경찰서 유치장 같은 곳에 역사하는 잘못된 악한 영이 자신에게 전이되었는데 영적 지각능력이 없어서 자신을 관리하지 않아 누적되어 일어나는 현상입니다. 이런 곳에 전도하는 성도는 항상 성령 충만해야 하고 깊은 영의 기도로 자신의 영성관리에 힘써야 합니다.

3) 무당집에 방비 없이 무당집에 다니며 전도하다가 가슴이

답답하고 가정의 여러 문제가 발생한 경우도 있습니다. 이경우도 마찬가지로 성령으로 충만하여 자신의 심령에서 성령의 능력이 올라오게 한 다음 무당집을 출입하는 것이 좋습니다. 자신의 영적인 상태가 약하면 악한영이 육을 타고 들어올 수가 있는 것입니다. 절대로 방심은 금물입니다. 강하게 영적인 무장을 하고 무당집에 전도하시기를 바랍니다.

4) 부적을 통하여 문제가 발생하기도 합니다. 성도 집에서 부적을 회수하여 교회에 두었는데 그 부적을 통해 문제가 발생했습니다. 부적에 대하여는 앞 3장에서 자세히 설명했으니 참고하시고 부적은 회수하여 반드시 소각처리 하시기를 바랍니다.

5) 절 옆에서 살던 아이가 성령이 임재 하니 중이 염불하는 소리를 아주 능숙하게 했습니다. 이는 염불을 외우게 하는 귀신이 아이를 장악하여 그렇게 된 것입니다. 그러므로 저는 우리 예수를 믿는 성도들은 이사를 가더라도 아무 곳에나 가면 안 된다고 권면을 합니다. 자신에게 해악을 끼치는 곳은 가지 않는 것이 상책입니다. 그러나 불가분 갔다면 피를 흘리면서 싸워이겨야 합니다.

어느 여 목사님이 저에게 상담한 내용입니다. "목사님 저는 상대방에 대하여 전화로 기도를 해주어도 제가 기침을 해댑니다. 어느 때는 강단에서 설교할 때도 기침이 나오고 구역질이 나와서 덕이 되지 못합니다. 환자들을 기도할 때 환자는 아무런 역사도 나타나지 않는데 저만 막 기침을 해댑니다." 그래서 내가 이렇게 대답을 했습니다. "목사님 자신의 관리에 힘써야 하겠습니다. 상대방을 안수하는데 목사님이 구역질이 나오고 기침을 한다는 것은 목사님 안에 있는 상처가 나오는 것입니다. 원래 성령의 역사는 사역자가 먼저 일어납니다. 그 다음에 피사역자에게로 성령의 역사가 전이되는 것입니다. 그래서 목사님에게서 일어난 성령의 역사로 목사님 안에 있던 상처가 나가면서 기침을 하는 것입니다." 그랬더니 이 목사님이 이렇게 말합니다. "목사님 어떤 영성 사역하는 목사님이 그러시는데 상대방의 악한영이 나에게서 나가는 현상이라고 합니다." 그래서 "잘못 아신 것입니다. 어떻게 상대방의 악한 영이 목사님을 뚫고 들어와서 목사님의 입으로 나갑니까? 절대로 잘못 아신 것입니다." 이런 경우는 그 여 목사님이 치유가 완전히 되지 않아서 자신의 더러운 것들이 나오는 것입니다. 원래 성령의 역사는 자신이 먼저 나타는 것입니다.

자신에게 나타난 성령의 역사가 상대방에게 전이가 되는 것입니다. 그래서 자신에게 나타난 성령의 역사로 자신에게 있던 상처들이 나가는 것입니다. 이런 분은 많은 시간을 치유하여 자신을 깨끗하게 하고 사역을 해야 합니다. 정 그렇게 하지 못한다고 한다면 일주일에 하루라도 자신이 치유를 받으면서 사역을 해야 합니다. 그렇지 못하면 자신의 건강에 문제가 올 수가 있습니다. 젊을 때는 문제가 없을 수 있지만 나이가 들어 체력이 떨어지면 탈진현상이 나타나 사역을 하지 못할 수도 있는 것입니다. 그러면서 목사님에게 이렇게 경각심을 가지고 사역을 하도록 했습니다. "목사님! 앞으로 주의하셔야 합니다. 지금같이 목사님이 성령으로 완전하게 장악되지 않고 치유되지 않은 상태로 계속 환자들을 상대하면 어려움을 당할 수도 있습니다. 왜냐하면 환자들에게 역사하던 악한 것들이 목사님에게 전이 될 수 있습니다. 목사님은 기도를 많이 하는 편이므로 영이 열린 상태라, 환자에게 역사하던 악한 영이 목사님에게 들어올 수가 있다는 것입니다. 이는 목사님이 육체를 가지고 있기 때문입니다. 그러므로 개인을 대상으로 치유 사역을 하는 사역자는 자신의 관리를 잘해야 합니다. 자신의 관리가 잘되지 않으면 상대방에게 역사하던 악한 영들이 사역자에게 전이 될 수가 있다는 것입니다. 이것을 신학적인 용어로 영적 손상이라고 합니다. 앞으로 좀 더 자기 관리에 힘쓰면서 사역을 하시기를 바랍니다."

성도나 목회자나 영적 손상을 당할 수가 있습니다. 그렇기 때문에 영적 손상을 당할 때 나타나는 현상을 바르게 인식하고 대처해야 합니다. 지금 영적인 사역을 하는 목회자가 무분별하게 성령의 능력을 사용하다가 영적인 손상을 당하여 목회를 하지 못하는 분들이 많습니다. 영적인 것은 성령으로 분별이 가능합니다. 성령의 인도를 따라서 사역을 감당하는 지혜로운 성도, 목회자가 되시기를 바랍니다.

17장 영들의 흐름으로 피해를 당하는 원인

(히 5:12-14)"때가 오래 되었으므로 너희가 마땅히 선생이 되었을 터인데 너희가 다시 하나님의 말씀의 초보에 대하여 누구에게서 가르침을 받아야 할 처지이니 단단한 음식은 못 먹고 젖이나 먹어야 할 자가 되었도다. 이는 젖을 먹는 자마다 어린 아이니 의의 말씀을 경험하지 못한 자요. 단단한 음식은 장성한 자의 것이니 그들은 지각을 사용함으로 연단을 받아 선악을 분별하는 자들이니라."

하나님은 예수를 믿는 성도들이 믿음의 수준이 자라기를 원하십니다. 영적인 역사는 모두 비슷합니다. 육적인 눈을 가지고 분별이 불가능합니다. 그렇기 때문에 말씀을 적용하여 체험함으로 영안이 열려야합니다. 지금 교회에는 많은 분들이 귀신 역사를 두려워합니다. 왜 그렇습니까? 체험하지 않았기 때문에 막연하게 두려워하는 것입니다. 예를 든다면 귀신을 쫓던 아무개 목사가 귀신에게 접신되어 고통을 당했다. 이런 소문이 종종 들리기 때문입니다. 어떤 사모님의 말을 빌리자면 자신이 어느 집회에 참석했는데 강사가 귀신을 쫓아내지 말라고 했다는 것입니다. 이유인 즉은 귀신을 쫓아내고 나니 자신에게 들어붙어서 피해를 가한다는 것입니다. 이분은 이 말을 철석같이 믿고 남편목사님에게 귀신을 쫓아내지 못하게 하여 결국 교회 문을 닫았습니다.

한번 생각해 보세요. 예수님의 일을 대신해야 하는 목사가 귀신이 무서워서 쫓아내지 못하니 어떻게 예수님이 그 목사를 통하여 하나님의 나라를 건설하겠습니까?

분명하게 귀신은 두려워할 존재가 절대로 아닙니다. 정확하게 말한다면 그림자에 불과한 존재들입니다. 성령의 역사가 일어나면 정체를 폭로해야 되고 예수 이름으로 떠나라고 명령하면 떠나가야 되는 존재들입니다. 바르게 알고 영성과 진리를 적용하여 귀신들을 몰아내시기를 바랍니다. 그럼 왜 목회자나 성도들이 영적인 피해를 당할까요?

첫째, 영적인 지식이 없어서 당합니다. 필자의 교회에 오셔서 치유 받은 전남에 계시는 목사님의 말씀을 빌리자면 이렇습니다. 목사님은 경기도에 있는 기도원에 8년 정도 다녔습니다. 거기서 강사 목사님에게 들은 대로 자신의 교회에 가서 환자들을 안수하고 귀신들을 쫓았습니다. 얼마 지나자 오른쪽 어깨가 마비가 된 것입니다. 한약방에 다니면서 침을 맞아도 치유되지 않았습니다. 인간적인 방법을 다 동원하여 1년을 치유해도 고쳐지지를 안았습니다. 물론 성도들의 치유 안수는 두려워서 하지 못했습니다.

그러다가 사모님이 필자의 교회를 소문을 통해서 알게 되었습니다. 사모님이 치유는 영적 치유 밖에 없다고 목사님을 매주 마다 필자의 교회에 가게 했습니다. 그 당시는 월-화-수-목 4일을 하루에 3번씩 집회를 할 때입니다. 다행하게 서울에 기거할 수 있는 곳이 있어서 거기에서 기거하면서 10개월을 다녔습니다.

그런데 문제는 영적으로 너무나 강하게 묶여서 그렇게 불을 집어넣고 안수를 해도 성령께서 장악을 하지 못했습니다. 배에서 올라오는 소리로 주여! 주여! 를 아무리 외쳐도 성령의 역사로 영의통로가 열리지를 않았습니다. 왜 그럴까요? 성령의 권능이 자신을 주장하지 않는데 자신의 의지로 성도들의 병을 고치고 귀신을 쫓아냈기 때문에 자신 안에 상처에 귀신들이 견고한 진을 만들어서 그렇게 된 것입니다.

4개월이 되니까, 성령께서 장악을 하여 하품을 하기 시작을 하더니 기침이 나왔습니다. 영의통로가 열린 것입니다. 지속적으로 안수하고 성령의 역사를 일으키니 서서히 마비된 어깨가 풀어지기 시작을 했습니다. 7개월이 되니까, 완전하게 정상으로 화복이 되었습니다. 사모님이 굉장히 기뻐하셨다는 것입니다, 한 번 생각해 보세요. 한쪽이 마비되었다가 풀렸으니 얼마다 기뻤겠습니까? 이분이 왜 이렇게 고생을 했습니까? 무지해서 고통을 당한 것입니다.

성령의 역사가 앞서가는 사역을 해야 하는데 직책과 의지를 가지고 사역에 임했기 때문에 영적인 피해를 당한 것입니다. 그러나 나쁜 것만은 아닙니다. 그 일을 통해서 바른 성령의 역사를 알고 영적으로 깊어졌기 때문에 하나님의 편에서는 유익입니다. 이분이 최근에도 토요일 날 올라오셔서 집중 치유를 몇 번 받고 가셨습니다. 영적인 것을 바르게 깨달으니 자신을 관리하면서 사역하는 것입니다.

둘째, 자신의 힘으로 사역하기 때문입니다. 일부 목회자들이 영적인 사역을 자신의 의지와 욕심을 가지고 하려고 합니다. 영적인 사역을 그렇게 의지나 욕심으로 하는 것이 아닙니다. 필자는 젊은 목회자들에게 이렇게 권면합니다. 먼저 사역을 하려고 하지 말고 자신을 준비하라는 것입니다. 교회개척이 능사가 아니라는 것입니다. 영적인 준비가 먼저라는 것입니다. 말씀의 비밀을 깨닫고 성령으로 기도하면서 하나님과 관계를 열라는 것입니다. 영적인 사역은 성령께서 하시는 것입니다. 사역자는 성령께서 하라는 대로 순종하고 따라가는 것입니다.

하나님의 일인데 자신이 하나님과 관계도 열리지 않았는데 시작을 한다는 것은 참으로 무모하고 위험한 일입니다. 반드시 실패를 경험합니다. 실패로 끝나는 것이 아니라, 필자가 체험한 바로는 영적인 피해를 당하여 회복하는데 시간이 걸립니다. 딜레마에 빠져서 영적인 사역을 하지 못할 수도 있습니다. 우리 한국교회에 많은 목회자 들이 영적인 사역을 하다가 피해를 당하여 사역을 하지 못하는 분들이 많습니다. 이분들이 모두 자신의 힘으로 이론으로 사역을 했기 때문에 피해를 당하고 사역을 포기한 것입니다.

그래서 준비하라는 것입니다. 준비가 되어 하나님과 관계가 열리면 성령사역은 그리 어렵지 않습니다. 필자는 즐겁게 사역을 하고 있습니다. 영적인 사역이 바른 진리를 적용하고 성령의 인도를 받으면 쉽습니다. 그리고 보람이 있습니다. 영적인 피해를 당하여 사역을 포기한 분들의 이야기를 들어보면 영적인 피해를 당할 수밖에 없었다는 것입니다. 한마디로 바른 성령의 역사를 따라가지 않고 바른 진리를 적용하지 못했다는 것입니다. 막연하게 아는 지식을 가지고 사역을 했기 때문입니다.

필자가 생각하는 준비하는 기간은 사람마다 다르겠지만, 자신 안에서 성령의 역사가 흘러나올 때까지 준비해야 합니다. 성령님과 인격적인 관계가 열릴 때까지 준비해야 합니다. 자신 안에 성령으로 가득 채워야 한다는 말입니다. 자신 안에서 성령의 역사가 나와야 한다는 뜻입니다. 영적인 사역은 사역자에게 역사하는 성령의 역사를 환자에게 전이시켜서 환자의 심령에서 성령의 역사가 일어나게 할 수 있어야 성공합니다. 그렇기 때문에 사역자의 영성이 굉장히 중요한 것입니다. 자신을 준비하세요. 관심을 가지면 됩니다.

셋째, 은사를 가지고 사역하기 때문입니다. 많은 목회자들이 성령의 은사가 있어서 사역을 했는데 영적인 손상을 당하고 영적인 피해를 받아 사역을 하지 못합니다. 목사님! 성령의 은사를 받으러 왔습니다. 목사님! 저는 은사가 없기 때문에 말씀사역을 하려고 합니다. 알아도 지극히 잘못 안 것입니다. 역적인 사역은 은사를 가지고 하는 것이 아닙니다. 그렇게 생각하고 영적인 사역을 하니까, 영적인 손상을 당하고 영적인 피해를 받아 사역을 하지 못하는 것입니다. 하나님은 성령의 열매가 좋은 사역자와 함께 하십니다. 성령의 은사는 열매가 아름답지 못해도 나타납니다. 성경에 보면 다윗을 죽이려고 쫓아다니던 사울 왕에게도 예언의 은사가 나타났습니다.

은사를 가지고 영적인 사역을 하니 변화되지 않는 이성과 육체를 귀신들이 공격하여 영적인 손상을 입게 되는 것입니다. 분명하게 영적인 사역은 자신에게 역사하는 성령께서 하시는 것입니다. 그러므로 성령께서 자신을 통하여 나타나도록 자신을 준비해야 합니다. 자신의 심령에 성령으로 충만하게 채워야 합니다. 자신이 성령의 도구가 되어야 합니다. 은사를 가지고 사역을 하다가 보면 얼마가지 않아서 영적인 고갈이 오고, 인간적인 육성으로 사역을 하다가 영적인 손상이나 피해를 당하게 됩니다. 하나님은 그렇게 호락호락하지 않으십니다. 사역자의 심령이 완전하게 하나님을 채워질 때까지 기다리십니다. 기다리다가 수준에 도달하면 성령께서 감동하시면서 영적인 사역을 하게 하십니다.

넷째, 계획성 없는 사역을 하기 때문입니다. 필자는 분명하게 성령치유 사역을 하려고 하는 분들에게 이렇게 말합니다. 정확한 시간을 정해놓고 사역을 하라는 것입니다. 무슨 일이 있더라도 정한 시간 내에 끝내라는 것입니다. 영적인 문제를 가지고 해결 받고자 자신을 찾아온 사람들은 어찌하든지 문제만 빨리 해결 받으려고 합니다. 그런데 바르게 알아야 할 것은 날이 새도록 붙잡고 안수기도 한다고 문제가 해결이 되지 않는다는 것입니다. 환자가 영적으로 깊어지는 만큼씩 치유가 됩니다. 이것이 하나님의 치유의 목적입니다. 치유를 받으면서 하나님께서 원하시는 영성으로 바뀌기를 원하십니다.

환자가 말씀의 비밀을 깨닫는 만큼씩 치유가 된다는 말입니다. 그렇게 해서 치유되어 하나님의 뜻이 그 사람을 통해서 이루어지기를 원하시는 것입니다. 하나님의 뜻은 필자가 누누이 강조했듯이 믿는 하나님의 자녀가 지금 심령에 천국을 이루고, 삶에서 아브라함의 복을 받아 누리면서 하나님의 군사로서의 사명을 감당하다가 천국에 들어가는 것입니다. 그렇기 때문에 치유와 문제의 해결은 하나님의 시간표에 따라야 합니다. 사역자가 욕심을 가지고 환자를 치유하여 변화시키려고 해도 마음대로 되지 않는 것입니다. 그래서 시간을 정해놓고 사역을 하라는 것입니다. 그리고 절대로 안수만 해서는 환자를 정상으로 화복시킬 수가 없습니다. 진리의 말씀을 전하여 환자의 영을 깨워야 합니다.

사역자가 되려는 분들이 알아야 할 것은 사역자의 영성도 어떤 능력 있는 목사에게 안수한번 받아서 뻥 뚫리면 능력이 나타나는 것이 절대로 아닙니다. 사역자가 영적인 비밀을 깨닫는 만큼씩 깊어지는 것입니다. 그러므로 쉽게 능력 받아서 한탕하려는 생각은 접는 것이 좋습니다. 하나님은 정확하게 사역자의 인격의 성숙을 측정하고 계십니다. 시간을 정해놓고 계획성 있는 사역을 해야 영적인 피해를 당하지 않습니다.

다섯째, 자신을 정화하는 시간을 가지 않기 때문입니다. 사역이 끝난 다음에도 자기 관리를 해야 합니다. 많은 치유사역자들이 치유 사역할 때 타고 들어온 악한 영의 영향으로 탈진 현상을 많이 겪고 있습니다. 이는 자신의 관리를 게을리 했기 때문에 당하는 것입니다. 그러므로 사역을 한 후에 성령의 깊은 임재 하에 배호흡 기도를 해서 제거해야 합니다. 저의 경우는 이렇게 제거합니다. 의식을 배꼽아래에 두고 호흡을 깊게 들이쉬고 내쉽니다. 이때 아랫배가 아픈 경우도 있습니다.

그러면 자신의 손을 통증부위에 두고 계속 강한 호흡을 하면 통증이 없어지면서 하품이나 기침이나 트림으로 빠져나갑니다. 조금 있으면 머리가 맑아지고 상쾌하여 집니다. 자신이 생각해서 마음이 가볍다고 생각이 되면 다 빠져나간 것입니다. 우리 성도들이나 사역자들은 앞에 설명한 깊은 영의기도의 방법들을 터득하면 자신의 영성관리에 대단히 유익합니다.

영적인 사역을 하다가 영적인 손상을 입어 영의 통로가 막히면 여러 가지 문제가 발생합니다. 가슴이 답답해집니다. 짜증이 심해집니다. 여기저기 육체의 질병이 발생하기도 합니다. 가정

불화가 생기기도 합니다. 인간관계가 꼬이기도 합니다. 재정에 문제가 생깁니다. 사람은 영적이면서 육적인 존재입니다. 고로 영의 만족을 누려야 모든 것이 정상이 되는 것입니다. 모든 문제의 시발점은 영에서 시작이 되는 것입니다. 영에서 문제가 생기면 마음의 병으로 진전이 됩니다. 마음의 병이 깊어지면 육체의 질병으로 나타나는 것입니다. 그러므로 육체의 질병이 생겼다면 영적인 문제가 깊어졌다는 증거가 되는 것입니다.

이때 제일먼저 해야 할 것이 영의 통로를 뚫어야 합니다. 영의 통로는 혼자 기도해서 쉽게 뚫리지 않습니다. 성령으로 충만한 사역자의 도움을 받는 것이 빠릅니다. 빠른 시간 내에 영의 통로를 뚫어야 합니다. 이를 예방하기 위하여 깊은 영의 기도로 항상 영의 통로를 열어야 합니다.

여섯째, 영육의 균형을 유지하지 않기 때문입니다. 주님은 육으로 계실 때 육성으로 하는 말이 곧 영임을 우리에게 일깨워주셨습니다. 우리의 영은 육을 떠나서는 이 세상에 존재할 수 없습니다. 세상에 존재하는 동안 필수적으로 육을 입어야 하는 것입니다. 영과 육의 관계는 상호 보완적이며 필요한 존재입니다. 따라서 영은 육의 조건에 많은 영향을 받습니다.

육이 범죄 함으로써 영은 심하게 위축되며, 육이 쇠잔하면 영은 그 힘을 잃게 됩니다. 강한 영적 힘을 얻기 위해서는 많은 기도를 해야 한다고 생각하는 사람들이 많습니다. 또 금식을 해야 한다고 생각하는 사람들이 있습니다. 물론 틀린 말은 아닙니다. 그렇다고 올바른 말도 아닙니다. 영적 힘이 기도의 분량에 있는 것은 아닙니다. 영적 힘이 강하면 많은 기도를 할 수 있습니다. 오랜 기도와 끈질긴 기도는 영적 힘이 없으면 불가능한 일입니다. 그러나 기도의 양에 의하여 영력이 강해지는 것은 아닙니다.

하나님은 우리의 기도를 통해서 영적 힘을 공급합니다. 그러나 기도만이 유일한 통로가 되는 것은 아닙니다. 하나님이 우리에게 힘을 공급하는 수단은 여러 가지가 있습니다. 성령으로 기도하기, 말씀의 실천, 예배, 찬양, 봉사, 헌신, 성경공부, 호흡, 그리고 체력단련 등입니다. 그중에서 체력 단련은 우리가 그동안 간과해온 내용입니다. 체력과 영력은 비례합니다. 허약한 체력으로는 강한 영력을 유지할 수 없습니다. 특히 다리의 힘을 길러야 합니다. 영적인 사역을 하시는 목회자가 강단에 앉아서 말씀을 전하는 것은 좋지 못합니다. 벌써 귀신에게 역사할 수 있는 빌미를 제공한 것입니다. 좋은 음식도 먹어야 합니다.

1시간 집회를 인도하고 지치는 사람과 10시간 인도해도 힘이 남아도는 사람과의 영력은 크게 차이가 납니다. 영력이 강하게 나타나는 집회에서는 회중이 힘을 얻습니다. 그러나 무기력한 집회에서는 사람들이 지루해하고 답답해합니다. 이런 집회에는 조는 사람이 많습니다. 회중이 준다고 강사가 야단을 치는 경우를 봅니다. 조는 회중이 문제입니까, 졸도록 만든 강사가 문제입니까? 강사가 영력이 약해서 일어나는 현상입니다. 영적인 사역을 하시는 분들은 체력과 영성이 균형이 잡히도록 관리를 해야 합니다. 그래야 영적인 손상이나 영적인 피해를 당하지 않습니다.

일곱째, 인간적인 욕심을 버리지 않기 때문입니다. 우리가 바르게 알아야 할 것이 목회는 영적인 일입니다. 영적인 사역만 영적인 일이 아닙니다. 많은 목회자가 영적인 사역만이 영적인 일이라고 생각하는 분들이 있습니다. 모든 목회활동은 영적인 일입니다. 요즈음 인터넷에 들어가 보면 서울에 있는 사랑의 교회로 인하여 좋지 못한 기사들이 올라옵니다. 이것이 모두 인간적인 욕심 때문에 생긴 일입니다. 필자는 개인적으로 목회자가 인간적인 욕심을 가지고 사역을 하기 때문에 영적인 손상을 당하고 영적인 피해를 당한다고 생각을 합니다.

목회자는 분명하게 하나님의 종입니다. 하나님의 종은 하나님께서 시키는 일만 하면 됩니다. 그렇데 그러하지 못하고 자신의 욕심을 가지고 사역을 하니까, 육성이 발동되어 성령이 역사가 일어나지 않으니 인간방법을 추구하게 됩니다. 인간방법을 추구하니 귀신이 역사하는 것입니다. 많은 분들이 교회에서 하는 일은 모두 하나님의 일이라고 생각하는데 이는 전적으로 하나님의 뜻을 오해한 것입니다. 하나님께서 분명하게 지시한 것만 하나님의 일입니다.

목회자가 자기의 생각과 뜻을 가지고 추진하는 모든 것은 영적인 일이 아닙니다. 거기에는 하나님의 역사가 없습니다. 바르게 알아야 합니다. 아무리 귀신을 쫓아내고 병을 고쳐도 하나님께서 모른 다고 하십니다. 마태복음 7장 22-23절을 봅니다. "그 날에 많은 사람이 나더러 이르되 주여! 주여! 우리가 주의 이름으로 선지자 노릇 하며, 주의 이름으로 귀신을 쫓아내며 주의 이름으로 많은 권능을 행하지 아니하였나이까 하리니, 그 때에 내가 그들에게 밝히 말하되 내가 너희를 도무지 알지 못하니 불법을 행하는 자들아 내게서 떠나가라 하리라" 보십시오. 주님께서 '불법을 행하는 자들아 내게서 떠나가라'고 하십니다. 마태복음 7장 21절에 "나더러 주여! 주여! 하는 자마다 다 천국에 들어갈 것이 아니요. 다만 하늘에 계신 내 아버지의 뜻대로 행하는 자라야 들어가리라" 말씀하십니다. 하나님의 음성을 듣고 뜻에 따라서 영적인 일을 해야 하나님께서 역사하시는 것입니다.

자기 마음대로 욕심을 가지고 하니까, 하나님의 역사가 함께하지 않아 영적인 손상이아 영적인 피해를 당하는 것입니다. 분명하게 성령의 음성을 듣고 성령의 인도에 따라 영적인 사역을 하면 영적인 손상이나 영적이 피해를 절대로 당하지 않습니다.

여덟째, 나쁜 영이 전이 될까봐 안수 안하기 때문에 당합니다.
일부 목사님들이 환자를 안수하면 자신에게 나쁜 영이 침입을 할까봐 안수를 안 하십니다. 그리고 안수하여 치유되거나 문제가 해결되지 않으면 망신을 당하기 때문에 안수를 안 하십니다.

그래서 자신은 말씀 중심의 목회를 하기 때문에 안수를 하지 않을뿐더러, 하나님께서 자신에게는 그런 사명이나 은사를 주시지 않았다고 합리합니다. 그런데 영적인 역사를 알면 목회자는 모두가 안수를 해야 된다고 이해하게 될 것입니다.

예수님도 안수를 하셨다는 것입니다. 마가복음 8장 23-26절을 봅니다. "예수께서 맹인의 손을 붙잡으시고 마을 밖으로 데리고 나가사 눈에 침을 뱉으시며 그에게 안수하시고 무엇이 보이느냐 물으시니, 쳐다보며 이르되 사람들이 보이나이다. 나무 같은 것들이 걸어가는 것을 보나이다 하거늘, 이에 그 눈에 다시 안수하시매 그가 주목하여 보더니 나아서 모든 것을 밝히 보는지라. 예수께서 그 사람을 집으로 보내시며 이르시되 마을에는 들어가지 말라 하시니라" 분명하게 예수님도 안수를 하셨습니다. 사복음서에 보면 여러 곳에 예수님이 안수하신 것이 기록되어 있습니다.

그러므로 안수를 하지 않는 목사님은 예수님의 일을 하지 않는 사람입니다. 더 나아가 예수님과 상관이 없는 사람입니다. 그래서 영적인 피해를 많이 당합니다. 요즈음 성도들이 영적인 관심이 지대합니다. 필자의 교회에도 성도들이 다수가 오셔서 은혜를 받습니다. 그분들에게서도 심령에서 성령의 불이 나옵니다. 예를 들어 말씀을 드립니다. 목사님이 강단에 서서 말씀을 전하실 때 성도들이 아멘으로 화답을 할 때가 있습니다. 아멘 할 때 성도의 심령에서 성령의 불이 나온다는 것입니다. 이 성령의 불이 목사님에게 전이가 됩니다. 전이될 때 성령으로 충만한 목사님이라고 하면 문제가 되지 않지만, 안수하는 것을 싫어하고 스스로 성령의 은사도 없다고 하시는 목사님에게 성령의 불이 있을 리가 만무한 것입니다.

성도들에 심령에서 나오는 불이 목사님에게 전이될 때 목사님에게 역사하는 영적인 세력이 부담을 갖게 됩니다. 차츰 강단에 서있는 목사님도 성령으로 장악되기 때문입니다. 그러면 목사님의 무의식과 잠재의식에 잠복되어 있는 영적인 세력이 정체를 폭로하면서 여러 가지 문제를 일으킬 수가 있는 것입니다. 그래서 말씀 중심의 목사님들이 나아가 들어 체력이 떨어지면 여러 가지 질병으로 고생을 하시는 것입니다. 이를 방지하는 방법은 간단합니다. 성령으로 세례를 받고 성령으로 기도하면서 심령을 성령으로 정화하면 되는 것입니다. 문제는 무시하고 관심을 갖지 않기 때문에 당하는 것입니다.

결론적으로 영적인 역사를 바르게 알고 대처하여 불필요한 고통을 당하지 말아야 합니다. 모르면 당하게 되어있습니다. 알고 관심을 가지면 예방이 가능한 것입니다. 이 책을 읽는 목회자와 성도님들 모두 영적으로 박식하여 하나님의 뜻인 지금 이 땅에서 심령의 천국을 이루고 삶에서 아브라함의 복을 받아 누리면서 하나님의 군사로서 사명을 강담하다가 천국에 가시기를 바랍니다. 반드시 성령의 권능으로 영적세계를 장악하시기를 바랍니다.

18장 영적인 손상을 당하지 않으려면

(고전 9:27)"내가 내 몸을 쳐 복종하게 함은 내가 남에게
전파한 후에 자신이 도리어 버림을 당할까 두려워함이로다"

영적인 피해를 당하지 않으려면 바르게 알고 행해야 합니다. 선무당이 사람을 잡는다고 정확하게 알지 못하고 성령의 인도를 받지 않고 욕심으로 사역을 하면 당하게 됩니다. 항상 성령님이 앞서시게 해야 합니다. 그래야 교활한 영적존재들로부터 자신을 보호할 수가 있습니다. 성도들도 문제해결 받으려고 아무 곳에나 가지 말고 바르게 분별하고, 바른 사역자가 사역하는 장소에 가서 은혜를 받아야 영적인 피해를 당하지 않습니다.

영적인 피해를 당하면 치유하기가 쉽지가 않습니다. 자신이 마음을 열고 받아들인 역사이기 때문에 쉽사리 떠나가지 않는 것이 보통입니다. 또한 자신이 영적 피해를 당했다는 것을 알아차릴 때는 이미 상당한 시간이 흐른 다음이므로 귀신이 이미 자신에게 집을 지었을 수 있기 때문입니다.

첫째, 바른 영적지식을 쌓으라. 우리 성도들은 영적인 피해를 당하지 않기 위하여 바른 영적인 지식을 쌓아야 합니다. 자신의 영은 자신이 지켜야 합니다. 영적인 피해를 당한 후에 원망하거나 후회해도 때는 늦은 것입니다. 그리고 책임을 본인에게 있습니다. 문제를 해결하는 것에 앞서서 하나님과 자신과 관계를 열

어가려고 부단한 노력을 해야 합니다.

　많은 목회자와 성도들이 영의 문제를 육의 문제와는 별개로 보는 견해가 있습니다. 영을 강하게 하기 위해서는 육을 억제해야 한다고 생각합니다. 이런 사람들은 영을 강하게 하기 위해서 육의 요구를 억제하고 절제된 생활을 합니다. 영지주의나 불교적 영성을 추구하는 사람들이 그런 태도를 취합니다. 그러나 기독교의 영성은 영과 육의 긴밀한 조화를 추구합니다.

　주님은 육으로 계실 때 육성으로 하는 말이 곧 영임을 우리에게 일깨워주셨습니다. 우리의 영은 세상에 존재하는 동안 필수적으로 육을 입어야 하는 것입니다. 영은 육을 떠나서는 존재할 수가 없습니다. 영과 육의 관계는 상호 보완적이며 필요한 존재입니다. 따라서 영은 육의 조건에 많은 영향을 받습니다.

　육이 범죄 함으로써 영은 심하게 위축되며, 육이 쇠잔하면 영은 그 힘을 잃게 됩니다. 강한 영적 힘을 얻기 위해서는 많은 기도를 해야 한다고 생각하는 사람들이 많습니다. 물론 틀린 말은 아닙니다. 그렇다고 올바른 말도 아닙니다. 영적 힘이 기도의 분량에 있는 것은 아닙니다. 영적 힘이 강하면 많은 기도를 할 수 있습니다. 오랜 기도와 끈질긴 기도는 영적 힘이 없으면 불가능한 일입니다. 그러나 기도의 양에 의하여 영력이 강해지는 것은 아닙니다. 십 분을 기도하더라도 자신 안에 계신 하나님과 연결되는 깊은 기도라야 영력이 강해지는 것입니다.

　하나님은 우리의 기도를 통해서 영적 힘을 공급합니다. 그러나 기도만이 유일한 통로가 되는 것은 아닙니다. 하나님이 우리에게 힘을 공급하는 수단은 여러 가지가 있습니다. 성령으로 기도하기, 말씀의 실천, 예배, 찬양, 봉사, 헌신, 성경공부, 성령 안에서 깊은 호흡, 그리고 체력단련 등입니다. 그중에서 체력 단련은 우리가 그동안 간과해온 내용입니다. 체력과 영력은 비례합니다. 허약한 체력으로는 강한 영력을 유지할 수 없습니다.

1시간 집회를 인도하고 지치는 사람과 10시간 인도해도 힘이 남아도는 사람과의 영력은 크게 차이가 납니다. 영력이 강하게 나타나는 집회에서는 회중이 힘을 얻습니다. 그러나 무기력한 집회에서는 사람들이 지루하고 답답해합니다. 이런 집회에는 조는 사람이 많습니다. 회중이 준다고 강사가 야단을 치는 경우를 봅니다. 조는 회중이 문제입니까, 졸도록 만든 강사가 문제입니까?

영적 권능이 약하면 마귀가 판을 칩니다. 마귀가 집회를 온통 휘젓고 다닙니다. 어떤 귀신들린 사람이 있었습니다. 교회의 목사님과 몇 명의 성도가 축사를 위한 예배를 시작했습니다. 그 목사님은 축사를 해 본 경험이 없는 분이었습니다. 이론적으로 알고 있고, 또 목사는 하나님의 종이므로 귀신을 능히 쫓을 수 있을 것으로 믿고 예배를 시작했습니다. 그런데 예배가 처음부터 곤경에 빠지게 되었습니다.

귀신들린 사람이 처음에는 가만히 앉아 고분고분하더니 갑자기 자리에서 일어나 방안 한 가운데로 나와서 성도들이 자기 앞에 놓아둔 성경과 찬송가책을 발로 걷어차고 조롱하면서 소란을 피웠습니다. 당황한 성도들이 그를 잡으려고 하였지만 강한 힘에 오히려 쓰러지고 말았습니다. 이날 예배는 그것으로 끝났고 목사님과 성도들은 그 귀신들린 사람에게 크게 봉변을 당하고 물러나고 말았습니다. 목사님의 영력이 귀신들인 사람을 당하기에는 부족했던 것입니다.

영력은 체력을 바탕으로 하는 예로써 심한 병에 걸려 다운된 사람을 위해서 치유기도와 축귀하는 경우 심한 체력과 영력의 소모를 가져옵니다. 1시간 기도에 1kg 이상 체중이 빠집니다. 영력도 소진됩니다. 기도를 하고 나면 영력과 체력이 동시에 소진되는 것입니다. 특히 초보자가 악령과 싸우는 영적 전투에 임하면 급격히 체력이 소진되는 것을 느낍니다. 자신의 힘으로 사역하기 때문입니다. 그러므로 평상시에 체력과 영력을 관리해야 합니다. 영적 전투가 물리적인 힘을 써서 하는 것은 아닙니다. 반드시 성령의 인도를 받아가며 사역을 해야 합니다.

그런데 초보 사역자들이 성령의 인도를 받는다는 것이 그리 쉽지 않습니다. 성령의 역사가 일어나기 시작을 하면 흥분하여 자기 힘으로 하려고 덤비기 때문입니다. 필자와 같이 16년이란 세월동안 오로지 개별치유사역에 전념했다면 노련하게 성령의 인도를 받아가며 비교적 쉽게 사역을 감당하지만, 초보사역자들은 성령이 인도받기가 쉽지 않습니다. 성령이 역사하고 귀신이 정체를 폭로하면 성령님과 교통은 뒷전이고 자신의 생각과 힘으로 하려고 합니다. 체력이 소진되는 것입니다. 그래서 체험을 해야 한다는 것입니다.

일부 무식한 사역자들이 자기 힘으로 하역을 하려고 덤비다가 환자의 눈을 심하게 눌러 실명하게 하는 경우도 있고, 환자의 몸에 올라가 심하게 눌러 갈비뼈를 상하게 하는 경우가 있습니다. 이는 영적 힘이 모자라는 사람이 체력으로 제압하려는 어리석은 생각 때문에 발생하는 불행한 일입니다. 영력은 체력을 바탕으로 하여 그 속에서 우러나오는 보이지 않는 힘(에너지)입니다. 영력의 바탕이 되는 체력을 강하게 기르는 것은 사역자의 필수적인 일과입니다. 영력은 체력에 비례 한다고 보아도 과언이 아닙니다.

필자는 개인적으로 일주일에 5회 정도 워킹을 합니다. 춥거나 더우면 러닝머신을 1시간이상 합니다. 대략 8Km 정도 워킹을 하는데 컨디션이 좋은 날은 좀 더 워킹을 합니다. 매일 마음으로 기도하면서 꾸준히 8Km를 1시간 정도의 속력으로 워킹을 합니다. 기도하면서 워킹을 하니 영성도 깊어지고 하나님과 관계도 깊어지고 일거양득입니다. 강한 체력을 유지하여야만 강한 영력을 소화할 수 있습니다. 물론 영적 힘의 분량은 주님이 주십니다. 체력이 아무리 강하다고 해도 주님이 영력을 주시지 않으면 영력을 발휘할 수 없습니다. 주님이 주신 영력을 100% 발휘할 수 있느냐 없느냐는 체력에 달려 있습니다.

적당한 운동을 계속함으로써 건강이 유지되고 체력이 향상 되면 주님이 주신 영적 능력을 효율적으로 사용할 수 있는 것입니다. 그러므로 운동은 사역자에게는 더욱 필수과목입니다. 운동하지 않고 좋은 사역을 하겠다는 생각은 버리십시오. 지금의 사역보다 더욱 능력 있는 사역을 원한다면 지금 당장 운동을 시작하여 체력을 향상시키기 바랍니다. 자신을 준비하고 관리해야 합니다.

육체가 건강해진만큼 영적 능력도 크게 나타날 것입니다. 영적 능력은 우리가 추구해야 할 대상은 아닙니다. 영적 능력은 주님을 나타내는 수단이지 우리가 추구할 궁극적인 목표는 아닙니다. 그러나 우리가 이 세상에 사는 동안에 보다 아름답고 좋을 집에서 살고 싶은 소망이 누구에게나 있듯이 주님을 나타내는 방법을 터득하여 보다 더 강하게 나타낸다면 아름답지 않겠습니까?

이런 점에서 우리는 강한 능력을 소유해야 할 것입니다. 특히 우리의 원수 마귀는 강한 힘을 소유하고 있습니다. 이 마귀와 싸워 이기기 위해서 우리는 자신 안에 계신 주님으로부터 강한 능력을 받아야 하겠습니다. 귀신을 쫓다보면 안타까울 때가 많습니다. 강한 귀신을 만나 영적 싸움을 시작합니다. 영적 싸움은 파워게임입니다. 자신에게 역사하는 성령의 권능이 강하면 귀신은 물러나고 내가 권능이 약하면 귀신은 절대로 물러나지 않습니다. 자신에게 주어진 하나님의 능력의 한계 안에서 귀신을 쫓을 수 있는 것입니다. 그런데 그 파워게임에서 내 힘이 모자라는 것을 느낄 때가 있었습니다.

그 힘의 차이가 처음부터 많이 난다면 문제는 다르겠습니다만, 미세한 차이로 내 힘이 귀신의 힘을 이겨내지 못하는 경우 안간힘을 다 쓰다가 이제 1~2분만 버티면 귀신을 쫓아낼 수 있을 것 같은데 그 힘이 모자라 귀신을 내어 쫓지 못하는 경우가 있었습니다. 이럴 때는 후회가 막심해집니다.

귀신들린 사람과 그 가족에게는 이 문제가 인생 전체에 걸친 절박한 문제입니다. 죽느냐 사느냐의 절박함이란 이루 말할 수 없습니다. 이처럼 절실한 문제 앞에서 단 1~2분의 시간을 지탱

할 힘이 없어 결국 귀신을 쫓지 못하는 결과를 가져올 때 파생되는 문제가 많습니다.

지난날 초보사역시 집중치유를 하면서 머리가 혼미해지고 몸에 힘이 없고 말하기 힘든 고통과 온몸의 힘이 다 빠져나가 탈진하는 것과 같은 힘겨움이 몰려올 때도 있었습니다. 그러나 저의 강인한 체력과 영력이 있으니 영적인 싸움에 승리하게 됩니다. 그런데 체력이 약하여 포기하면 영적인 전쟁에서 패한 것입니다.

마라톤 선수가 자신 보다 불과 1미터 정도 앞선 선수를 추월하지 못하고 계속 그 뒤에서만 달리다가 끝내 지고 마는 것을 보는 경우가 있습니다. 약간의 차이는 마라톤에서는 결코 따라잡을 수 없는 절대적 힘의 우위가 되는 것입니다. 이처럼 영적 전투에서도 마찬가지입니다. 필자는 달리기를 하면서 수없이 쉬고 싶은 유혹을 받습니다. 그러나 이럴 때마다 귀신들린 사람들을 생각합니다. 제가 실패한 경험들을 떠올리면서 이를 악물고 달립니다. 그렇게 달리면 목표에 이릅니다. 숨이 턱에 차고 심장이 멎을 것 같던 힘든 고비를 넘기면 호흡도 편안해지고 기분도 상쾌해지면서 얼마든지 달리게 됩니다.

이제 귀신을 내어 쫓는 일에 있어서 체력으로 인하여 포기하는 일은 결코 없기를 저는 바라면서 달립니다. 포기하는 것은 그 가정의 고통을 지속시키는 불행한 일입니다. 끈질긴 기도와 영적 인내의 싸움을 위해서 우리는 운동을 해야 합니다. 특별히 워킹을 권합니다. 건강을 위해 달리는 것이 아닙니다. 기록을 위해서 달리는 것도 아닙니다. 우리는 하나님의 나라와 모든 성도들의 행복과 자신의 행복을 위해서 달리는 워킹이 되어야 합니다.

제가 현제 이렇게 사역을 감당하는 것도 강한 체력적인 뒷받침이 있기 때문입니다. 체력적인 뒷받침이 없었더라면 벌써 사역을 포기하거나 하지 못했을 것입니다. 두 시간을 서서 걸어 다니면서 환자들을 안수할 때 솔직하게 힘이 듭니다. 특별히 개인을 상대하며 치유하는 사역자는 강한 체력이 뒷받침이 되어야 합니다. 체력과 영성은 같이 가야 합니다. 어느 한쪽으로 치우쳐서는 안 됩니다. 균형이 맞아야 영성이 깊어집니다. 그래야 영적인 피해를 당하지 않습니다. 영적인 손상과 영적인 피해는 깊은 기도를 하지 않아 영성이 약하고 체력을 준비하지 않아 당하는 것입니다. 영육의 균형을 유지하시기를 바랍니다.

그리고 영력을 유지하기 위하여 마음으로 기도를 많이 해야 합니다. 한마디로 자신의 마음 안에 하나님으로 충만하게 채우는 것입니다. 그래야 영적인 손상이나 영적인 피해를 당하지 않습니다. 성령으로 기도하여 영의 상태가 되면 하나님께 질문도 할 수가 있습니다. 성령으로 기도하여 영의 상태가 되어야 내적인 상처도 치유되고, 귀신도 떠나가고, 병도 고쳐지고, 문제도 해결되고, 하나님의 음성도 들을 수가 있는 것입니다. 성령으로 기도하는 것은 성령의 임재가운데 성령 안에서 기도하는 것을 말합니다. 마음으로 기도하여 마음의 문이 열려야 영으로 기도하게 되는 것입니다. 자꾸 하나님께 물어보면 마음이 열립니다.

영으로 기도하는 것이 성령으로 기도하는 것입니다. 그렇기 때문에 먼저 마음의 방언기도로 마음의 문을 열어야 영으로 기도할 수가 있는 것입니다. 마음으로 방언 기도하는 비결은 이렇습니다. 숨을 들이 쉬고 내 쉬면서 방언기도를 합니다. 숨을 들이 쉬고 내 쉬면서 방언기도를 합니다. 숨을 들이 쉬고 내 쉬면서 방언기도를 합니다. 자연스럽게 마음으로 방언기도를 하면 되는 것입니다. 말로 하는 기도는 호흡을 들이쉬고 내쉬면서 주여! 합니다. 이렇게 지속적으로 마음으로 기도를 합니다.

방언으로 하는 마음의 기도는 호흡을 들이쉬고 내쉬면서 방언기도하고, 호흡을 들이쉬고 내쉬면서 방언기도를 합니다. 즉 내면의 활동이 강화되어 자신의 마음속 영 안에 계신 성령이 밖으로 나오시게 해야 합니다. 코로는 바람을 들이쉬고 배꼽 아랫배로 호흡을 하는 것입니다. 기도를 하가다 보면 성령께서 감동을 주시는 것이 있습니다. 좌우지간 기도를 쉬지 말아야 합니다. 특별하게 성령으로 깊은 영의기도를 하려고 해야 합니다.

둘째, 영적검진을 주기적으로 받아라. 하나님은 말씀과 성령으로 자신의 영적진단을 주기적으로 하여 영육으로 강건하게 지내게 하십니다. 예수를 믿고 성령으로 거듭난 성도는 영적진단이 습관이 되어야 합니다. 성도의 문제는 영에서부터 시작이 되기 때문입니다. 자신의 육체에 문제가 생긴 것은 이미 영적인 문제가 깊어진 것입니다.

제가 집필하여 출판한 책을 읽고 상담 전화를 하시는 분들이 있습니다. 이분들이 이구동성으로 하는 말이, 기도가 되지 않는다는 것입니다. 기도가 되지 않는다는 것은 영의 질병이 깊어진 것입니다. 이때에 치유법은 막힌 기도를 성령의 역사로 뚫는 것입니다. 절대로 혼자 기도하려고 해도 기도가 열리지를 않습니다. 반드시 영적인 사역자의 안수를 받아 막힌 영의 통로를 뚫는 것이 급선무입니다. 문제는 기도가 되지 않는 지경에 까지 진전되지 않게 하기 위하여 영적진단을 주기적으로 하는 것입니다. 육체를 건강하게 하기 위하여 건강진단을 주기적으로 합니다. 40세가 넘으면 건강보험 공단에서 2년에 한 번씩 건강 검진을 받게 합니다. 이때 자신의 건강 상태를 확인하고 문제가 있는 곳은 치유합니다. 그래서 건강을 유지하게 합니다.

이처럼 건강한 영적 삶을 살기 위해서는 주기적으로 영적 진단을 받을 필요가 있습니다. 저는 주기적인 영적진단을 아주 많이 강조합니다. 성령의 역사가 강한 장소에 가서 자신의 영적인 상태를 주기적으로 진단하는 것입니다. 암은 조기에 진단하면 100% 치유가 되지만, 검진을 하지 않으면 말기가 될 때까지 우리 몸은 암을 느끼지 못합니다. 그래서 의사들이 하는 말이 암을 발견하는 것은 주기적인 검진 밖에 없습니다. 라고 말을 합니다. 영적인 병도 이렇습니다. 병의 바이러스인 마귀나 귀신이 들어왔는데도 우리의 몸이 느끼지 못하는 경우가 많습니다. 영은 신호를 보내는데도 무지해서 그 신호를 놓치는 경우가 많습니다. 그러므로 주기적으로 자신의 영적인 상태를 점검할 필요가 있습니다. 주기적인 영적 상태 점검은 무엇보다 중요합니다.

세대에 역사하는 영적인 존재들은 태중에서 들어옵니다. 이것들이 평소에는 잠복하여 있다가 취약한 시기가 되면 고개를 들고 일어나 문제를 일으키는 것입니다. 이를 예방하기 위하여 주기적인 영적 검진이 필요한 것입니다. 저는 평소에 이렇게 말합니다. 예수를 믿고 교회에 들어오면 먼저 성령으로 세례를 받아야 합니다. 성령으로 세례를 받은 다음에 말씀과 성령으로 내면의 상처를 치유하는 것입니다. 상처를 치유 받으면서 병행하여 자아를 십자가에 매다는 것입니다.

성령의 역사로 혈통에 대물림되는 악한 영을 축귀하는 것입니다. 그리하여 영적체질을 만드는 것입니다. 이는 어려서부터 적용해야 되는 것입니다. 세대에 역사하는 악한 영을 성령의 역사로 드러내어 미리 축귀하는 것입니다. 그래서 저는 우리 충만한 교회에 다니고 있는 성도들의 자녀를 매주 안수해서 영적으로 맑은 상태를 유지하게 하려고 노력합니다. 이렇게 주기적으로 안수를 받으니 영적으로 깨끗해지는 것은 물론이고 육적으로도 건강하게 지냅니다. 기존 성도들은 주일날 영적점검을 받는 것입니다. 성령의 역사가 강하게 나타나니 세대에 대물림 되던 악한 영이 더 이상 숨어있지 못하고 정체를 폭로하는 것입니다. 폭로되어 떠나가게 하고 매 주일 성령의 역사를 체험하며 영적 상태를 유지하는 것입니다.

저는 항상 이렇게 말합니다. 성도들은 주일날이 아주 중요하다고 말입니다. 요즈음 세상 살아가는 것이 힘이 들어 주일 하루밖에 교회를 나오지 못하는 분들이 많습니다. 이 중요한 주일을 성령으로 충만하게 예배를 드려서 영성을 유지하는 것입니다.

이렇게 신앙생활을 하지 못하니 세대에 역사하던 악한 영들이 예수를 믿어도 꼼짝하지 않고 숨어 있다가 영육으로 취약한 시기에 고개를 들고 나와 문제를 일으키는 것입니다. 제가 지금까지 성령치유 사역을 하면서 체험한 바로는 세대에 역사하던 악한 영이 장로가 된 다음에도 영육으로 이해 못하는 고통을 가하는 것입니다.

우리 충만한 교회 성령치유 집회와 주일 예배에 참석하여 성령의 강한 역사를 체험하고 자신 안에 도사리고 있던 중풍의 영들이 정체를 폭로하여 떠나보낸 분들이 부지기수입니다. 또 무속의 영들이 숨어 있다가 정체를 폭로하여 떠나보낸 성도 목회자가 많습니다. 이는 현재 진행형입니다. 지금도 역사가 일어난다는 것입니다. 오늘도 일어날 것입니다. 오셔서 체험해 보시기를 바랍니다. 이렇게 사전에 성령의 역사로 정체를 폭로하여 떠나보내지 않고 취약한 시기에 드러나서 고통을 당하다가 찾아오는 분들 또한 부지기수입니다.

또 매주 토요일 진행하는 개별 집중치유 시간에 자신도 모르고 지내던 영적인 문제가 드러나 치유가 됩니다. 어떤 분은 무당의 영이 정체를 밝히고 떠나갑니다. 어떤 분은 중풍의 영이 드러나 떠나갑니다. 어떤 분들은 관절염을 일으켜서 걷지 못하게 하려고 숨어있던 귀신들이 정체를 폭로하고 떠나가기도 합니다. 저는 모든 성도와 목회자가 집중 치유를 받아서 자신의 영적인 상태를 진단 받아야 한다고 강조합니다. 영적인 진단은 나이가 젊을 때 받는 것이 아주 좋습니다. 저는 아이들은 초등학교 다닐 때 받는 것이 가장 좋다고 생각을 합니다. 영적인 진단을 주기적으로 하시기를 바랍니다.

고통을 당하다가 이렇게 해도 안 되고, 저렇게 해도 안 되니, 할 수 없이 저희 교회 같은 곳에서 치유를 받는 것입니다. 그런데 때는 이미 늦은 것입니다. 이미 정체를 드러냈기 때문에 치유하려면 시간이 많이 걸리는 것입니다. 세대에 역사하는 악한 영은 태중에서 침입을 합니다. 침입하여 정체를 드러내는 시기는 두 가지가 있습니다.

첫째로 성령의 역사에 의하여 정체를 드러냅니다. 이것이 제일로 좋은 현상입니다. 두 번째는 여러 가지 상황이 좋지 못하여 스트레스를 당하여 영육으로 취약한 시기에 드러내는 것입니다. 이 상황이 제일로 나쁜 것입니다. 이런 취약한 시기에 드러나는 것을 방지하기 위하여 주기적인 영적 점검을 하여 악한 영들을 드러내는 것입니다. 그래서 성도는 교회를 잘 정해야 합니다. 그리고 주일을 효과적으로 보내면서 주기적인 영적 점검을 받아야 합니다. 많은 성도들이 이렇게 주기적인 영적 점검을 받지 않음으로 인하여 불필요한 고통을 당하고 있습니다.

어떤 분은 목사가 된 다음에 악한 영들이 드러나 고생을 합니다. 어떤 분은 안수 집사가 된 다음에 악한 영이 드러나 말로 표현 못하는 고통을 당하기도 합니다. 저는 하나님의 은혜로 성령 치유 사역을 하고 있습니다. 사역을 하다 보면 영적으로 무지하여 예수를 잘 믿으면서도 불필요한 고통을 당하면서 사는 분들을 볼 때 참으로 안타깝기 짝이 없습니다. 기독교 신앙은 예방 신앙입니다. 주기적인 영적검진이 필요한 것입니다.

다시 한 번 강조합니다. 우상 숭배가 혈통에 대물림되는 정도는 반드시 드러납니다. 어떤 사람은 17세에 발생합니다. 어떤 사람은 20세에 발생합니다. 어떤 분은 26세에 발생하기도 합니다. 어떤 분은 34세에 발생할 수도 있습니다. 대략 이런 증상이 발생하는 사람의 유형을 보니 집안에 우상의 숭배가 심한 집안의 내력이 있는 가문에서 발생합니다. 그리고 태중에서나 유아시절에 상처를 많이 받은 분들이 많이 발생됩니다. 대개 심장이 약하여 잘 발생합니다. 그러므로 제가 강조하는 것과 같이 불같은 성령을 체험하고 내적치유를 미리 받아야 합니다. 그러면 성령의 임재로 사전에 상처가 드러나서 치유가 됩니다. 정기적인 영적 진단이 아주 중요합니다.

그리고 병이 들었을 때 주변에서 안다고 해서 그 사람이 고치지 못하듯이 영적 질환도 같은 이치입니다. 병이 들면 전문의의 도움이 필요하듯이 영적 질병 역시 전문 사역자의 도움이 필요한 것입니다. 목회자는 부분적으로 고칠 수는 있습니다. 그러나 전문가가 접근하는 방식과는 다릅니다. 전문가는 총체적으로 접근하며 병의 뿌리를 제거합니다. 그래서 전문가가 있는 것입니다. 영적 진단은 주기적으로 받아볼 필요가 있습니다. 병의 근원을 조기에 발견하면 치유가 쉽습니다. 그러나 그 시기를 잃게 되면 거의 치유가 되지 않습니다. 치유가 된다하더라도 시간과 노력이 많이 듭니다. 조기 검진 이것이야말로 효과적인 치유의 지름길입니다. 자신의 귀중한 영을 관리하기 위하여 영적진단을 주기적으로 받는 습관을 들이시기를 바랍니다.

19장 영적인 얽힘을 주의해야 한다.

(고전 1:12-13) "내가 이것을 말하거니와 너희가 각각 이르되 나는 바울에게, 나는 아볼로에게, 나는 게바에게, 나는 그리스도에게 속한 자라 한다는 것이니, 그리스도께서 어찌 나뉘었느냐 바울이 너희를 위하여 십자가에 못 박혔으며 바울의 이름으로 너희가 세례를 받았느냐"

하나님은 예수를 믿는 우리에게 영적인 얽힘(솔타이)을 주의하라고 하십니다. 분별력을 길러 귀중한 자신의 영을 지키라고 하십니다. 자신의 영은 자신이 지켜야 합니다. 솔 타이(soul-tie)라는 말은 어떻게 보면 생소한 말 같지만 영성에 관심이 있는 신자이면 반드시 알고 있어야 하는 용어입니다. 솔 타이(soul-tie)라는 말은 솔(soul)은 우리말로 영혼 혹은 혼(soul)이며 타이(tie)라는 말은 묶는다는 의미로서 우리말로는 '영적 유대' 또는 '영적 얽힘' 혹은 '영적 결합'이라고 할 수 있습니다.

이 솔 타이는 두 가지 의미로서 설명을 할 수 있는데 전자는 긍정적인 측면으로 이해하는 말이며, 후자는 부정적인 측면으로 이해 할 수 있습니다. 그러나 솔 타이는 이 두 가지 면을 다 포함하는 말이므로 어느 하나로만 표현하면 다른 면이 축소가 되므로 영어 표현을 그대로 옮겨 사용하는 경우가 많습니다.

첫째, 성경에 있는 솔 타이의 경우. 솔 타이란 말은 성경에 그 기초를 두고 있습니다. 창세기 2장 24절에 남편과 아내와의 관계에 대해 이렇게 기록하고 있습니다. "이러므로 남자가 부모를 떠나 그 아내와 연합하여 둘이 한 몸을 이룰찌로다" 이 말씀에서 '연합하다'는 말의 히브리어는 다바크(dabaq)인데 이 말은 '들어붙다, 접착되다, 단단하게 붙다, 가까이 따르다, 합세하다' 등의 뜻을 가집니다. 성경은 우리가 오직 하나님께만 연합되고 솔 타이 되기를 성령님은 바라시고 계십니다. 사무엘상 18장 1절에서 "다윗이 사울에게 말하기를 마치매 요나단의 마음이 다윗의 마음과 연락되어 요나단이 그를 자기 생명같이 사랑하니라"에서 두 사람의 맹세로 솔 타이가 이루어졌음을 봅니다. 솔 타이는 마치 실로 엮듯이 묶이는 것으로 표현하고 있습니다. 부정적인 솔 타이일수록 그 유대는 강하기도 한데 요나단은 아버지보다 다윗을 더 소중하게 생각합니다. 다윗은 그럼에도 불구하고 요나단보다 하나님을 더욱 소중하게 생각했지만 다윗은 하나님과 강한 솔 타이를 맺고 있었으므로 어떠한 경우에도 하나님을 의지했고 붙들었습니다.

룻기에 나오는 룻과 나오미의 솔 타이의 경우는 건강한 유대를 만들었습니다. 늙은 시어머니와 젊은 며느리의 관계는 서로 돕는 관계입니다. 이처럼 솔 타이는 기도 동역자, 종교적 지도자, 종교적인 멘토 사이에 쉽게 형성됩니다. 담임 목사와 성도 사이에 형성되는 솔 타이는 교회를 강하게 만듭니다. 그러나 이와 반대로 이단의 지도자나 영적으로 혼탁한 목회자와의 솔 타이는 그 영혼을 망하게도 하는 것입니다.

둘째, 부부간의 솔 타이. 사람은 하나님께서 남자와 여자로 만드셨습니다. 그래서 인간은 혼자 살 수 없도록 지음을 받았습니다. 간혹 혼자 독신으로 살기도하지만 하나님의 창조의 섭리는 남녀가 부부로 살아가도록 하셨습니다. 성경도 이를 적극 지지하여 두 몸이 한 몸을 이루는 관계라고 말씀하십니다. 그러므로 부부 관계는 솔 타이의 전형을 이루는 관계라고 하겠습니다. 그러한 이유로 인하여 가장 보편적인 관계가 절대적인 유대를 이루어야 하는 부부 관계인 것입니다.

부부관계는 닮아간다는 말이 두 사람사이에 솔 타이가 형성이 되었다는 말입니다. 예를 들어 정직한 성품의 여자가 사기성이 많은 남자와 결혼하였습니다. 그녀는 남편의 사기성을 깨닫고 이를 지적하였고 이 때문에 많은 갈등을 겪었지만 결혼 생활을 계속 이어갔습니다. 처음에는 그러한 남편의 성격이 맞지 않아 부부 싸움이 잦았지만 세월이 흐르면서 그녀는 남편의 그러한 성향을 닮아가기 시작했고 친정 식구들은 남편처럼 변해버린 그녀를 기피하게 되었습니다. 자신도 남편의 사기성을 닮아버렸습니다. 이것이 솔 타이입니다.

또한 부부지간에는 마음은 각기 다르지만 몸은 하나입니다. 그래서 자손을 생산하기도 하고 부부 성생활도 하므로 몸이 하나이기에 남편과 아내의 혼(겉 사람)안에 있는 어둠의 악령들과 귀신은 혼의 묶임(솔 타이=soul-tie)이 되어 있어서 남편과 아내의 몸에 상호 이동하면서 거하고 있습니다. 그래서 성령 충만한 어느 한쪽을 축사하면 다른 쪽에 있는 귀신들이 축사가 되기도 하는 것입니다.

셋째, 부모와 자녀의 솔 타이. 자녀는 부모를 거울로 삼아 성장한다고 할 수 있습니다. 그러므로 부모는 모든 면에서 자녀에게 많은 영향을 주는데 좋은 면뿐만 아니라, 나쁜 면도 그대로 영향을 끼치게 됩니다. 자녀에게 지나친 간섭이나 강요는 나쁜 솔 타이를 만들어냅니다. 언어 습관이나 행동을 부모와 똑 같이 행하게 되도록 만듭니다. 따라서 부모가 하나님을 섬기고 순종하는 삶은 자녀가 본을 받게 되어 대대로 가계에 축복이 되는 것입니다. 부모와 자녀는 의지로 솔 타이 되어 있습니다. 그래서 어린 애기가 몹시 아플 때에는 아기보다는 그 어머니가 성령이 충만 할 경우 엄마 안에 있는 귀신과 악령을 예수님의 이름으로 쫓고 나면 아기가 금방 낫게 됩니다. 이렇게 의지가 종속이 되어 있습니다, 이것이 솔 타이입니다.

넷째, 담임 목회자와 솔 타이. 사람에게는 자신이 자란 유년시절의 고향이 늘 그리움으로 남습니다. 그리고 이 시절에 생긴 버릇이나 입맛이 평생 동안 자신을 따라다닙니다. 한 사람의 인생에서 유년의 습관이 중요하듯이 영적 삶에서도 처음 받게 되는 교육이 중요합니다. 처음 받게 되는 영적 교육에 따라서 그 성향을 지니게 됩니다. 이는 이후의 삶에 계속 영향을 주게 되는 것입니다. 처음 주님을 영접하고, 그리고 신앙생활을 시작하게 되면, 이때 만나는 지도자가 어떠한가에 따라서 자신의 영적 성향이 결정되는 것입니다.

물론 성장하면서 의식적으로 바꿀 수도 있지만 그것이 그리 쉬운 일이 아닙니다. 영적 유아기에는 무엇이 좋고 나쁘고를 가릴 수 있는 능력이 없기 때문에 일방적으로 가르침을 받아들이게 되는 것입니다. 은혜를 받은 지도자의 영적 성향을 그대로 본받게 되며, 그렇게 성장하게 되면 자신의 의지와는 상관없이 지도자와 비슷한 태도를 취하게 되는 것입니다. 은혜를 받은 지도자와 영적 묶임 "솔타이"가 되었기 때문입니다.

사람의 성품만큼이나 다양한 영적 성향이 있습니다. 크게 말씀주의, 교리주의, 경건주의, 은혜주의 등이 있지요. 성경공부를 주로 하는 지도자 밑에서 성장한 사람은 성경을 학문적으로 이해하고 그런 것을 바람직하게 생각합니다. 능력을 사모하는 지도자 아래에서 성장한 사람은 은혜를 구하는 신앙생활을 합니다. 이렇게 성장한 사람은 자신의 성향과 맞지 않는 곳에서는 신앙생활을 하기가 그리 쉽지 않습니다. 이것은 성장하면서 만들어진 영적 성향이며, 이것은 지도자를 통해서 자연스럽게 만들어지는 것입니다. 경건주의를 추구하는 사람은 조용한 신앙생활에 익숙해져 있기 때문에 분주하고 요란스런 분위기에서는 신앙 생활을 하지 못합니다.

부모의 가풍에 따라서 인격의 모습이 드러나는 것처럼, 지도자의 영적 성향에 의해서 자신의 영적 성장의 모습이 나타나게 되는 것입니다. 지도자의 성향 가운데는 바람직한 것이 있고 그렇지 못한 것이 있습니다. 그러나 하나님의 나라에 대해서 아는 바가 없는 유년기 신앙인들은 지도자의 성향이나 성숙도에 대해서 분별하는 능력이 전혀 없기 때문에 아무렇게나 발을 들여놓게 됩니다. 목회자의 겉모습만 보고 선택하거나 은혜를 받은 동기가 있어서 따르게 되는 것입니다. 이렇게 시작했다가 차츰 성장하면서 무언가 부족한 것을 알게 되면 다른 곳으로 옮기게 되지만, 이때는 이미 자신의 영적 성향이 결정된 이후입니다. 그래서 선택하여 옮긴 곳도 전의 지도자와 비슷한 성향의 목회자를 선택하게 되는 것입니다.

이것이 영적 유대입니다. 부모를 싫어하는 사람이 부모를 떠나 살아가지만 그 성향이 비슷해서 결국은 부모와 같은 길로 가게 되는 경우를 많이 봅니다. 이와 같이 유년기에 형성된 영적 성향을 바꾸기란 쉬운 일이 아니며, 다른 성향의 사람들의 신앙 생활을 이해하는 것도 간단하지 않습니다. 특별한 계기가 있지 않고는 쉬운 일이 아닙니다.

필자역시 지금의 이런 영적 성향과는 정 반대의 신앙생활을 오래 해왔기 때문에 이것을 극복하기란 너무도 힘들었습니다.

교회를 개척하여 경제적인 고난과 시련으로 이끌리어 많은 갈등을 겪으면서 하나씩 내려놓게 되었습니다. 늘 조용하게 묵상으로 기도하는 것에 익숙하였다가 부르짖는 기도를 하게 되기까지 엄청난 문제를 계속 만나 결국 부르짖지 않고는 견딜 수 없는 상황으로 내몰렸습니다. 필자의 영육의 문제를 치유 받으려고 어느 성령치유 집회에 갔다가 죽을 고생을 하면서 필자 안에 형성된 솔타이가 벗어지기 시작을 했습니다. 머리가 어지럽고 속이 메스꺼워서 4일을 밥을 먹지 않고 기도를 했습니다. 그러자 필자에게 형성된 솔타이가 서서히 사라지기 시작을 했습니다. 솔타이는 이성과 육체에 역사하는 악한 영에 의하여 형성이 된다고 생각이 됩니다. 그렇기 때문에 성령으로 세례를 받고 성령의 역사가 강력하게 일어나야 자신의 상태를 분별할 수가 있습니다.

그런 체험을 한 후 예전의 신앙의 틀이 거의 사라졌고 다른 모습으로 변해있지만 그렇기까지 겪은 갈등의 골은 너무도 깊었습니다. 하나님은 전혀 반대의 성향으로 바뀌게 하는 어려운 과정을 거치게 하기 보다는 이런 성향에 맞는 사람을 선택하시든지 아니면 지금의 성향을 가진 지도자를 처음부터 만나게 했다면 필자도 어렵지 않고 하나님도 힘드시지 않을 터인데 라고 수도 없이 생각해 보았습니다. 이 가치관의 변화와 성향의 변화를 이루는 과정에서 발견한 것은 자신과 다른 성향의 신앙생활을 하는 사람에 대한 이해의 폭이 넓어지게 되었다는 것입니다. 조용하고 경건한 모습으로 신앙생활을 하던 저에게 있어서 박수치고 부르짖는 사람들은 무언가 경박하고 성숙하지 못한 것처럼 여겨졌습니다. 성경 공부에 치중하던 필자에게는 '믿습니다' 식의 신앙태도는 뿌리 없는 사람들처럼 보였습니다. 이해가 되지 않았습니다.

사람이 원하지 않는 것을 해야만 하는 상황으로 내몰리면서 겪게 되는 갈등은 심각한 것입니다. 성령의 인도를 따르면서 필자가 치유될 때 무언가 잘 못된 길을 가는 것이 아닌가 하는 두려움과 조심성이 저를 늘 괴롭게 했습니다. 그러므로 주저하게 되고 돌다리도 두드려 건너듯이 하나씩 점검하고 살피는 일을 하지 않을 수 없었습니다. 이것은 피할 수 없는 단점이었습니다. 성령님의 인도를 받으면서도 항상 식별해야 하고 거부해야만 했습니다. 이제까지 배워온 신앙생활의 틀과는 다른 것이었으므로 조심하지 않을 수 없었고, 마귀에게 속을 것을 먼저 생각하지 않을 수 없었습니다. 그러나 당장 필자에게 닥치는 시련과 역경으로 인해서 깊은 갈등을 겪으면서 결국은 하나님이 원하시는 방법으로 자신을 내려놓지 않을 수 없는 그런 과정을 거치면서 한 가지씩 변화를 경험하게 된 것입니다.

이런 과정을 수도 없이 거치면서도 변화를 선 듯 받아들이지 못하고 있는 저 자신을 보면서 영적 유아기에 생긴 신앙의 틀을 허물고 새로운 집을 짓는다는 일이 얼마나 어려운 과정이라는 것을 절실하게 깨닫습니다. 그래서 주님이 새 술은 새 부대에 담아야 한다는 말씀이 지니는 의미를 실감합니다. 굳어진 고정 관념과 인습의 틀을 깨고 새로운 것을 받아들이는 일이 어쩌면 불가능에 가깝다고 여겨집니다. 이것이 영의 묶임 '솔타이'의 강력한 영향력입니다. 이는 모든 성도들이 겪는 과정이라고 생각합니다. 자신이 새롭게 변화되려면 성령의 인도에 순종해야 합니다. 머뭇거리면 하나님의 역사만 지연이 되는 것입니다. 예수님의 신선한 가르침과 능력에 이끌려 나온 많은 사람들이 얼마가지 않아 주님을 떠나게 되는 모습을 봅니다. 대다수가 호기심으로 주님에게 나아왔지만 결국은 다들 떠나가고 말았습니다. 그것은 자신들의 신앙 형태를 바꿀 수 있는 힘이 강하지 못했기 때문입니다. 아직 이성과 육체에 역사하는 귀신의 영향 때문입니다. 세상에서 형성된 솔 타이의 영향으로 다시 세상으로 가는 것입니다.

성숙하지 못한 지도자 아래에서 신앙의 유년기를 보낸 사람은 성숙하지 못합니다. 그리고 성숙한 것이 무엇인지를 모르기 때문에 성숙하려고도 하지 않습니다. 편협된 지식을 지닌 지도자 아래서 성장한 사람은 역시 편협된 행동을 보입니다. 유년기부터 온전한 지도자를 만난다는 것은 얼마나 행복한 일인지 모릅니다. 그러므로 지도자가 되려고 하는 사람은 자신을 온전하게 만드는 일이 중요합니다. 한 쪽에 너무 치우치지 않는 원만한 영성을 지니는 것입니다. 그렇기 위해서 자신을 다루어야 합니다. 극단은 아름다운 일이 아닙니다. 성경은 우리가 극단에 치우치는 것을 경고합니다. 지식적인 사람은 은혜를 사모해야 하고, 은혜를 구하는 사람은 지식을 채워야 합니다. 앵무새처럼 지도자를 그대로 흉내 내는 사람이 많이 있습니다. 스승을 흉내 내는 것은 아직 어리다는 증거입니다. 어릴 때는 지도자를 따르지만 성장하면 자신만의 모습을 보여주어야 합니다. 그렇게 해야만 새로운 시대가 열리는 것입니다.

시대가 변하고 삶의 양태가 바뀌었는데도 전의 지도자를 그대로 흉내 내는 사람들이 있습니다. 세상은 급하게 변화하는데 지난 시대의 가치관과 낡은 지식으로 가르치려는 사람으로 인해서 침체가 생깁니다. 이것은 시대를 읽지 못하는 형식주의를 만드는 배경이 됩니다. 지난 시대의 가치관으로 새 시대를 이해하려고 하기 때문에 갈등이 깊어지는 것입니다. 지도자의 그늘을 벗어나 자신 만의 색깔을 찾을 때 비로소 자신의 길이 열려지는 것입니다. 성경에 나오는 요셉과 야곱을 생각하시기를 바랍니다. 부모를 떠나 광야에서 하나님과 직접적인 관계를 통하여 영적으로 성장하였습니다. 지도자의 명성에 기대어 편안한 삶을 살고자 한다면 그것은 삶을 위한 삶일 뿐일 것입니다. 빨리 자신과 하나님과 통하는 신앙의 길을 찾아가야 합니다.

이 솔 타이는 두 가지 의미로서 설명을 할 수 있는데 전자는 긍정적인 측면으로 이해하는 말이며, 후자는 부정적인 측면으로 이해 할 수 있습니다. 그러나 솔 타이는 이 두 가지 면을 다 포함하는 말이므로 어느 하나로만 표현하면 다른 면이 축소가 되므로 영어 표현을 그대로 옮겨 사용하는 경우가 많습니다.

예를 든다면 이런 경우입니다. ○○에서 믿음생활을 하는 여 집사에게서 전화가 왔습니다. 다른 곳에서 믿음 생활을 2년 동안 하다가 ○○으로 이사를 왔다는 것입니다. 문제는 전에 모시던 교회 목사님의 영에 영향이 강하여 생활하는데 굉장한 어려움을 격고 있다는 것입니다. 담임목사님이 양신역사가 심하여 자신이 중보기도를 해야 한다는 것입니다.

자신만 인정하는 성령이 전에 모시던 담임 목사님을 위하여 중보기도를 하라는 것입니다. 어느날은 새벽 3시 30분에 깨워서 잠을 자지 못하게 하면서 기도하라고 한다는 것입니다. 막 불이 쏙쏙 들어 오기도하고 소름이 끼치기도 하면서 기도하게 한다는 것입니다. 본인은 성령님이 시키신다고 하는데 이는 잘못알고 있는 것입니다. 정말 힘이 들어서 어찌하면 좋겠느냐고 전화로 물어보는 것입니다. 자기가 담임목사님이 영적인 상태가 좋지 못하여 영적으로 깨어나기를 소원하며, 중보기도를 계속해 왔는데 계속 중보기도를 해야 하느냐는 것입니다. 여 집사는 분별력이 없어서 속고 있는 것입니다.

목사님에게 역사하는 영과 솔타이(영의 얽힘)가 된 것입니다. 이런 사람들이 다수가 있습니다. 모두 영적으로 문제가 있는 사람들입니다. 자신이 영적으로 깨어있고 능력이 있다고 자신만이 인정하는 과대망상에 빠진 사람들입니다. 그렇기 때문에 자기관리를 소홀하게 하여 상대에게 역사하는 영에 묶임을 당한 것입니다. 이 여 집사도 자신이 특별한 사람인 것과 같이 자랑을 하는 것입니다. 자신이 5차원의 사람이라는 것입니다.

내가 불쌍해서 자세하게 설명을 해주었습니다. 본인이 상처와 영적으로 문제가 있어서 그것을 빌미로 들어와 역사하는 귀신이라고 알려주었습니다. 빨리 치유 받지 않으면 영적 정신적인 문제와 가정환경에 문제가 발생할 것이라고 알려주었습니다. 그러니까, 자수를 하는데 음란한 생각이 들어서 힘이 든다는 것입니다. 그래서 영적으로 음란하면 육적인 음란도 따라오는 것이니 하루라도 빨리 영적치유와 상처치유를 받으라고 했습니다.

그랬더니 자기가 사는 ○○에는 자신의 문제를 치유하여 줄 목사님이 없다는 것입니다. 그래서 안 되면 서울이라도 올라와서 치유를 받아야 한다고 알려주었습니다. 그러니까, 여 집사가 하는 말이 목사라고 다 목사가 아니었다는 것입니다. 자꾸 자신에게 문제가 있었다는 것을 인정하지 않고 전 담임목사에게 화살을 돌리는 것입니다. 그래서 여 집사에게 원래 집사님이 영적으로 혼탁하고 상처가 많아서 그런 일이 생긴 것이니 목사를 원망하지 말라고 했습니다. 원래 상처가 많고 영적으로 혼탁한 사람들이 자신을 보지 않고 남을 봅니다. 자신은 아는 것이 많으니 다되었다고 생각하기 때문입니다. 영적인 눈이 열리지 않아서 분별능력이 없으니 영적으로나 상처로 고생하는 사람들을 불쌍하게 보고, 자꾸 도와주려고하고, 기도해 주려고하고, 영적인 것에 관심을 많이 갖는 것이라고 일러 주었습니다.

이 여 집사와 똑 같던 여 집사가 우리 교회에 와서 치유 받은 사람도 있습니다. 지금도 다니면서 치유를 받고 있습니다. 지금은 거의 정상으로 화복이 되었습니다. 이런 분은 담임목사가 꿈에 보이면 영락없이 영적으로 고통을 당합니다. 생각이 나도 마찬가지입니다. 이는 내가 임상적으로 체험한 바로는 귀신이 하는 짓입니다. 막 섬뜩 섬뜩하고 열이 오르는 현상이 자주 일어납니다. 빨리 치유를 받아야 합니다.

다섯째, 죽은 사람과의 솔 타이. 가족의 일원이나 친구가 죽었을 때 그 사람과 형성된 연민의 정! 즉 솔 타이를 끊어야 합니다. 그렇지 않으면 그로 인한 슬픔이나 비탄으로 인해 생존자가 고통을 받는 경우가 많으면 영적인 존재인 악령과 귀신은 그것을 매개로 하여 들어오게 되는 것입니다. 성경에 보면 사랑하는 사람이 죽었을 때 애통하는 기간은 보통 7일에서 한 달입니다. 야곱이 죽었을 때 요셉은 7일 동안 애통해 했습니다(창 50:10). 아론이나 모세가 죽었을 때 이스라엘 사람들은 한 달 간 애통해 했습니다(민 20:29; 신 34:8). 너무 오래 동안 애통해 하는 것은 그만큼 솔 타이가 깊게 형성되었음을 의미하며 그럴 때 생존자에게 슬픔의 영, 비탄의 영, 고독의 영이 발판을 삼고 침투할 우려가 많습니다.

실제로 서울에 사는 여성도의 경우 시 어머니가 돌아가시고 나서 자신에게 어떤 강한 기운이 자신에게 덮치는 것을 느꼈다는 것입니다. 목사님에게 물어보니 아무것도 아니니 무시하고 지내라고 해서 무시하고 살았는데 3년 정도 지나니까, 초등학교 다니는 딸이 영적으로 이상한 행동을 하더라는 것입니다. 다른 사람들은 잘 모르는데 자신은 안다는 것입니다. 구역질을 하고 머리가 아프다고 하면서 정상적인 생활을 못할 때가 종종 있다는 것입니다. 지금 치유를 받으러 다닙니다.

솔 타이는 자신이 일고 인정해야 끊어지기 시작을 합니다. 반드시 성령으로 세례를 받고 성령의 강력한 역사가 일어나야 끊어집니다. 솔 타이가 형성된 성도는 하루라도 빨리 자신의 죄악과 잘못을 인정하고 성령의 역사가 강한 장소에 가서 상처를 치유하고 귀신을 몰아내야 합니다. 시간이 많이 걸립니다. 자신이 성령으로 장악이 되는 만큼씩 귀신으로부터 자유하게 됩니다. 영안을 열어 자신의 역적인 상태를 바르게 분별하기를 바랍니다. 영적인 눈을 열러 불필요한 고통을 당하지 말기를 바랍니다.

세상에는 눈에는 안보이지만 살아있는 영적인 실체들이 활동하고 있습니다. 서로 빼앗고 빼앗기는 보이지 않는 전쟁이 일어나고 있는 것입니다. 생명의 말씀과 성령으로 영의 눈을 열어 대처하면서 영적세계를 지배하기를 바랍니다.

5부 영적실체를 장악하는 비결

20장 예수 이름의 권세로 장악하는 법

(행3:1-10)"제 구 시 기도 시간에 베드로와 요한이 성전에 올라갈새, 나면서 못 걷게 된 이를 사람들이 메고 오니, 이는 성전에 들어가는 사람들에게 구걸하기 위하여 날마다 미문이라는 성전 문에 두는 자라. 그가 베드로와 요한이 성전에 들어가려 함을 보고, 구걸하거늘 베드로가 요한과 더불어 주목하여 이르되 우리를 보라 하니, 그가 그들에게서 무엇을 얻을까 하여 바라보거늘 베드로가 이르되 은과 금은 내게 없거니와 내게 있는 이것을 네게 주노니 나사렛 예수 그리스도의 이름으로 일어나 걸으라 하고, 오른손을 잡아 일으키니 발과 발목이 곧 힘을 얻고 뛰어 서서 걸으며 그들과 함께 성전으로 들어가면서 걷기도 하고 뛰기도 하며 하나님을 찬송하니 모든 백성이 그 걷는 것과 하나님을 찬송함을 보고 그가 본래 성전 미문에 앉아 구걸하던 사람인 줄 알고 그에게 일어난 일로 인하여 심히 놀랍게 여기며 놀라니라"

예수님의 이름에는 분명하게 권세가 있습니다. 성도들에게 세상에서 가장 가치 있는 이름 하나를 찾으라고 한다면 "예수 그리스도의 이름"임을 찾아야 합니다. 예수의 이름의 뜻이 "구원"입니다. 예수님은 요한복음 14장 6절에서 "내가 곧 길, 진리, 생명 이라고 하시며 나로 말미암지 않고는 아버지께로 올 자가 없다" 고 하셨습니다. 죄에서 자유 함을 얻는 유일한 길이요. 요한복음 14장 13절에 "너희가 내 이름으로 무엇을 구하든지 내가 시행 하리니" 하나님께 기도하여 응답 받을 수 있는 이름입니다. 이런 기도의 약속은 대단한 약속입니다. 그래서 성도들은 열심 있게 예수 이름으로 성령 안에서 기도해야 합니다. 그러나 기도는 열 심히 하는데 아무 일도 일어나지 않는 일이 대부분입니다. 그것 을 이상하게 여기지도 않습니다. 자신의 능력이 없어서, 믿음이 적어서, 죄가 있어서 등으로 생각하고 기도를 포기합니다.

그럼 과연 예수 이름의 권세는 언제 누구에게 나타나는 것일 까요? "먼저 생각할 것은 우리가 이 땅에서 예수 그리스도의 이 름을 부르는 의미를 알라" 기도는 나를 위한 것이 아니라, 하나 님을 위한 것임을 잊지 말아야 합니다. 즉 예수 이름을 사용하는 목적이 나를 위함이 아니라, 하나님의 영광을 위함이어야 한다 는 것입니다. 예수의 이름은 내가 하나님을 이용하도록 주신 것 이 아니라, 하나님께서 나를 사용하시기 위해 주신 이름이라는 말씀입니다. 이를 알고 성령으로 기도해야 합니다. 성령 안에서 예수님의 권세가 나타나는 것입니다.

성령 안에서 예수님의 이름으로 기도할 때 하나님이 들어주시 고 응답하여 주십니다. 우리가 '예수님의 이름으로' 기도하는 것 은, 예수님께서 돌아가시기 전에 제자들에게 마지막으로 부탁하신 말씀 때문입니다. 물론 '예수님의 이름으로' 기도할 때에는, 예수님의 가치와 목적과 성품이 그 기도 속에 포함되어 있어야 합니다. 즉 성령의 임재가운데 성령으로 기도해야 합니다. 그 구체적인 기도의 내용이 바로 주님이 가르쳐주신 주기도문에 담겨 있습니다. 무엇보다 우리가 기도하는 대상이신 하나님에 대해서 오해를 풀어야 합니다. 우리의 기도는 억지로 떼를 써서라도 인색한 하나님에게 우리가 원하는 것을 받아내는 고집스러운 행위가 아니라, 단순하고 솔직하게 필요한 것과 성령님이 감동하시는 것을 믿음으로 간구하는 것입니다.

그리고 '예수님의 이름으로' 기도할 때에 우리가 받게 될 가장 좋은 응답은 바로 '성령'이라는 것을 알아야 합니다. 기도할 때 성령을 주십니다. 이것이 바로 예수님께서 우리에게 '예수님의 이름으로' 기도하라고 가르쳐주신 진정한 이유입니다. 이 부분에 대해서 조금 더 깊이 묵상할 필요가 있습니다. 예수님께서 승천하시기 전에 제자들에게 남겨주신 말씀은 "오직 성령이 너희에게 임하시면 너희가 권능을 받고 예루살렘과 온 유대와 사마리아와 땅 끝까지 이르러 내 증인이 되리라 하시니라."(행1:8)입니다. 누가복음 11장에서 주님은 우리가 '예수님의 이름으로' 기도하면 '성령'을 받게 될 것이라고 말씀하셨습니다. 여기 사도행전 본문에서는 '성령'이 임하면 '권능'을 받게 될 것이며, 그 '권능'을 받아야 땅 끝까지 이르러 '주님의 증인'이 될 수 있다고 하셨습니다. 그리고 오순절 성령강림을 통해서 실제로 주님께서 약속하신 성령이 제자들에게 하나씩 임했습니다.

자, 그렇다면 제자들이 성령이 임함으로써 받게 된 '권능'이 구체적으로 무엇일까요? 오순절 성령강림절 당일에 제자들이 다른 나라의 말로 '방언'을 말함으로써 예수 그리스도의 복음이 선포되는 정말 놀라운 일이 나타났습니다. 그러나 '방언'을 '권능'이라고 표현하기에는 무언가 충분하지 않다는 느낌입니다. 성령이 임하심으로 제자들이 받게 된 '권능'이 무엇일까요?

베드로가 행한 오순절 설교에서 이 '권능'의 의미가 잘 설명되고 있습니다. "이스라엘 사람들아 이 말을 들으라. 너희도 아는 바와 같이 하나님께서 나사렛 예수로 큰 권능과 기사와 표적을 너희 가운데서 베푸사 너희 앞에서 그를 증언하셨느니라."(행 2:22)입니다.

베드로는 예수님께서 이미 '권능'을 나타내셨다고 이야기합니다. 예수님께서 행하신 '권능'(權能)이란 기사(wonders)와 표적(signs)을 행하실 수 있는 눈으로 보이는 '능력'(power)이라는 것입니다. 그 권능을 통해서 예수님이 하나님의 아들이요. 그리스도이심을 하나님께서 '증언'하셨다는 것입니다. 반드시 예수님의 권능은 말로만 그치는 것이 아니라 실제 몸으로 느끼고, 눈으로 보이는 실제적인 현상이 나타나야 합니다. 정리하자면, '권능'은 기사와 표적을 행하는 능력인데, 그것을 통해서 예수 그리스도가 증명(prove)될 수 있는 그런 능력입니다.

자, 그렇다면 오순절 성령강림 사건을 통해서 제자들이 받게 된 '권능'은 무엇일까요? 그것은 예수님과 똑같습니다. '기사'와 '표적'을 행할 수 있는 '능력'입니다. 그 권능을 사용함으로써, 주님께서 하신 말씀처럼, 제자들은 비로소 땅 끝까지 이르러 예수님을 증언하는 사역을 할 수 있게 되었던 것입니다. 그러니까 예수님께서 제자들에게 '예수님의 이름으로' 하늘 아버지께 기도하여 '성령'을 받으라(눅11:13)고 말씀하신 이유는, 결국 제자들이 성령을 받아야 이와 같은 권능을 사용할 수 있게 되기 때문인 것입니다. 권능은 성령으로 기도할 때 기사와 표적이 나타나기 때문입니다. 그렇기 때문에 예수님의 권능을 사용하려면 반드시 성령으로 세례를 받아야 합니다.

그렇게 해서 실제로 초대교회에서는 성령 받은 제자들로 말미암아 많은 '기사와 표적'이 나타나게 되었습니다(행2:43). 그 중의 그 첫 번째 사건이 바로 성전 미문에서 구걸하던 나면서부터 못 걷게 된 장애인을 베드로와 요한이 치유한 일입니다. 이때 베드로가 그를 향해서 무엇이라고 말했습니까? "베드로가 이르되 은과 금은 내게 없거니와 내게 있는 이것을 네게 주노니 나사렛 예수 그리스도의 이름으로 일어나 걸으라 하고…."(행3:6)라는 말입니다.

여기에서 우리가 주목해야 할 부분은, 베드로가 권능을 행하면서 사용한 '나사렛 예수 그리스도의 이름으로'라는 말입니다. 베드로는 '내가 명하노니 일어나 걸으라!'라고 하지 않습니다. '예수님의 이름으로 일어나 걸으라!'고 명령합니다. 바로 이것이

'예수님의 이름으로' 기도하여 성령의 권능을 받은 사람들이, 그 권능을 행할 때 하는 방법입니다. '예수님의 이름으로' 기도하여 얻은 권능은 오직 성령 안에서 '예수님의 이름으로' 명령함으로써 그 능력이 나타나게 되는 것입니다.

그렇다면 예수님은 기사와 표적을 행하실 때에 당신의 이름을 사용하셨을까요? 아닙니다. 예수님은 당신의 이름을 사용하실 필요가 없으셨습니다. 그냥 '말씀하심'으로 놀라운 기사와 표적을 보이셨습니다. "…중풍병자에게 말씀하시되 일어나 네 침상을 가지고 집으로 가라 하시니 그가 일어나 집으로 돌아가거늘…"(마9:6b-7). 베데스다 연못가에 누워 있던 38년 된 병자를 향해서도 예수님은 그냥 명령하셨습니다. "예수께서 이르시되 일어나 네 자리를 들고 걸어가라 하시니 그 사람이 곧 나아서 자리를 들고 걸어가니라."(요5:8-9). 명령하셨습니다.

예수님은 굳이 '예수님의 이름으로' 선포하실 이유가 없으십니다. 왜냐하면 그분이 바로 예수 그리스도 자신이시기 때문입니다. 그러나 제자들은 다릅니다. 제자들은 자신의 능력으로 기사와 표적을 나타내 보이는 것이 아닙니다. 성령 안에서 예수님의 이름으로 기도하여 얻은 '권능'으로 기사와 표적을 보이는 것입니다. 따라서 그들은 반드시 '예수님의 이름으로' 그렇게 선포하고 명령해야 하는 것입니다.

그러니까 엄밀하게 말하자면 제자들이 기사와 표적으로 '권능'을 행할 때에, 예수님께서 그 일을 행하신다는 믿음을 가지고

'예수님의 이름으로' 기도하는 것이며, 동시에 예수님께서 행하실 일(기사와 이적)에 대해서 선포하고 명령하는 것입니다. 예수님께서는 믿음의 '기도'를 들으시고 이적이 나타날 대상에게 성령으로 '명령'하는 것입니다. 이 명령을 대상이 알아듣고 순종하니 기적이 나타나는 것입니다.

이와 같은 놀라운 일은 베드로에게만 경험된 것이 아니었습니다. 바울은 그보다 더 놀라운 일을 행했습니다. 빌립보에서는 예수 그리스도의 이름으로 귀신들린 여종에게서 귀신을 내쫓기도 했습니다. "…바울이 심히 괴로워하여 돌이켜 그 귀신에게 이르되 예수 그리스도의 이름으로 내가 네게 명하노니 그에게서 나오라 하니 귀신이 즉시 나오니라."(행16:18). 바울이 말 한대로 귀신이 나왔습니다. 에베소에서 사역할 때에는 정말로 믿기지 않는 놀라운 역사가 나타나기도 했습니다. "하나님이 바울의 손으로 놀라운 능력을 행하게 하시니 심지어 사람들이 바울의 몸에서 손수건이나 앞치마를 가져다가 병든 사람에게 얹으면 그병이 떠나고 악귀도 나가더라."(행19:11-12). 이는 실제로 일어난 성령의 역사입니다.

이 이야기는 마치 12년 동안 혈루증을 앓던 여인이 예수님의 옷에 손을 대고 고침을 받은 장면을 연상하게 합니다. 그러나 그것은 어디까지나 예수님 이야기입니다. 하나님의 아들이신 예수님이라면 물론 얼마든지 그런 일을 행하실 수 있습니다. 그런데 바울의 몸에서 손수건이나 앞치마를 가져다가 얹으면 병이 고쳐지고 악귀가 나가는 이런 일이 어떻게 벌어진단 말입니까? 오랫동안 선교활동에 헌신하다가 보니까 바울도 예수님과 같은 어떤 초자연적인 능력을 가지게 된 것일까요? 아닙니다. 그것은 바울이 가지고 있는 능력이 아닙니다. 본문은 이와 같은 오해를 막기 위해서 분명한 어조로 말합니다. "하나님이 바울의 손으로 놀라운 능력을 행하게 하셨다." 하나님의 카리스마가 바울을 통하여나타난 것입니다.

바울을 통해서 나타난 일은 분명히 보통 사람들로서는 감히 행할 수 없는 아주 '이례적인'(extraordinary) 것이었습니다. 그러나 그것은 바울이 자신의 능력으로 행한 일이 아니라, 하나님께서 바울을 통해서 하신 일입니다. 지금도 하나님은 성령으로 세례를 받고 믿음 있는 성도들을 통해서 일을 하십니다.

왜 하나님께서는 바울을 통해서 그런 놀라운 능력을 나타내셨을까요? 그것은 바울이 선포하는 '말씀의 권위'를 세워주시기 위해서였습니다. 잘 새겨들으십시오. '바울의 권위'가 아닙니다. '말씀의 권위'입니다. 바울이 가르치고 전하는 주님의 말씀의 권위를 높여주시기 위해서 놀라운 능력을 보여주신 것입니다. 하나님이 바울을 통하여 일을 하신다는 것을 나타내신 것입니다.

이와 같은 일은 예수님의 공생애 기간 동안에 이미 경험되어진 일입니다. 예수님께서 제자들을 파송하셨을 때에도 제자들을 통해서 놀라운 권능이 나타났습니다. "예수께서 열두 제자를 불러 모으사 모든 귀신을 제어하며 병을 고치는 능력과 권위를 주시고 하나님의 나라를 전파하며 앓는 자를 고치게 하려고 내보내시며…."(눅9:1-2). 예수님은 열두 제자를 한 자리에 불러놓으시고, 그들에게 '모든 귀신을 제어하며 병을 고치는 능력(power)과 권위(authority)를 주셨다'고 합니다. 이 '능력'과 '권위'를 한 마디로 줄여서 말하면 바로 '권능'(權能)이 되는 것입니다. 그런데 이 '권능'의 구체적인 내용이 무엇이었을까요? 그렇습니다. 바로 성령 안에서 '예수님의 이름을 사용할 수 있는' 능력과 권위입니다. 우리는 이 능력과 권위를 예수 이름으로 사용해야 합니다. 실제로 이때 파송 받은 제자들은 '각 마을에 두루 다니며 곳곳에 복음을 전하며 병을 고쳤다'(눅9:6)고 합니다. 또한 '귀신들이 제자들에게 항복하는' 그런 일들도 체험했습니다(눅10:17). 그것 또한 제자들의 능력이 아니었습니다. 오히려 그들이 전하는 하나님 나라의 '복음의 권위'를 드러내기 위해서 주님께서 제자들에게 '예수님의 이름을' 사용할 수 있는 권능을 주셨고, 그것을 통해 놀라운 능력을 실제로 나타내신 것입니다.

베드로와 바울이 행했던 권능도 이와 같이 예수님의 이름을 사용하는 능력이었습니다. 그것을 통해서 놀라운 기사와 표적이 나타났던 것입니다. 그러나 '예수님의 이름'을 사용한다고 해서, 누구에게나 이와 같은 놀라운 일이 나타나게 되는 것은 아닙니다. 바울이 에베소에서 사역할 때에 '예수님의 이름으로' 귀신을 쫓아내는 것을 본 마술사들이 그 흉내를 냈던 일이 있었습니다. "이에 돌아다니며 마술하는 어떤 유대인들이 시험 삼아 악귀 들린 자들에게 주 예수의 이름을 불러 말하되 내가 바울이 전파하는 예수를 의지하여 너희에게 명하노라 하더라."(행19:13). 여기에서 '돌아다니며 마술하는 어떤 유대인들'은 그냥 눈속임수로 사람들을 즐겁게 해주는 '마술사'를 의미하지 않습니다. 이들은 사실 '악한 영들을 쫓아내는' '유대인 퇴마사'였습니다.

사도행전 8장에서 빌립이 사마리아 성에 내려가 복음을 전하다가 만난 '시몬'이라는 마술사나, 사도행전 13장에서 바울이 첫 번째 선교여행 중에 구브로의 바보에서 만난 '바예수'라는 유대인 거짓 선지자인 마술사도, 엄밀하게 말하면 사실 퇴마사들이었습니다. 물론 그들이 행하는 것은 눈속임수의 가짜 마술에 불과했지만, 그것을 잘 모르는 사람들에게는 '퇴마사'로서 큰 영향력을 행사하고 있었습니다. 그러다가 빌립이나 바울을 통해서 진짜 능력이 나타남으로써 그들의 가짜 행세가 들통 나고 말았습니다.

바로 이곳 에베소에도 그와 같이 여기저기 떠돌아다니며 사기 쳐서 먹고 사는 가짜 퇴마사들이 나타났던 것입니다. 그들은 바울을 모방하여 '시험 삼아' 귀신을 축출하려고 했습니다. 악귀 들린 사람들에게 '내가 바울이 전파하는 예수를 의지하여 너희에게 명하노라!'라고 말하면서, 예수님의 이름을 이용하여 귀신을 쫓아내려고 했던 것입니다. 아마도 바울이 '예수 그리스도의 이름으로' 귀신을 쫓아내는 장면을 목격했었던 모양입니다.

자, 과연 어떤 일이 벌어졌을까요? 그들도 정말 귀신을 쫓아낼 수 있었을까요? "악귀가 대답하여 이르되 내가 예수도 알고 바울도 알거니와 너희는 누구냐 하며 악귀 들린 사람이 그들에게 뛰어올라 눌러 이기니 그들이 상하여 벗은 몸으로 그 집에서 도망하는지라."(행19:15-16).

그렇습니다. 예수 그리스도의 이름을 아무리 큰 소리로 부른다고 하더라도, 만일 그가 예수님을 구주로 믿지 않는 사람이라면, 그에게는 아무런 능력도 나타나지 않습니다. 왜냐하면 그 능력의 근원은 '예수 그리스도의 이름'에 있는 것이 아니라 '예수님 자신'에게 있기 때문입니다. 예수님께서 행하신다는 믿음이 없는데, 그 이름을 부른다고 무슨 일이 나타나겠습니까?

믿음 없이 부르는 '예수 그리스도의 이름'은 아무런 능력도 나타내지 않는 공허한 '주문'(呪文)이 되고 맙니다. 그것이 바로 하나님께서 십계명을 통해서 엄중하게 금지하신 '하나님의 이름을 망령되이 일컫는' 죄를 범하는 것입니다.

베드로가 성전 미문에서 행한 표적을 보고 놀란 사람들이 솔로몬 행각으로 모여들었을 때에, 그들에게 베드로는 이렇게 선포했습니다. "그 이름을 믿으므로 그 이름이 너희가 보고 아는 이 사람을 성하게 하였나니 예수로 말미암아 난 믿음이 너희 모든 사람 앞에서 이같이 완전히 낫게 하였느니라."(행3:16). 그렇습니다. 예수님의 이름을 불렀다고 권능이 나타나는 것이 아니라, 예수 그리스도의 이름을 믿는 믿음이 그와 같은 놀라운 기적을 나타낸 것입니다. 예수님이 자신을 통해서 일하신다는 믿음이 있을 때 성령이 역사합니다. 절대로 자신이 행하는 것이 아닙니다. 예수님이 하신다는 믿음을 보고 행하시는 것입니다. 우리는 예수님이 사용하시는 도구에 불과합니다.

요한복음 14장에서 주님은 '내 이름으로 무엇이든지 내게 구하면 내가 행하리라'(요14:14)고 말씀하셨습니다. 그래서 우리 그리스도인들은 기도할 때마다 반드시 예수님의 이름으로 기도합니다. 그러나 예수님의 이름으로 구한다고 해서, 무조건 우리가 간구하는 모든 기도와 소원이 이루어지는 것은 아닙니다. 믿음으로 기도해야 합니다. 예수를 그리스도로 믿는 믿음으로 기도해야 합니다. 그럴 때에 우리의 생각과 기대를 뛰어넘는 하나님의 놀라운 은혜와 능력으로 응답되는 것입니다.

'예수님의 이름으로' 기도할 때에 우리는 성령으로 세례를 받습니다. 성령을 세례를 받아 성령이 임하게 되면 우리는 '예수 이름으로 명령하는 권능'을 받게 됩니다. 예수님께서 행하신다는 확실한 믿음을 가지고 '예수님의 이름으로' 기도하며, 또한 '예수님의 이름으로' 명령할 때에, 하나님께서는 우리를 통해서도 얼마든지 놀라운 기사와 표적을 나타내시면서 예수님이 하나님의 아들이요, 그리스도이심을 증언하게 하실 것입니다.

성도들은 하나님께서 주신 예수 이름의 권세를 사용해야 합니다. 많은 목회자들이 성도들에게 예수님을 믿으면 하나님의 자녀가 되는 권세가 있다고 말합니다. 그래서 많은 성도들이 자신에게 하나님의 권세가 있는 줄 압니다. 자신에게 권세가 있다는 것을 안다고 권세가 나타나는 것이 아닙니다. 성령 안에서 믿음으로 사용할 때 권세가 권능으로 나타납니다. 그런데 문제는 권세를 사용할 줄을 모른다는 것입니다. 권세가 있어도 사용하지 않으면 무용지물입니다. 사용할 때 권능으로 역사가 나타나는 것입니다. 경찰관에게는 나라에서 부여한 권세가 있습니다. 그러나 경찰에게 부여한 권세를 사용하지 않으면 세상에 범죄가 판을 치고, 교통이 혼잡하게 됩니다. 교통사고가 많이 나고, 도둑이 판을 칠 수가 있습니다. 경찰관이 나라에서 부여한 권세를 사용하면 모든 것이 질서를 잡고 잠잠해지는 것입니다. 이와 마찬가지로 성도에게 하나님이 주신 권세를 사용하지 않으면 마귀 귀신이 활개를 칠 것입니다.

부활하신 후 예수님은 다시 오신다는 약속을 하시고 승천하셨습니다. 그러나 그냥 가신 것이 아닙니다. 우리를 고아처럼 버려두고 그냥 가신 것이 아니라는 것입니다. 우리를 잠시 이 땅에 두고 가시는 주님은 우리를 염려하사 우리를 지키고, 우리를 인도하고, 우리를 보호할 다른 분을 보내주셨습니다. 바로 성령이십니다. "내가 아버지께 구하겠으니 그가 또 다른 보혜사를 너희에게 주사 영원토록 너희와 함께 있게 하리니"(요14:16).

예수님은 예수님이 떠나고 우리에게 그 성령이 오시는 것이 더욱 유익하다고 말씀하셨습니다. "그러나 내가 너희에게 실상을 말하노니 내가 떠나가는 것이 너희에게 유익이라 내가 떠나가지 아니하면 보혜사가 너희에게로 오시지 아니할 것이요 가면 내가 그를 너희에게로 보내리니"(요16:7). 왜 유익이냐면 육체를 입으신 예수님은 우리 각자와 연합할 수 없으나 성령은 우리 한 사람, 한 사람의 보혜사로 각 심령에 임재하실 수 있기 때문입니다.

예수님은 이 세상이 얼마나 험한지 잘 알고 계셨습니다. 주님이 그의 제자들을 세상으로 보내면서 "너희를 보냄이 양을 이리가운데 보냄과 같다"고 말씀하실 정도로 이 세상이 무서운 곳임을 그 분은 잘 알고 계셨습니다. 왜 무섭습니까? 이 세상의 임금은 사단, 마귀이기 때문입니다. 그런 곳에서 당신이 피 값을 주고 산 하나님의 자녀들이 혼자서는 살아갈 수 없음을 아셨기에 성령을 보내주신 것입니다.

성령을 받으면 하늘의 권세를 받게 됩니다. "오직 성령이 너희에게 임하시면 너희가 권능을 받고"(행1:8). 권능이 무엇입니까? 권세와 능력입니다. 무슨 권세와 능력입니까? 하나님이 모든 권세를 예수 그리스도에게 넘기셨지 않습니까(마28:18)? 그 권세와 능력을 예수님이 우리에게 주신 것입니다. 즉 성령 안에서 '예수 이름'을 사용하면 우리도 예수님이 하셨던 것처럼, 악한 마귀와 귀신들을 추방할 수 있고, '예수 이름'을 사용하면 하늘의 것과 땅의 것, 그리고 땅 아래 있는 것들이 우리 앞에 복종할 수밖에 없다는 것입니다. 예수이름으로 영적세계를 장악하는 것입니다. 왜냐하면 예수의 이름은 곧 예수님이기 때문입니다.

예수님은 "믿는 자들에게는 이런 표적이 따르리니 곧 그들이 내 이름으로 귀신을 쫓아내며 새 방언을 말하며, 뱀을 집어 올리며 무슨 독을 마실지라도 해를 받지 아니하며 병든 사람에게 손을 얹은즉 나으리라 하시더라"(막16:17~18)라고 말씀하셨는데, 이런 능력은 성령이 임해야 가능합니다. 그래서 예수님이 승천하기 바로 전에 "볼지어다! 내가 내 아버지께서 약속하신 것을 너희에게 보내리니 너희는 위로부터 능력으로 입혀질 때까지 이 성에 머물라 하시니라"(눅24:49)라고 말씀하신 것입니다.

그 말씀대로 120문도가 마가의 다락방에 모여 기도하며 성령을 기다렸던 것입니다. 성령이 불 같이 하나씩 임하자 그들이 나가 민간에게 표적과 기사를 행했습니다. 심지어는 베드로의 그림자만 밟아도 병이 낫는 일이 일어났습니다. 베드로뿐입니까? 스데반이나 빌립 집사 등 일곱 집사들도 성령의 권능이 충만하여 귀신을 쫓아내고 병을 고쳤습니다. 왜요? 어떻게요? 베드로의 말대로 '나사렛 예수 그리스도의 이름으로' 행한 것입니다. 사도 바울이 귀신을 쫓은 것 역시 '예수 이름'입니다.

예수 그리스도가 성령으로 주신 '예수 이름'으로 귀신을 향하여 명령하면 귀신은 떠날 수밖에 없는 것입니다. 그런데 안합니다. 사용하지 않습니다. 안 믿습니다. 왜요? 그게 되냐는 겁니다. 그런 법이 어디 있냐는 겁니다. 한 번도 예수 이름으로 기도하여 기사와 표적을 행하는 것을 보지 못했기 때문입니다. 예수 이름을 사용하는 훈련을 받지 못해서 하는 말입니다. 말씀 만 많이 알면 다된다고 배웠기 때문입니다. 머리로 아는 지식적인 말씀은 실제 살아있는 역사를 일으키지 못합니다. 그러면 총을 쏘면 총알 나가서 짐승이 죽는 건 어떻게 믿습니까? 아마 총을 쏘면 짐승이 죽는 것은 모두 믿을 것입니다. 총을 쏘면 총알이 나가서 죽이는 것처럼, 성령 안에서 예수 이름으로 명령하면 예수 이름이 자신과 가정에 역사하는 귀신을 쫓아내게 되어 있는 것입니다.

21장 걸어 다니는 성전의식으로 장악하는 법

(고전 3:16)"너희는 너희가 하나님의 성전인 것과 하
나님의 성령이 너희 안에 계시는 것을 알지 못하느냐"

하나님은 걸어 다니는 성전의식을 가지고 살아가기를 소원하십니다. 카리스마적인 권능을 나타내어 하나님께 쓰임을 받으려면 걸어 다니는 성전의식을 가져야 합니다. 자신 안에 계신 하나님으로부터 카리스마적인 권능이 흘러나오기 때문입니다. 자신 안에 성전이 견고하면 영적인 무기력이나 "번아웃: Burn out" (탈진)하고 상관이 없기 때문입니다. 크리스천들이 무기력해지고 탈진에 빠지는 근본적인 원인은 실제적이고 체험적인 신앙이 되지 못하고 관념적인 신앙생활을 하기 때문입니다. 처음 예수를 믿고 교회에 출석하면서부터 하나님을 만나는 체험적인 신앙이 되면 영적인 기초가 든든하여 웬만한 세파에도 흔들리지 않기 때문입니다.

영육이 건강한 크리스천이 되려면 걸어 다니는 성전의식을 가지고 믿음생활을 해야 합니다. 그래야 성전에 계신 하나님의 권능으로 기적을 체험하면서 살아갈 수가 있습니다. 하나님은 보이는 성전에 계시지 않습니다. 성도 한 사람, 한 사람의 마음 안에 주인으로 임재 하여 계십니다. 성전을 견고하게 세운다는 것은 자신 안에 하나님께서 전 인격을 장악하는 것입니다. 크리스

천들이 바르게 알아야 할 것이 있습니다. 유형교회를 세우려고 교회에 다닌다고 한다면 잘못 이해한 것입니다. 유형교회를 출석하는 것은 먼저 자신 안에 있는 성전을 가꾸기 위해서 출석하는 것입니다. 마음안의 교회를 가꾸기 위하여 유형교회의 예배에 빠짐없이 출석해야 합니다. 크리스천은 유형교회를 통하여 자신안의 성전을 가꿀 수가 있기 때문입니다. 유형교회에서 목사님의 설교를 들으면서 영을 깨우고 선배들의 신앙지도를 받으면서 영이 자라 심령교회가 가꾸어지기 때문입니다. 마음 성전을 가꾸기 위하여 유형교회를 건축해야 합니다. 마음 성전을 가꾸어야 전인적인 복을 받습니다. 자신이 잘 되어야 전도도 할 수가 있는 것입니다.

하나님은 "너희가 하나님의 성전인 것과 하나님의 성령이 너희 안에 거하시는 것을 알지 못하느뇨"(고전 3:16). 성경은 '하나님의 성전,' 즉 '하나님이 거하시는 성전'이 사람의 마음속에 있다고 말씀합니다. 우리는 달력 등에 실린 삽화에서 예수님이 문밖에서 노크하고 계신 그림을 본적이 있습니다(계 3:20). 우리의 마음 문밖에 서 계신 예수님을 우리의 마음 안에 모셔 들입시다. 무너져 내린 마음속의 성전을 다시 건축해야 합니다. 하나님께서 모세에게 "내가 그들 중에 거할 성소를 그들을 시켜 나를 위하여 지으라"(출 25:8). 명하신 것처럼, 하나님께서 오늘 우리에게 다시 명하십니다. '내가 거할 성소를 너희 마음 안에 지으라.' 수천 년 전 이 땅에 세워졌던 성전은 우리 마음 안에 건축되어야 할 성전의 표상입니다. 하나님의 지도하심을 따라서 마음의 성전이 완성되고 예수 그리스도의 거룩한 피가 우리의 마음의 성전에 뿌려져야 합니다. 예수님께서 십자가에서 흘리신 보혈을 통해서 우리 마음 안에 건축된 성전에 하나님께서 거룩하신 성령으로 임하십니다. 거룩하신 성령께서 마음의 성전을 정결케 하실 것입니다. 그리고 영원히 마음 안에 거룩하신 성령으로 거하실 것입니다.

첫째, 성령으로 마음을 청소하고 정리하다. 집안을 다스리려면 마음 안에 계신 성령하나님께서 주인으로 좌정하고 계셔야 합니다. 세상에서도 집안을 다스리려면 집안을 청소하고 정리해야 되는 것처럼 마음을 성령으로 청소하고 하나님께서 다스려야 되는 것입니다. 말씀과 성령으로 정신적으로 미움, 분노, 시기, 질투, 교만, 탐욕 같은 쓰레기더미의 원인을 찾아내고 양심의 고통스런 죄책을 다 회개하고 성령의 역사로 씻어야 마음을 다스릴 수가 있는 것입니다. 마음에 세상과 스트레스로 들어온 쓰레기가 잔뜩 쌓여있고 마음이 안정되지 못하고 불완전하게 흩어져서 정신을 차릴 수 없는데 다스려집니까?

마가복음 7장 21절로 23절에 "속에서 곧 사람의 마음에서 나오는 것은 악한 생각 곧 음란과 도둑질과 살인과 간음과 탐욕과 악독과 속임과 음탕과 질투와 비방과 교만과 우매함이니 이 모든 악한 것이 다 속에서 나와서 사람을 더럽게 하느니라" 우리 속에는 세상을 살아오면서 들어온 쓰레기더미가 있습니다. 너나 할 것 없이 우리 가슴을 활짝 펴고 성령으로 충만한 가운데 자신 안을 들여다보면 쓰레기더미가 다 있어요. 남에게만 쓰레기더미가 있다고 손가락질하지 말 것은 내 속에 쓰레기더미가 있는 것입니다. 그러므로 이것을 찾아서 청산해야 돼요. 쓰레기더미를 어떻게 청산합니까? 우리가 성령께서 인도하시는 회개를 통해서 청산할 수 있는 것입니다. 그리고 그때 들어온 귀신들을 성령으로 예수이름으로 몰아내야 합니다.

　마음 안에 있는 성전에 하나님을 주인으로 모시고, 성령으로 마음을 정리정돈 하고 여유가 생겨서 마음속이 행복하면 환경이 행복한 환경으로 변화되는 것입니다. 먼저 버려야 할 사소한 생각으로는, 불행하다는 마음과 마음의 고통, 슬픔, 상처 등 주로 부정적인 것들을 다 밀어내야 합니다. 화, 불안, 분노, 비난 등 부정적인 감정들도 지금 당장 버리고 망설이고, 걱정하고, 불신하고, 갈등하고, 조급증, 적대감 등의 행동을 과감하게 성령의 역사를 통하여 정화해야 합니다. 성령으로 충만하면 마음속의 쓰레기가 밀려서 나가는 것입니다. 마음이 세상 것으로부터 해방되면 행복하게 된다는 것입니다. 우리가 영혼의 만족을 누리면서 성공적이고 행복한 삶을 살기 위해서는 무엇보다 먼저 우리의 생각과 감정과 행동 가운데 부정적이고 소극적인 쓰레기더미를 예수님의 보혈과 성령의 역사로 씻어내고 우리 마음을 십자가 구속의 은혜로 채워야 하는 것입니다.

둘째, 하나님을 주인으로 모시고 살아라. 하나님께서 마음 성전의 주인으로 계시니 우리는 천국의 삶을 사는 것입니다. 우리는 모두 다 영원한 천국의 꿈을 갖고 사는 것입니다. 꿈이 없는 백성은 망한다고 말한 것입니다. 작은 꿈, 큰 꿈, 살아있는 사람은 다 마음에 꿈을 갖고 있는 것입니다. 그런데 희망찬 꿈을 갖고 살아야지 꿈이 언제나 비관적이고 절망적이면 절대 행복하지 않습니다. 비관적인 꿈을 가진 사람들이 요사이 자살을 많이 하지 않습니까? 대학생들도 대학교수도 자살을 하거든요. 그러면 희망찬 꿈을 어디에서 얻을 수 있느냐. 우리는 갈보리 십자가를 바라보고 희망찬 꿈을 얻을 수 있는 것입니다. 예수님이 우리의 모든 절망을 십자가에서 청산해 주었기 때문에 십자가를 바라보아야 희망찬 꿈을 얻을 수가 있는 것입니다. 세상 꿈은 왔다갔다, 왔다갔다, 변화무쌍 합니다. 큰돈을 벌겠다고 애를 써서 돈을 벌고 난 다음 대개 건강을 잃어버리고 환경이 어려워지면 순식간에 돈은 다 날아가 버리고 빈손 들게 되는 것입니다. 그러나 절대로 우리가 실망하지 않는 것은 갈보리 십자가에서 몸 찢고 피흘려 돌아가신 예수 그리스도를 바라보면 그 예수 그리스도 안에서 얻는 꿈은 희망차고 없어지지 않습니다.

마음 안에 주인으로 계시는 예수님을 쳐다보고 용서와 의의 꿈을 언제나 꿀 수 있고 거룩하고 성령 충만한 꿈을 꿀 수 있고 치료받고 건강한 꿈을 꿀 수가 있고 아브라함의 복과 형통을 얻을 꿈을 꿀 수 있고 부활 영생 천국의 꿈을 꿀 수가 있습니다. 꿈은 꿈이니까요. 그래서 내 영혼이 잘됨같이 범사에 잘되며 강건하고 생명을 얻되 넘치게 얻는 꿈을 꾸고 나아가면 그 꿈이 우리들을 그 세계로 이끌어 가는 것입니다. 자신이 꿈을 이루는 것이 아닙니다. 절대로 그것은 오해하지 마십시오. 꿈을 가슴에 품고 있으면 성령께서 꿈을 이끌어 가는 것입니다. 그렇기 때문에 꿈을 갖는다는 것은 그렇게 중요한 것입니다. 믿음의 주요 또 온전케 하시는 예수를 바라보라고 성경에 말한 것입니다. 예수를 바라보고 나아가면 그 꿈이 우리를 예수께로 이끌어 주는 것입니다.

그래서 "누구든지 그리스도 안에 있으면 새로운 피조물이라 이전 것은 지나갔으니 보라 새것이 되었도다." 이전의 죄악된 삶, 부패한 삶, 병든 삶, 패배와 실패, 낭패, 가난, 저주의 삶. 죽음의 고통의 삶이 다 사라지고 새로운 삶, 영혼이 잘됨같이 범사에 잘되며 강건하고 생명을 얻되 넘치게 얻는 삶으로 변화되는 것입니다. 그것은 내가 노력하고 힘쓰고 애써서 되는 것이 아니라, 꿈이 그 세계로 이끌어 가는 것입니다. 마음 안에 예수님을 주인으로 모시면 성령이 오셔서 그 꿈대로 변화시켜 주는 것입니다.

셋째, 성령으로 난 믿음을 활용해야 한다. 마음 안에 계신 성령하나님의 권능으로 마음을 다스리기 위해서는 하나님을 주인으로 믿어야 되는 것입니다. 성경에는 하나님을 믿으라고 말했는데 세상 사람들은 믿을 데가 없잖아요. 지위, 명예, 권세, 돈 이런 것을 믿지, 하나님을 못 믿는 것은 하나님을 모르니까. 하나님이 보이지 않으니까! 그러나 극히 어려운 일을 당하면 하나님을 모르는 사람은 믿을 데가 없기 때문에 망하고 마는 것입니다. 이스라엘 백성이 애굽에서 나올 때 바로와 온 군대가 그들을 다 잡으러 나왔는데 홍해수가에 와서 올 데 갈 데가 없었습니다. 군대도 없고 무장도 안 되고 바로왕의 군대를 대항할 수도 없었습니다. 다 잡혀 죽을 수밖에 없었습니다.

그럴 때 이스라엘 백성은 무엇을 했습니까? 모세를 따라서 하나님을 바라보았습니다. "너희는 오늘날 낙심하지 말고 하나님을 믿으라. 오늘 네가 본 애굽 군대를 다시는 보지 못하리라" 했는데 하나님께서 그들을 위해서 싸워서 홍해수가 갈라졌습니다. 상상할 수 없는 기적이 생겨난 것입니다. 우리가 하나님을 믿는다는 것은 하나님께서 동행하고 계시니 상상할 수 없는 기적이 일어날 것을 기대하고 믿는 것입니다. 하나님을 믿는 것은 일반적인 상식적인 일이 일어날 것이면 하나님 믿을 필요가 없어요. 우리가 감각적으로나 경험 등으로나 이성적으로나 지적으로 가능한 것을 믿으면 그것은 믿음이 아니지요. 불가능한 것을 믿는 것입니다. 할 수 없는 것을 믿는 것입니다.

그렇기 때문에 내가 믿는다고 기도할 때는 반드시 기적이 일어날 것을 기대해야 되는 것입니다. 기적이 없는 믿음은 믿음이 아닙니다. 믿음은 기적이 일어나야 돼요. 내가 영적으로 믿으면 영적인 변화의 기적이 일어나야 되고, 육신적으로 믿으면 육신적인 치료가 기적적으로 일어나야 되고, 생활적으로 믿으면 생활에 사람이 상상할 수 없는 은총이 나타나야 되는 것입니다. 그러므로 하나님을 믿으라는 것은 기적이 일어날 것을 기대하는데 무엇을 믿을까요? 그렇게 말하는 사람 많습니다. "믿음은 들음에서 나며 들음은 그리스도의 말씀으로 말미암는다고" 성경에 보면 하나님이 주신 약속이 얼마나 많은지 모릅니다. 백화점처럼 많아요. 그러므로 말씀을 읽고 그 말씀이 우리들에게 레마가 되어서 감동을 주면 그 자리에 무릎을 꿇고 기도해요. 역사가 이루어지는 것입니다.

잠언 4장 20절로 22절에 "내 아들아 내 말에 주의하며 내가 말하는 것에 네 귀를 기울이라 그것을 네 눈에서 떠나게 하지 말며 네 마음속에 지키라 그것은 얻는 자에게 생명이 되며 그의 온 육체의 건강이 됨이니라." 말씀이 마음속에 들어오면 그것이 생명이 되고 온 몸에 건강이 되는 것입니다. "네가 내 안에 내 말이 너희 안에 있으면 무엇이든지 원하는 대로 구하라 이루리라." 우리는 정말로 튼튼한 빽을 가지고 있습니다.

이런 하나님이 어디에 계십니까? 그러므로 우리가 예수 이름으로 말씀이 우리 마음속에 믿어지고 기도하면 하나님이 이루어 주시는 것입니다. 그렇기 때문에 믿음이라는 것은 기적을 기대하고 없는 것을 있는 것같이 생각하고 바라보는 것입니다. 없는 것을 있는 것같이 눈에는 아무 증거 안보이고 귀에는 아무 소리

안 들리고 손에는 잡히는 것 없어도 내가 믿는다는 것은 없는 것을 있는 것같이 보고 생각하고 기대하는 것입니다. 그러므로 강하고 담대할 수가 있습니다.

창세기 13장 14절로 15절에 "롯이 아브람을 떠난 후에 여호와께서 아브람에게 이르시되 너는 눈을 들어 너 있는 곳에서 북쪽과 남쪽 그리고 동쪽과 서쪽을 바라보라 보이는 땅을 내가 너와 네 자손에게 주리니 영원히 이르리라" 지금 내 땅이 아닌데 바라보라는 것입니다. 바라봄의 법칙입니다. 바라보고 마음에 내 것이라고 믿고 선언하면 너에게 주겠다. 그런데 가나안 땅 동서남북 땅을 아브라함과 그 자손에게 다 하나님이 다 주신 것입니다. 바라보라. 책을 읽는 당신은 지금 뭘 바라봅니까? 건강을 바라봅니까? 행복을 바라봅니까? 마음속에 좌정하신 하나님을 계속 바라보십시오. 그리고 믿으십시오. 기적이 일어날 것을 기대하십시오. 바라보고 믿고 기적이 일어날 것을 기대하고 입으로 하나님이 은혜를 주셨다고 시인하면 능력이 나타나게 되는 것입니다.

로마서 4장 18절에 "아브라함이 바랄 수 없는 중에 바라고 믿었으니 이는 네 후손이 이같으리라, 하신 말씀대로 많은 민족의 조상이 되게 하려 하심이라" 바랄 수 없는 중에 바라본다. 인간적으로 바랄 수 없는데 우리들은 바라고 믿어요. 하나님이 계시기 때문에…. 그러므로 내일은 오늘보다, 다음 달은 이번 달보다, 명년은 금년보다 나아질 수 있는 것은 마음속에 바라보는 법칙을 따라 바라보고 믿을 수 있기 때문인 것입니다. 마음에 바라보고 믿으면 운명과 환경이 믿음을 따라 변화되는 것입니다. 자꾸 '내 팔자가 나쁘다. 내 환경이 나쁘다. 시대가 나쁘다.' 그렇게 말하지 마십시오. 그 모든 것은 마음을 다스리면 자동적으로 다스릴 수 있습니다. 마음을 다스리고 난 다음에 다스린 마음으로 예수 이름으로 기도하고 명령하면 큰 변화의 역사가 환경에 다가오게 되는 것입니다.

마태복음 9장 20절로 22절에 "열두 해 동안이나 혈루증으로 앓는 여자가 예수의 뒤로 와서 그 겉옷 가를 만지니 이는 제 마음에 그 겉옷만 만져도 구원을 받겠다 함이라" 마음으로 바라봄의 법칙입니다. 아직 안 나았습니다. 혈루병으로 피를 철철 흘리며 고통스러웠습니다. 그런데 마음에 예수님의 옷 가에 손 만대면 낫는다고 바라보고 믿었는데 손을 대자마자 나아버렸습니다. "예수께서 딸아 안심하라. 네 믿음이 너를 구원하였다" 보십시오. 먼저 믿음이 있고 그 다음에 구원이 따라오는 것입니다. 그러므로 우리는 낙심하지 말아야 되는 것입니다. 용기를 내어서 담대하게 행하십시오. 용기를 잃어버리면 안 되는 것입니다. 행함이 없는 믿음은 죽은 믿음이기 때문에 바라보고 믿고 행하면 기적이 일어나게 되는 것입니다.

예수님께서 "볼지어다. 내가 세상 끝날까지 너와 항상 함께 있겠다"고 말한 것입니다. 주님께서 내가 하늘과 땅의 모든 권세를 다 가지고 있다고 말하셨습니다. 그분이 우리들과 같이 계시므로 마음속에 예수님을 바라보고 강하고 담대하고 두려워하지 말고 놀라지 말아야 되는 것입니다. 제일 나쁜 것이 두려움인 것입니다. 두려워하고 무서워하고 놀라면 주님은 도와줄 수 없고 사탄이 들어오는 것입니다. 왜냐하면 두려움과 놀라움은 사탄을 청하는 분위기를 만드는 것입니다.

욥이 패가망신하고 온 전신이 동양성 문둥병에 걸려서 기왓장으로 긁으면서 뭐라고 했습니까? 내 무서워하는 것이 내 몸에 왔고 내 두려워하는 것이 내 몸에 미쳤구나. 욥이 잘 나갈 때 마음속에 잘못된 것을 바라보았다는 말입니다. 마음속에 자기가 패가망신하고 문둥병이 걸릴 것을 꿈꾸었다는 말입니다. 그것이 두려움과 공포가 되어 있었는데 그대로 이루어졌어요. 긍정적으로 바라보면 긍정적인 일이 생기고, 부정적으로 바라보면 부정적인 것이 생기기 때문에 부정적인 것은 당장 회개하고 쫓아내버리고, 긍정적인 것은 예수님의 말씀을 통해서 마음에 꿈꾸고 믿고 시인하십시오. 그러면 그것이 이루어지는 것입니다. 히브리서 10장 35절에 "너희 담대함을 버리지 말라 이것이 큰 상을 얻게 하느니라"

넷째, 천국 언어로 마음을 다스려야 한다. 말이 제일 중요한 것은 말을 통해서 생각하고 말을 통해서 바라보고 말을 통해서 믿고 말을 통해서 행동하게 되는 것입니다. 사람은 말에 대해서 깊이 생각 안하는데 말이 자신을 붙잡고서 좌우하는 것입니다.

믿었다고 해도 말하지 않으면 믿음이 아니지 않습니까? 하나님께 하실 줄 믿습니다. 말로 하면 믿음이 나타나는 것입니다. 꿈도 마음속에 가만히 혼자서 어떻게 꿉니까? 나는 꿈을 꾸고 있습니다. 무슨 꿈을 꾸느냐. 영혼이 잘됨같이 범사에 잘되며 강건한 꿈을 꾸고 있습니다. 말을 하면 그 꿈이 선명해진다는 말입니다. 마음에서 올라오는 말을 해보십시오. 그 꿈이 마음에 아주 확실하게 되잖아요. 그렇기 때문에 자꾸 말로써 '나는 행복합니다. 나는 기쁘고 즐겁습니다.' 하면 마음속에 행복한 꿈과 즐거운 꿈이 마음속에 그려져요. 그런데 말을 안 하면 안 됩니다. 말을 할 때 영혼 속에 하나님의 권능이 나타나는 것입니다. 영혼의 권능은 말을 통해서 나타나는 것입니다.

잠언서 18장 21절에 "죽고 사는 것이 혀의 힘에 달렸나니" 힘이 있지요. 혀가 힘이 있습니다. "죽고 사는 것이 혀의 힘에 달렸나니 혀를 쓰기 좋아하는 자는 혀의 열매를 먹으리라" 영혼 속에서 입을 통하여 선포한 말이 공중분해 되는 것이 아니고, 말한 그대로 열매를 맺어서 먹도록 만들어 주는 것입니다.

야고보서 3장 2절에 "우리가 다 실수가 많으니 만일 말에 실수가 없는 자라면 곧 온전한 사람이라 능히 온 몸도 굴레 씌우리라" 말이 온 몸을 굴레 씌우는 것입니다. 그러므로 말이라는 자체가 얼마나 힘이 있는지 모릅니다. 말을 통해서 믿음의 분위기를 만들어야 됩니다.

왜냐하면 마음속에 긍정적인 생각과 긍정적인 꿈과 긍정적인 믿음과 긍정적인 말을 해서 긍정적인 분위기를 만들어 놓으면 성령이 임재하십니다. 분위기가 얼마나 중요한지 몰라요. 집 안에 음식 쓰레기가 있으면 쥐가 옵니다. 오지 말라고 해도 음식 쓰레기가 있으면 쥐가 오고 벌레들이 오는 것입니다. 그러나 꽃을 갖다 놓으면 나비와 벌들이 옵니다. 마음 안에 있는 영혼에 어떠한 분위기를 만드느냐에 따라서 환경이 달라지는 것입니다. 그러므로 마음 안에 성령과 생명의 말씀으로 영혼이 잘되고 범사에 잘되며 강건한 분위기를 만들어 놓으면 좋은 일이 한없이 생겨나는 것입니다. 이 마음의 분위기를 잘 만드는데 가장 공로를 세우는 것이 말입니다. 로마서 10장 8절로 10절에 "말씀이 네게 가까워 네 입에 있으며 네 마음에 있다 하였으니 곧 우리가 전파하는 믿음의 말씀이라 네가 만일 네 입으로 예수를 주로 시인하며 또 하나님께서 그를 죽은 자 가운데서 살리신 것을 네 마음에 믿으면 구원을 받으리라 사람이 마음으로 믿어 의에 이르고 입으로 시인하여 구원에 이르느니라." 아무리 마음에 믿어도 말을 하지 않으면 구원에 이르지 않습니다. 처음 믿는 사람이 일어나서 기도를 따라하는 이유가 거기에 있는 것입니다. 믿음으로 일어났지요. 그러나 내가 말을 따라 해야 구원을 받는 것입니다. 말이 그렇게 중요해요. 마음이 긍정적인 분위기 속에 하나님께 집중적으로 성령으로 기도하면 기도가 응답이 되는 것입니다.

마음이 긍정적인 분위기가 되어서 "예수 안에서 할 수 있다. 하면 된다. 해 보자. 주님이 살아계신다. 하나님께서 나와함께 하신다." 레마의 말씀을 선포하면 주님이 이루어 주실 것을 믿고 말을 하면 믿음을 보시고 기적을 일으켜주십니다. 성령으로 충만한 마음에 분위기가 만들어졌으니까. 환경이 만들어졌으니까, 기도가 마음 하늘에 능력 있게 상달되는 것입니다.

"아무 것도 염려하지 말고 다만 모든 일에 기도와 간구로, 너희 구할 것을 감사함으로 하나님께 아뢰라 그리하면 모든 지각에 뛰어난 하나님의 평강이 그리스도 예수 안에서 너희 마음과 생각을 지키시리라"(빌 4:6~7). 우리의 마음과 생각이 평강으로 꽉 들어차서 기도하면 모든 일이 다 이루어진다고 말씀해 주고 있는 것입니다. 마음 안에 있는 영혼에서 올라오는 기도는 하나님의 말씀이므로 말한 대로 이루어지는 것입니다.

다섯째, 말씀과 성령으로 마음 성전을 가꾸어야 한다. 마음 성전을 말씀과 성령으로 가꾸어야 영혼의 만족으로 행복합니다. 크리스천의 모든 권능은 마음 안에 있는 성전에서 흘러나오는 것입니다. 우리는 늘 깨어서 마음 안에 있는 성전에 세상 것들이 들어와 집을 짓지 못하도록 말씀을 묵상하고 성령으로 기도하면서 마음 성전을 정화시켜야 합니다. 아하스가 죽은 후, 그의 아들 히스기야가 왕이 되었습니다. 히스기야는 지난 세월 교만했던 이스라엘과 유다 왕들과는 달리 다윗이 한 모든 것을 그대로 본받아 행한 올바른 왕이었습니다.

그는 25세의 젊은 나이에 왕이 되었지만 하나님의 마음을 알았기 때문에 하나님이 보시기에 옳게 행함으로 닫혀있던 성전

문을 열고 수리했습니다. 그리고 제사장들과 레위 사람들을 모으고 자신을 성결케 하고 성전을 성결케 하여 더러운 것을 없애도록 지시했습니다. 이것이 바로 성전 정화 사건입니다.

　필자도 하나님 앞에 무릎 꿇고 기도할 때마다 내 마음 성전에 예수님이 주인으로 들어 오셔서 순결한 자녀라고 여겨주시기를 생각하면서 성령으로 기도합니다. 분명하게 보이는 건물이 성전이 아닙니다. 예수 믿는 내가 성전입니다. 마음 안에 하나님께서 좌정하고 계시는 성전이 있기 때문입니다. 자신은 걸어 다니는 성전입니다. 성전은 하나님을 만나는 곳이고 하나님의 기쁨이 되는 곳이기 때문입니다. 그러니 내가 교회를 오면 교회가 성전입니다. 내가 가정에 가면 가정이 성전입니다. 우리가 일터에 나가면 그곳이 성전입니다. 자신 안에 성전이 있기 때문입니다. 거기서 주님과 동행하며 주님의 기쁨이 되어야 하기 때문입니다. 항상 주님과 동행의식을 가져야 합니다. 그런데 그 성전이 인간의 욕망으로, 돈 때문에 타락하고 말았습니다. 예수님은 그 성전에 들어가셔서 모든 것을 뒤집어 엎으셨습니다. 예수님이 성전이시기 때문입니다. 돈이 기준이고 인간의 욕망이 기준인 곳은 이미 성전이 아니기 때문입니다. 주일은 영과 진리로 예배를 드리며 우리의 마음 성전을 청소하는 날입니다. 우리의 마음의 성전, 주님이 우리 심령에 거하실만하실까? 우리의 마음은 깨끗할까? 그렇지 못하면 성령의 임재 가운데 주님의 보혈에 의지하여 고백하며 청소해야합니다, 그리고 말씀과 성령으로 충만하게 채워야 합니다. 그래야 다시 주님과 통할 수 있습니다.

22장 성도의 권세로 물질세계를 장악하는 법

(막11:22-25)"예수께서 그들에게 대답하여 이르시되 하나님을 믿으라. 내가 진실로 너희에게 이르노니 누구든지 이 산더러 들리어 바다에 던져지라 하며 그 말하는 것이 이루어질 줄 믿고 마음에 의심하지 아니하면 그대로 되리라. 그러므로 내가 너희에게 말하노니 무엇이든지 기도하고 구하는 것은 받은 줄로 믿으라 그리하면 너희에게 그대로 되리라. 서서 기도할 때에 아무에게나 혐의가 있거든 용서하라 그리하여야 하늘에 계신 너희 아버지께서도 너희 허물을 사하여 주시리라 하시니라."

우리 예수 믿고 구원 받은 성도는 영육 간에 사람이 감당할 수 없는 은혜를 제한 없이 받았습니다. 마귀 수하에서 죄 짓고 지옥가야 할 죄인이었지만 예수 그리스도로 구원 받았습니다(히 2:14~15). 또 이 땅에 사는 동안 주를 위해 충성하고 수고하면 구원받은 우리에게 주실 영원한 영광이 있습니다. 예수 그리스도는 우리가 죄 아래서 마귀에 속하여 병들고 저주받아 지옥에 갈 영육간의 멸망을 모조리 확실하게 해결하여 빼앗아가셨습니다. 예수 그리스도는 우리가 짊어진 수많은 죄악, 불행, 근심은 물론 우리를 괴롭히는 원수를 그의 육체로 싹 다 빼앗아가셨습니다(사53:5~6).

이처럼 예수 그리스도는 자기 목숨을 대속물로 주셨습니다(막10:45, 요1:29). 그리고 영원한 생명, 곧 영생을 주셨고 성령 하나님께서 우리를 전(殿) 삼고 보전하시어 예수 그리스도의 이름으로 기도하여 응답받게 하시고(요14:13~14), 성령을 보내주셔서 성령의 권능으로 평생 육체의 소욕을 이기고 승리케 하시고, 예수 그리스도와 함께 성령으로 영혼 구원에 동역하게 하시는 하나님의 자녀로서 예수 그리스도와 같은 후사(後嗣)가 되게 하셨습니다(행1:8, 롬8:16~18).

믿노라 하면서 지금도 불행으로 충만하십니까? 지금도 불가능으로 가득하십니까? 지금도 수많은 고통이 자신을 장악하고 있습니까? 예수 그리스도는 지금 자신의 불행을 기도와 믿음으로 내어놓기를 간절히 기대하십니다. 그리고 이천년 전에 그 모든 것을 자기 육체로 담당했으니 "자유하라"고 애절하게 십자가 핏 소리로 절규하십니다. 인간의 행복을 빼앗은 원수는 에덴동산 때부터 마귀 사단 귀신 역사 곧 '죄'입니다.

예수 그리스도의 이름으로 회개하여 자신이 짊어진 불행의 원인인 죄를 해결하고 예수 그리스도의 이름으로 질병과 귀신을 쫓아 해결해야 합니다. 성도의 권능을 사용하여 환경을 장악하시기를 바랍니다. 예수 그리스도와 예수 그리스도의 이름과 예수 그리스도께서 육체로 담당한 고난은 당신의 고난을 해결하려는 은혜요, 축복으로 알고 소유하고 사용해야 합니다. 그리고 자유 해야 합니다. 하나님께 감사와 영광을 돌려야 합니다.

첫째, 예수를 믿는 우리의 입에 권세를 주셨다. 예수를 믿는 성도는 말에 권세가 있습니다. 하나님의 형상을 입은 인간들 중에서도 예수 그리스도를 구주로 믿은 우리는 하나님의 자녀가 되는 권세를 가졌습니다(요1:12). 하나님은 예수님을 믿는 우리의 말에 초자연적인 권세를 주셨습니다. 성경에 "여호와여 내 입 앞에 파수꾼을 세우시고 내 입술의 문을 지키소서."(시141:3) 했습니다. 그래서 우리의 입술이 긍정적으로 주님이 원하시고, 기뻐하시는 대로 믿음으로 사용되면 엄청난 축복과 이적이 생기지만, 입술로 남을 비방하고, 부정하고 자포자기하면 인생이 파멸되고 다른 사람까지 죽이게 됩니다.

그래서 야고보서 3장에도 우리의 말에 대해서 말씀하고 있습니다. 야고보서 3장 3~6절에 "우리가 말을 순종케 하려고 그 입에 재갈을 먹여 온몸도 굴레 씌우리라 우리가 말을 순종케 하려고, 그 입에 재갈 먹여 온몸을 어거하며 또 배를 보라 그렇게 크고 광풍에 밀려가는 것들을 지극히 작은 키로 사공의 뜻대로 운전하나니 이와 같이 혀도 작은 지체로되 큰 것을 자랑하도다 보라 어떻게 작은 불이 어떻게 많은 나무를 태우는가 혀는 곧 불이요 불의의 세계라 혀는 우리 지체 중에서 온몸을 더럽히고 생의 바퀴를 불사르나니 그 사르는 것이 지옥 불에서 나느니라" 했습니다.

우리 인생의 성공과 실패도 우리의 혀에 달려 있습니다. 혀를 잘 사용해야 합니다. 그리고 성령의 역사인지 악령의 역사인지를 혀를 가지고서 판단할 수 있습니다. 예수를 믿고 구원을 받아 주님을 위해서 열심히 충성을 했는데 마지막 숨이 끊어지려는 순간에…. "나 예수 안 믿으렵니다. 나 지옥 가렵니다."하고 한마디 했다면 지금까지의 믿음은 다 허사로 돌아가고 물거품이 되고 맙니다.

그만큼 말이 중요합니다. 이에 반해 어떤 사람이 일생동안 예수를 안 믿고 살다가 마지막 죽는 순간에 크게 깨닫고, 뉘우치고, 회개하고, 마지막 숨이 끊어지기 직전에 "예수님! 내가 그 동안 잘못했습니다. 용서해 주시옵소서. 내가 이제 예수님을 나의 구주로 영접하고 구원받기를 원합니다. 내 영혼을 받아 주시옵소서."하고 한마디 했다면 그 사람은 천국에 가는 것입니다.

하나님의 창조의 역사가 말씀으로 이루어진 것처럼, 하나님께서 우리에게도 이와 같은 말의 권세를 주셨으니 우리는 긍정적으로 축복하는 말을 해야 하고, 기쁜 말을 해야 하고, 사랑하는 말을 해야 합니다. 우리의 입술에 파수꾼을 세우고, 주님의 말씀만 하면 자신이 말하는 말씀 안에서 놀라운 생명이 넘쳐 나온다는 것을 믿으시기를 바랍니다. 이는 초자연적으로 역사하는 권능입니다. 귀신이 떠나가는 권능입니다.

오늘 본문 말씀의 배경이 무엇입니까? 예수께서 길을 지나가다 배가 고프셔서 무화과나무에게 갔을 때 잎사귀가 무성했습니다. 그래서 "열매가 있나?"하고 가봤더니 열매가 없었습니다. 그래서 예수께서 "잎사귀가 무성하면 당연히 열매가 있어야 하는데 왜 없냐? 너에게서는 영원히 열매를 맺지 못하리라."하고 저주하셨습니다.

그 이튿날 베드로와 제자들이 그곳을 지나가다 보았는데 예수께서 저주하신 말씀에 의해 무화과나무가 바짝 말라 죽었다고 했습니다. 그래서 베드로가 "랍비여 보소서 저주하신 무화과나무가 말랐나이다." 하고 말을 했을 때 예수께서는 "하나님의 믿음을 너도 가져라. 천지를 창조하신, 말씀으로 지으신 믿음을 가져라. 누구든지 이 산더러 들리어 바다에 던지우라 하는 말을 믿고 마음에 의심치 않으면 그대로 되리라." 하고 말씀하셨습니다.

그러므로 본문의 말씀을 통해 예수께서는 우리에게 명령의 위대한 법칙을 가르쳐주셨습니다. 우리는 하나님 앞에 기도해야 합니다. 하나님의 도움을 청하기 위해서 부지런히 기도해야 합니다. 기도는 내 힘과 능력과 지혜로도 못하는 것을 성령님께 부탁하는 것입니다. 성령으로 기도하면 '레마'를 주셔서 선포함으로 내 힘과 능력과 지혜로 못하는 것이 이루어지는 것입니다. 물론 우리가 충분히 할 수 있는 것은 우리가 해야 합니다. 사람이 해야 할 부분은 해야 합니다. 그러나 그것까지도 주님에게 물어보고 도움을 청해야 합니다.

"내가 할 수 없는 부분, 불가능한 것도 주님은 하실 수 있습니다." 하고 주님의 도움을 청하는 것이 기도입니다. 자신이 할 수 있는 것도 주님의 도움을 청해서 해야 하고, 할 수 없는 부분도 하나님의 도움을 청해야 됩니다. 기도하고 우리 속에 있는 하나님의 생명과 능력과 믿음으로 우리 앞에 있는 불가능한 것들을 향해 명령도 해야 합니다.

성경의 법칙으로 돌아가면 하나님께서는 천지 만물을 말씀으로 창조하셨습니다. 그렇다면 천지 만물(天地萬物) 곧 해와 달과 별과 바다의 고기와 모든 산천초목과 인간과 천사들 모두가 하나님의 말씀을 듣고 움직이도록 창조됐습니다. 하나님이 지으셨기 때문에 천지 만물은 다 하나님의 음성을 듣고 움직일 수 있는 귀가 있습니다.

둘째, 담대하게 예수 이름으로 환경에 명령하라. 여호수아가 전쟁을 할 때 전쟁이 거의 승리할 지점에 가까이 왔는데 해가 넘어가려고 했습니다. 캄캄하면 적을 무찌를 수가 없고, 전쟁을 치를 수가 없었기 때문에 여호수아가 태양을 향하여서 "태양아 중천에 머물라."하고 명령을 했더니 넘어가는 태양이 중천에 머물렀다고 성경에 기록돼 있습니다. 바로 태양도 하나님의 음성으로 지어진 것이기 때문에 하나님의 음성을 믿음으로 소유한 여호수아가 명령했기 때문에 멈추어진 것입니다.

여호수아 10장 12~14절에 "여호와께서 아모리 사람을 이스라엘 자손에게 붙이시던 날에 여호수아가 여호와께 고하되 이스라엘 목전에서 가로되 태양아 너는 기브온 위에 머무르라 달아 너도 아얄론 골짜기에 그리할지어다. 하매 태양이 머물고 달이 그치기를 백성이 그 대적에게 원수를 갚도록 하였느니라. 야살의 책에 기록되기를 태양이 중천에 머물러서 거의 종일토록 속

히 내려가지 아니하였다 하지 아니하였느냐 여호와께서 사람의
목소리를 들으신 이 같은 날은 전에도 없었고 후에도 없었나니
이는 여호와께서 이스라엘을 위하여 싸우셨음이니라"했습니다.

태양도 머물렀다고 했습니다. 태양도 하나님이 지으신 피조물
에 불과합니다. 하나님의 놀라운 역사를 성취하기 위해서는 태
양도 머물러야 하는 놀라운 일이 있었던 것입니다. 우리는 이와
같은 기도를 성경을 통해서 배우고 자신의 것으로 소유해야 합
니다. 천지 만물은 하나님 말씀으로 지음 받았기에 하나님의 음
성을 듣게 돼 있고, 우리도 하나님의 성령을 모셨기 때문에 우리
도 예수 이름으로 명령하면 천지 만물이 듣게 됩니다. 그리고 우
리가 믿음으로 명령할 때 성령께서 기뻐하셔서 역사해 주신다는
것을 알고 명령하시기를 바랍니다.

민수기 20장 10~13절에 이런 역사가 있었습니다. 이스라엘
백성들이 광야에서 물이 먹고 싶다고 했지만 물이 없었습니다.
그래서 모세가 하나님 앞에 기도 했더니 하나님께서"모세야 지
팡이를 가지고 반석을 향하여 가리키면서 명령을 하라."하셨습
니다. 그런데 모세는 지팡이를 가지고 반석을 쳤습니다.

하나님께서는 단지 명령을 하라고 했는데 화를 내면서 반석을
쳤습니다. 왜 모세가 화를 냈습니까? 백성들이 너무 완악해서 자
꾸 의심했기 때문입니다. 그러나 하나님께서는 모세가 실수했을
지라도 반석에서 물이 솟아 나오게 했습니다. 하나님이 살아 계
신 이적을 나타내주신 것입니다.

모세는 그 므리바 물 사건 때문에 가나안 땅에 들어가지 못했습니다. 여기에서 모세가 가나안 땅에 들어가지 못한 것이 중요한 것이 아니고, 하나님의 말씀이 반석에 떨어졌을 때 물이 나왔다는 사실입니다. 바위 속에 누가 물이 있다고 생각할 수가 있습니까? 불가능합니다. 그러나 하나님의 말씀이 떨어졌을 때 바위 속에서도 물이 나온 것입니다. 우리는 불가능한 것이 있을 때 내 안에 계신 하나님은 하실 수 있다는 믿음을 가지고 성령으로 기도하여 하나님이 '레마'를 주시면 불가능한 것을 향하여 담대하게 명령하는 사람이 되어야 합니다.

성령의 임재 하에 "내가 예수 이름으로 명하노니 돈아 오라." 명령하시기를 바랍니다. "건강아 올지어다!"하고 명령하시기를 바랍니다. "내가 예수 이름으로 명하노니 질병은 치유될지어다." 명령하시기를 바랍니다. 그리고 부정적인 것, 불필요한 요소들은 버리시기를 바랍니다. 예수께서는"이 산더러 들리어 바다에 던지우라 하며 그 말한 것이 이룰 줄 믿고 마음에 의심치 않으면 그대로 되리라."했습니다.

예수께서 "산을 번쩍 들어서 산을 옮겨지도록 명령하라."하셨습니다. 여기서 산이라고 하는 것은 질병의 산, 문제와 고통의 산을 말합니다. 비정상적인 산들을 말합니다. 마음속에 두려움과 공포가 있으면 "두려움과 공포와 절망의 산아 예수 이름으로 명하노니 옮겨질지어다!"하고 명령하시기를 바랍니다.

두려운 마음이 생기고 공포심과 근심이 생기게 하는 것은 마귀가 주는 것입니다. 두려움과 공포와 근심 염려가 오거든 칼로 두부를 베듯이 예수 이름의 권세로 명령하시기를 바랍니다. 가만히 있어서는 안 됩니다. 우리에게 주신 권세를 잊어버리면 안 됩니다. 마귀는 자꾸 두려움과 근심을 줘서 거기에 집착하게 만듭니다. 마귀가 우리를 실패하게 하는 법칙이 있습니다. 첫째로 생각을 주장합니다. 두려운 생각, 공포 같은 것을 집어넣습니다. "아~두렵고 우울하다."하는 생각을 넣습니다. 그래서 결국 그 생각에 집착하다가 보면 자꾸 두려움과 우울함이 자신을 장악합니다. 좀 더 진행이 되면 "불면증과 우울증에 걸리는 것입니다." 생각한 대로 움직이고 진전되는 것입니다.

마귀는 우리에게 두려움과 공포심을 갖다 줍니다. 나쁜 생각을 갖다 줍니다. 그래서 그 생각에 집착하게 해서 거기에 속아 넘어가면 결국 그 사람의 생활이 타락하도록 합니다. 그러므로 두려움과 공포의 생각과 안 된다는 생각, 부정적인 생각이 들어오면 "마귀가 또 유혹하려고 하는구나." 하는 것을 깨닫고 그것을 쫓아내야 합니다. 성령의 임재를 요청하고 명령을 해야 합니다.

미련하게 가만히 있거나 두려워하지 말고 단호하게 명령하시기를 바랍니다. 그럴 때 마음이 평안해집니다. 평안해지고 담대함이 생겨서 무슨 일을 만나든지 긍정적으로, 기쁨으로 생각하게 되는 것입니다. 우리의 심령이 그렇게 중요한 것입니다. 하나님이 우리에게 명령하라 하신 것은 우리에게 있는 모든 문제와 근심을 전부 갈아치우라는 것입니다. 그러므로 우리는 주저하지 말고 과감하게 명령을 해야 합니다. 명령을 하면 모든 것이 듣는다는 믿음을 가지기를 바랍니다.

마태복음 8장 13절에 "네 믿은 대로 될지어다."했습니다. "네 믿음대로"라고 하지 않았고, "네 믿은 대로"라고 했습니다. 믿음은 현재 믿고 있는 상태를 말합니다. 진행형입니다. 믿음은 과거에 생긴 것이기 때문에 과거형입니다.

마태복음 8장 13절에 "예수께서 백부장에게 이르시되 가라 네 믿은 대로 될지어다 하시니 그 시로 하인이 나으니라" 했습니다. 믿음이 과거에 얻었던 경험을 말하지만 여기에서는 "현재 네가 믿고 있는 상태대로 될지어다."하신 것입니다. 그러면 우리는 어떤 믿음을 가져야 합니까?

자신이 "내가 예수 이름으로 명령하면 산천초목도 듣고, 사람도 듣고, 귀신도 듣고, 병균도 듣고 다 듣는다."는 믿고 있는 상태를 고백할 때 주님이 기뻐하시는 것입니다. 그러므로 우리는 신장, 간, 위가 아파서 안수할 때에도 명령을 해야 합니다. 저는 심장이 내 말을 들을 것을 믿고 명령을 합니다. 심장도 예수님의 말을 들어야 하기 때문입니다. "내가 예수 이름으로 명하노니 심장아, 강심장이 될지어다. 건강해질지어다"고 명령을 합니다. 아니 심장이 귀가 달렸습니까? 그래도 저는 그냥 "심장아! 간아!" 하고 부릅니다.

심장이 아파서 병원에 가면 의사가 청진기를 대고 "심장아 소리 좀 내봐라!"하고 말을 합니까? 그냥 청진기를 대서 심장이 뛰는 소리를 듣지만 우리는 믿음으로 "내가 예수 이름으로 명하노니 심장아! 정상으로 될지어다!" "심장아! 강심장이 될지어다!"라고 명령을 하는 것입니다. 인격적으로 듣는다는 믿음을 가지고 하는 것입니다. "위장아!"하고 명령을 하면 벌써 위가 듣고 움직이기 시작합니다. 치료가 되기 시작합니다. "위장아, 신장아, 간아, 내가 예수 이름으로 명하노니"하고 명령을 하면 우리의 말을 듣는 것입니다. 왜 그렇습니까? 성령께서 우리 안에 계시기 때문입니다. 하나님의 성품과 능력과 권세가 우리에게 있기 때문에 "내가 예수 이름으로 명하노니 간아 내 말을 듣고 깨끗함을 받을지어다."하고 말을 하는 것입니다. 모든 불합리한 것과 비정상적인 것을 향해 담대하게 명령하시기를 바랍니다.

이상하게 생각할 것 하나도 없습니다. 예수께서 그렇게 하셨습니다. 세상 사람들이 보기에는 주님이 더 비웃음을 살만한 행동을 했습니다. 왜 그렇습니까? 죽은지 나흘이나 되어 베로 싸서 무덤 속에 집어넣어 내장이 푹 썩어서 냄새가 나는 송장을 향해서 예수께서 "나사로야!"하고 명령하셨기 때문입니다.

성경에는 "벌써 죽은지 나흘이 되었으매 냄새가 나나이다." 했습니다. 예수께서 "나사로야 나오라." 했을 때 죽었던 나사로는 베로 동인 채로 저벅저벅 걸어 나왔습니다. 예수께서 동굴 앞에서 "나사로야!" 했을 때 동네 사람들은 킥킥거리면서 "저 사람 돌은 사람이구나. 웃긴다 웃겨!"하고 비웃었습니다. 손바닥을 치면서 비웃기도 했을 것이고, 남 말하기 좋아하는 사람은 옆 사람

쿡쿡 찔러 가면서 "저 병신."하고 비웃었을 것입니다.

그렇지만 예수께서는 그런 말을 하나도 듣지 않았습니다. 예수께서 "나사로야 나오라!" 했을 때 비웃던 사람들이 예수의 말씀에 의해서 저벅저벅 걸어 나오는 나사로를 보고 얼마나 기절초풍했겠습니까? 나사로의 힘으로 나오는 것이 아닙니다. 예수님의 초자연적인 말을 나사로의 영이 알아들으니 혼과 육이 순종하여 일어나 걸어 나오는 것입니다.

셋째, 믿음에 찬 말을 선포하고 의심하지 마라. 예수께서 우리 안에 계시고 예수 이름이 계시니 예수 이름의 권세를 의지해서 명령을 하는 것입니다. 우리는 의심하지 말아야 합니다. 그리고 우리 마음속에 있는 의심이나 비웃음들을 다 내버려야 합니다. 우리 속에 있는 의심과 부정적인 요소와 생각은 자신에게 심각하게 해를 입힙니다. 예수 믿으면서도 왜 성령의 역사가 일어나지 않습니까? 의심하기 때문입니다.

예수 믿으면서도 왜 믿음이 생기지 않습니까? 그 마음속에 있는 부정적인 생각이 떠나지 않기 때문입니다. 우리 속에 아직까지 부정적인 요소가 있다면 다 내보내야 합니다. 그럴 때 하나님의 성령이 역사하는 것입니다.

그러므로 우리 마음속의 쓰레기를 싹 치워야 합니다. 우리 마음속에 부정적인 것과 의심이 있으면 귀신을 쫓아도 다시 계속해서 들어오게 됩니다. 그러므로 부정적인 생각과 요소 즉 "안 된다, 나는 안 된다." 하는 것들을 완전히 생각 속에서 예수 이름으로 명령해 쫓아내야 합니다.

예레미야 6장 19절에 "땅이여 들으라. 내가 이 백성에게 재앙을 내리리니 이것이 그들의 생각의 결과라 그들이 내 말을 듣지 아니하며 내 법을 버렸음이니라"했습니다. 엉뚱한 생각, 부정적인 생각 때문에 재앙을 받는다는 것입니다. 이 성경 말씀이 하나님의 말씀인 것을 믿으시기를 바랍니다. 재앙이 왜 왔다고 했습니까? 생각의 결과에 의해서입니다.

"아이고 나는 이 병으로 암만해도 죽을 것 같아. 나는 평생 이 병을 가지고 있으려나 봐!"하고 말을 하는 사람도 있고, "나는 원래부터 알레르기 체질이기 때문에 봄에 꽃가루만 날리면 두드러기가 생기고 그래. 나는 또 겨울만 되면 독감을 대여섯 번씩은 앓아야 돼."하는 사람도 있습니다.

그래서 겨울에 독감이 걸리지 않으면 괜히 이상하게 생각하고 그것을 가지고 근심스러워 하는 사람도 있습니다. 사람들 중에 "나는 독감을 대여섯 번은 앓아야 겨울을 지난다"는 부정적인 생각을 가지고 있는 사람이 있으면 오늘 다 털어놓고 가시기를 바랍니다. 어떤 사람이 "나는 독감을 대여섯 번은 앓아야 이 겨울을 난다"는 부정적인 생각을 가지고 있다면 그대로 되도록 돼 있습니다. 이는 그것을 믿었기 때문입니다.

"우리 가족은 유전병이 있어. 우리 조상들은 심장병이 있고, 고혈압이 있고, 우리 가족들은 간질 하는 것이 있었어! 아마 나도 그렇게 될 거야. 지금은 젊어서 괜찮지만 60이 넘으면 우리 조상들처럼 그렇게 아플 거야."하는 생각을 가지고 있는 사람은 틀림없이 60살에 그런 병에 걸리게 됩니다. 그러므로 부정적인 생각을 성령으로 도말하시고 쫓아내시기를 바랍니다. 예수 이름으로 명령하시기를 바랍니다. "예수 이름으로 명하노니 자꾸 부정적인 생각이 들게 하는 더러운 영은 물러갈지어다."

우리는 "나는 육신의 아버지와 상관없이 하늘에 새아버지를 가졌다."고 주장해야 합니다. 요한복음 1장 12절에 "영접하는 자 곧 그 이름을 믿는 자들에게는 하나님의 자녀가 되는 권세를 주셨으니"했습니다. 보라 이전 것은 지나갔으되 새것이 되었도다, 했습니다. 육신의 아버지가 유전병이 있었을지라도 우리는 이제 말씀과 성령으로 치유해야 합니다. 그리고 성령의 임재 하에 명령을 해야 합니다. "내가 예수이름으로 명하노니 대물림의 질병의 줄아! 끊어질지어다."하고 단호하게 대적해야 합니다. "대물림의 질병의 영아! 떠나갈지어다."하고 단호하게 명령해야 합니다.

그리고 "나는 하나님 아버지의 자녀다. 나는 새 아버지가 생겼다."하고 주장해야 합니다. 의붓아버지가 생긴 것이 아닙니다. 하나님 아버지가 생긴 것입니다. 그러므로 우리는 부정적인 생각을 버려야 합니다. 우리에게는 하늘에서 새 생명을 부여해주시는 아버지 하나님이 생겼습니다. 부정적인 생각은 귀신이 주는 생각입니다. 하나님의 성령이 주시는 생각은 긍정적이고, 기쁨이 넘치고, 생산적이고, 적극적이고, 아름답습니다. 그러나 마귀와 귀신이 주는 생각은 부정적입니다.

동양 사람들은 해가 떴다가 지면 하루가 시작됐다가 하루가 끝난 것이라고 보고, 더 나아가서는 살았다가 죽는 것으로 봅니다. 그러나 유대인의 사상이나 성경은 그렇지 않습니다. 창세기 1장에는 "저녁이 되며 아침이 되니"했습니다. 이것은 "죽음이 있으니 부활이 있고."하는 뜻입니다.

우리 동양 사람들과 얼마나 다릅니까? 우리 동양 사람들은 "아침이 되고 저녁이 되니 하루가 지나가고" 하면서 부정적인 사고를 가지고 있습니다. 그런데 유대인의 사상은 "저녁이 되며 아침이 되니 이는 첫째 날이다. 죽음이 있은 다음에 부활이 있고 곧 저주가 있은 다음에 생명이 있다."는 것입니다.

우리 마음속에 부정적인 생각, 슬픈 생각들이 있으면 믿음이 성장하지 않고, 성령의 역사는 중단이 됩니다. 그래서 마음에 병이 드는 것입니다. 육신의 병 때문에 고생하는 사람들은 그 육신의 병이 나기 전에 벌써 마음에 병이 들었던 것입니다. 의학적으로 부정적인 요소가 자꾸 들어와서 시간이 흐른 다음에 육신의 병으로 나타난다고 발견해낸 적도 있습니다.

그런데 성경에 벌써 이것을 기록하고 있습니다. 잠언서 18장 14절에 "사람의 심령은 그 병을 능히 이기려니와 심령이 상하면 그것을 누가 일으키겠느냐"했습니다. 마음이 긍정적이고, 적극적인 믿음을 가지고 있는 사람은 그 병을 능히 이기지만 심령이 상하여 마음이 부정적이고 귀신에게 사로잡혀서 "나는 안 된다."하고 소극적이고 부정적인 요소로 꽉 들어찬 사람은 그 병을 누가 일으키겠느냐는 것입니다. 하나님도 어찌 할 수 없다는 것입니다.

잠언 17장 22절에 "마음의 즐거움은 양약이라도 심령의 근심은 뼈로 마르게 하느니라"했습니다. 우리 몸의 건강이 어디서 옵니까? 의사들은 나이가 들면 뼈에서 영양소가 빠져나가서 골다공증에 걸리기 때문에 뼈를 건강하게 해야 한다고 말을 하지만, 성경은 그 이전에 마음의 즐거움은 양약이고 심령의 근심은 뼈를 마르게 한다고 했습니다. 성경은 앞질러 가고 있는 것입니다. 성경은 과학자들이 발견하기 이전에 벌써 원인을 말씀해 놓고 있는 것입니다. 잠언 17장 22절에 "마음의 즐거움은 양약이라도 심령의 근심은 뼈로 마르게 하느니라"했습니다. 그리고 18장 14절에 "사람의 심령은 그 병을 능히 이기려니와 심령이 상하면 그것을 누가 일으키겠느냐"했습니다.

그래서 찬송도 즐겁게 해야 합니다. 즐거움으로 찬양하지 않는 사람들은 그날 예배 때 하나님의 말씀도 마음에 부딪혀오지 않습니다. 그들은 "얼른 끝내고 집에 가서 드러누웠으면 좋겠다."하고 생각합니다. 그것은 마귀가 틈탄 것입니다. 예수 이름으로 나태하게 하는 귀신을 몰아내야 합니다. "나를 나약하게 하는 귀신은 예수 이름으로 명하노니 물러갈지어다."

23장 살아계신 하나님을 증명하며 장악하는 법

(마 27:54)"백부장과 및 함께 예수를 지키던 자들이
지진과 그 일어난 일들을 보고 심히 두려워하여 이르되
이는 진실로 하나님의 아들이었도다 하더라."

살아계신 하나님을 체험한 크리스천들이 세상에서 살아계신 하나님을 증명하기를 소원하십니다. 흔히 불신자들은 하나님이 어디에 계시느냐? 보여 달라고 합니다. 하나님의 존재를 과학적으로 증명해 보라고 합니다. 그러나 하나님의 존재는 과학으로 증명될 수 있는 것이 아닙니다. 성경은 "하나님은 영이시니 신령한 것은 신령한 것으로 분별하느니라."고 말씀하고 있습니다. 필자는 성령체험한 크리스천이 살아계신 하나님을 증명할 수가 있다고 믿고 있고 증명하고 있습니다. 체험하여 보았고 밖으로 나타나는 모습을 보면 하나님께서 살아계심을 쉽게 깨달아 알 수가 있기 때문입니다. 그런데 관념적으로 믿음 생활을 하던 크리스천은 하나님의 살아계심을 증명하기란 그리 쉽지 않을 것입니다.

살아계신 하나님은 크리스천들이 믿음으로 행할 때 보증으로 살아계심을 나타내 주시는 것입니다. 성경 몇 군대 보면서 살아계신 하나님을 증명한 사건을 보겠습니다. 열왕기상 17장 20절 이하에 보면 사르밧과부의 아들이 죽었습니다. 과부의 아들을

엘리야가 하나님께 기도하여 살립니다. 아들을 살려서 사르밧 과부에게 돌려주니까 이렇게 말합니다. "여호와께서 엘리야의 소리를 들으시므로 그 아이의 혼이 몸으로 돌아오고 살아난지라. 엘리야가 그 아이를 안고 다락에서 방으로 내려가서 그의 어머니에게 주며 이르되 보라 네 아들이 살아났느니라. 여인이 엘리야에게 이르되 내가 이제야 당신은 하나님의 사람이시오, 당신의 입에 있는 여호와의 말씀이 진실한 줄 아노라 하니라(왕상 17:22-24)" 사르밧과부는 하나님의 은혜로 가뭄은 견디었으나 죽은 아들은 살리지 못한다고 생각했으나 엘리야가 죽은 아들을 살려서 살아계신 하나님을 증명하여 믿게 한 것입니다.

엘리야가 갈멜산에서 이세벨의 상에서 먹던 선지자 450인과 아세라의 선지자 400명과 영적대결을 합니다. 하나님께서 엘리야의 기도를 들어주셔서 하늘에서 불이 내려서 재단을 태웁니다. 그러자 이스라엘 사람들이 이렇게 말합니다. "이에 여호와의 불이 내려서 번제물과 나무와 돌과 흙을 태우고 또 도랑의 물을 핥은지라. 모든 백성이 보고 엎드려 말하되 여호와 그는 하나님이시로다. 여호와 그는 하나님이시로다, 하니(왕상 18:38-39)" 엘리야가 강퍅한 이스라엘 사람들에게 하나님의 살아계심을 증명시킵니다. 강퍅한 이스라엘 사람들이 여호와가 하나님이시라고 입술로 시인하게 만든 것입니다.

엘리사가 나아만 장군의 문둥병을 치유하여 살아계신 하나님을 증명하니, 나아만이 입술로 살아계신 하나님을 인정합니다.

"나아만이 모든 군대와 함께 하나님의 사람에게로 도로 와서 그의 앞에 서서 이르되 내가 이제 이스라엘 외에는 온 천하에 신이 없는 줄을 아나이다. 청하건대 당신의 종에게서 예물을 받으소서 하니(왕하 5:15)"

다니엘 6장 7절 이하에 나온 사건입니다. "나라의 모든 총리와 지사와 총독과 법관과 관원이 의논하고 왕에게 한 법률을 세우며 한 금령을 정하실 것을 구하나이다. 왕이여 그것은 곧 이제부터 삼십일 동안에 누구든지 왕 외의 어떤 신에게나 사람에게 무엇을 구하면 사자 굴에 던져 넣기로 한 것이니이다. 그런즉 왕이여 원하건대 금령을 세우시고 그 조서에 왕의 도장을 찍어 메대와 바사의 고치지 아니하는 규례를 따라 그것을 다시 고치지 못하게 하옵소서 하매 이에 다리오 왕이 조서에 왕의 도장을 찍어 금령을 내니라, 다니엘이 이 조서에 왕의 도장이 찍힌 것을 알고도 자기 집에 돌아가서는 윗방에 올라가 예루살렘으로 향한 창문을 열고 전에 하던 대로 하루 세 번씩 무릎을 꿇고 기도하며 그의 하나님께 감사하였더라(단6:7-10)" 그러자 다니엘을 시기하던 신하들이 왕에게 고자질을 합니다. "이에 그들이 나아가서 왕의 금령에 관하여 왕께 아뢰되 왕이여 왕이 이미 금령에 왕의 도장을 찍어서 이제부터 삼십 일 동안에는 누구든지 왕 외의 어떤 신에게나 사람에게 구하면 사자 굴에 던져 넣기로 하지 아니하였나이까 하니 왕이 대답하여 이르되 이 일이 확실하니 메대와 바사의 고치지 못하는 규례니라 하는지라(단6:12)"

왕이 다니엘을 사자굴에 넣으라고 명령합니다. "이에 왕이 명령하매 다니엘을 끌어다가 사자 굴에 던져 넣는지라. 왕이 다니엘에게 이르되 네가 항상 섬기는 너의 하나님이 너를 구원하시리라 하니라(단6:17)" 왕이 밤을 새우기 고민하다가 날이 밝아지니 다니엘 부릅니다. "다니엘이 왕에게 아뢰되 왕이여 원하건대 왕은 만수무강 하옵소서, 나의 하나님이 이미 그의 천사를 보내어 사자들의 입을 봉하셨으므로 사자들이 나를 상해하지 못하였사오니 이는 나의 무죄함이 그 앞에 명백함이오며 또 왕이여 나는 왕에게도 해를 끼치지 아니하였나이다 하니라. 왕이 심히 기뻐서 명하여 다니엘을 굴에서 올리라 하매 그들이 다니엘을 굴에서 올린즉 그의 몸이 조금도 상하지 아니하였으니 이는 그가 자기의 하나님을 믿음이었더라(단6:21-23)" 왕이 살아계신 하나님을 증명하고 찬양하면서 영광을 돌립니다. "내가 이제 조서를 내리노라! 내 나라 관할 아래에 있는 사람들은 다 다니엘의 하나님 앞에서 떨며 두려워할지니, 그는 살아 계시는 하나님이시오, 영원히 변하지 않으실 이시며, 그의 나라는 멸망하지 아니할 것이요. 그의 권세는 무궁할 것이며, 그는 구원도 하시며, 건져내기도 하시며, 하늘에서든지 땅에서든지 이적과 기사를 행하시는 이로서 다니엘을 구원하여 사자의 입에서 벗어나게 하셨음이라 하였더라(단6:26-27)"

신약성경에 보면 베드로가 나면서부터 앉은뱅이가 되어 성전 문에서 구걸하던 앉은뱅이를 구원한 기적이 기록되어 있습니다.

앉은뱅이가 찬양을 합니다. "뛰어 서서 걸으며 그들과 함께 성전으로 들어가면서 걷기도 하고 뛰기도 하며 하나님을 찬송하니(행 3:8)" 대제사장이 사도들을 가운데 세우고 묻되 너희가 무슨 권세와 누구의 이름으로 이 일을 행하였느냐고 질문합니다. "이에 베드로가 성령이 충만하여 이르되 백성의 관리들과 장로들아 만일 병자에게 행한 착한 일에 대하여 이 사람이 어떻게 구원을 받았느냐고 오늘 우리에게 질문한다면 너희와 모든 이스라엘 백성들은 알라 너희가 십자가에 못 박고 하나님이 죽은 자 가운데서 살리신 나사렛 예수 그리스도의 이름으로 이 사람이 건강하게 되어 너희 앞에 섰느니라(행4:8-10)" 베드로가 유대인들에게 하나님의 살아계심을 증명합니다. 우리도 이렇게 하나님의 살아계심을 세상 사람에게 증명하는 일꾼들이 되어야 합니다.

마태복음 27장은 수난주간의 금요일, 예수님이 십자가에 못 박히시던 때의 모습을 그려주고 있습니다. 죄 없으신 예수님이 여기 강도 두 사람과 함께 십자가형을 당하고 있습니다. 한 강도는 오른쪽에 한 강도는 왼쪽에 달렸고, 마지막으로 예수님이 십자가에 달려 세워지셨습니다. 지나가는 사람들이 머리를 흔들면서, 예수를 모욕하였습니다. "성전을 허물고 사흘 만에 짓겠다던 사람아, 네가 하나님의 아들이거든, 너나 구원하여라. 십자가에서 내려와 보아라." 대제사장들도 율법학자들과 백성의 원로들과 함께 조롱하면서 말하였습니다. "그가 남은 구원하였으나, 자기는 구원하지 못하는가 보다! 그가 이스라엘 왕이시니, 지금 십자가에서 내려오시라지, 그러면 우리가 믿을 터인데! 그가 하나님을 의지하였으니, 하나님이 원하시면 이제 그를 구원하시라지, 그가 말하기를 '나는 하나님의 아들이다' 하였으니 말이다."

한 마디로 그들은 조롱과 비난 속에서 예수님을 향하여 '하나님 살아계심을 보이라!'고 요구하고 있습니다. 네가 믿는 하나님이 살아 계시다면, 그 하나님을 보여 달라고 그들은 오만방자하게 하나님의 아들을 향하여 요구하고 있습니다. 과연 예수님은 십자가에 달려 돌아가신지 사흘 만에 다시 살아나셔서 그들에게 하나님 살아계심을 보여주었으나, 그들은 마음이 금강석처럼 굳어져서 끝끝내 예수님을 믿지 않았습니다.

그러나 "예수께서 다시 크게 소리 지르시고 영혼이 떠나시니라. 이에 성소 휘장이 위로부터 아래까지 찢어져 둘이 되고 땅이 진동하며 바위가 터지고 무덤들이 열리며 자던 성도의 몸이 많이 일어나되(마 27:50-52)" 이런 표적들이 일어나니 "백부장과 및 함께 예수를 지키던 자들이 지진과 그 일어난 일들을 보고 심히 두려워하여 이르되 이는 진실로 하나님의 아들이었도다 하더라(마 27:54)" 눈으로 보이는 초자연적인 증명들이 나타나니 예수님을 살아계신 하나님의 아들로 인정합니다.

이렇게 현대인들은 하나님 믿기를 너무 어려워합니다. 어떻게 보면 우리가 높이 세운 과학문명은 하나님께 대한 의심의 문화입니다. 보이지 않는 하나님, 증명될 수 없는 하나님을 어떻게 믿느냐고 사람들은 생각합니다. 불신자들은 말할 것도 없고, 심지어 교회에 다니는 사람들까지 하나님이 살아 계신지를 확신하지 못하고 있는 사람들이 많습니다. 하나님 살아계심을 믿지 못하니까, 사람에게만 보이려고 신앙생활을 합니다. 하나님보다 사람을 두려워하고, 하나님의 평가보다 사람의 인정에 더욱 신경을 쓰며, 하나님 중심으로 살지 않고 자기중심으로만 살아갑니다. 하나님이 살아 계시다면, 어떻게 믿는 사람들이 상습적으로 간음을 행하며, 남의 것을 훔치고, 의도적인 거짓말을 쉴 새 없이 할 수 있겠습니까? 교회의 십자가는 높아지지만, 사람들의 하나님 믿음은 점점 낮아지고 있습니다. 예수님 시대 뿐 아니라 지금도 우리는 "하나님 살아계심을 보이라!"는 사람들의 부르짖는 간구를 듣고 있습니다. 하나님은 어떻게 우리 시대에 살아계심을 나타내 보이고 계십니까? 우리는 어떻게 하나님 살아계심을 보고 확신을 얻으며, 하나님의 살아계심을 증명하며, 이 의심의 문화 속에서 믿음을 잃지 않고 살 수 있겠습니까?

첫째, 하나님은 말씀으로 하나님 살아계심을 증명하신다. 말씀으로 세상을 만드시고 말씀으로 없는 것을 있게 하시며, 말씀으로 사람을 변화시키시고 말씀으로 새 역사를 이루십니다. 말씀대로 살 때 하나님이 그곳에서 역사하셔서 놀라운 일을 이루시고, 이런 과정을 통하여 믿음의 사람들은 하나님 살아계신 것을 알게 됩니다. 모세를 광야에서 부른 것도 하나님의 말씀이며, 홍해와 요단강을 건너게 한 것도 하나님의 말씀이고, 사무엘을 이스라엘의 영도자로 세운 것도 하나님의 말씀이고, 베드로를 부르실 때 그물 가득히 물고기가 잡히게 하신 것도 말씀이었습니다. 예수님은 말씀 한마디로 병자를 고치시고 바다를 잔잔케 하셨습니다. 말씀을 붙들 때 내 안에서 변화의 능력이 되고 새로운 삶을 창조하는 힘이 됩니다.

예수님의 어머니가 가나의 혼인잔치에 예수님과 함께 갔을 때, 포도주가 떨어졌다고 말씀드렸더니 주님께서는 빈 항아리에 물을 채우라고 말씀하셨습니다. 종들은 왜 물을 채워야 하는지, 또 물을 채운다고 떨어진 포도주가 생겨날 리는 만무하다는 생각을 하면서도 주님 말씀대로 빈 항아리에 물을 채웠습니다. 그리고 그 물을 잔치를 주관하는 분에게 갖다 주라고 말씀하셨을 때에도 이상했지만, 말씀대로 갖다 주었습니다. 그런데 말씀대로 다 하였을 때 그들은 물이 포도주가 된 것을 보았고, 잔치 손님들은 전의 포도주보다 후의 포도주가 더 맛있다고 하였습니다. 물을 채우는 일, 물을 떠서 갖다 드리는 일, 이것은 내가 할 일입니다. 많은 크리스천들이 잘못알고 있는 것이 있습니다. 현실 문제를 가지고 하나님께 기도만하면 하나님께서 해결하여 주시는 것으로 알고 있습니다. 물론 하나님께서 해결하여 주십니다. 그런데 하나님께서 현실 문제를 해결하시는 방법이 있습니다. 크리스천들이 현실 문제를 가지고 하나님께 기도하면 해결할 수 있는 지혜를 주십니다. 알려주신 지혜대로 순종하면 성령께서 문제를 기적적으로 해결하십니다. 알려주신 대로 순종하지 않으면 문제는 해결되지 않습니다. 현실 문제를 하나님의 방법으로 해결하면서 믿음이 커지도록 인도하십니다.

분면하게 주님께서 말씀대로 행하는 곳에 오셔서 역사하십니다. 말씀대로 순종할 때 살아계신 것을 나타내시면서 기적을 행하시는 것입니다. 세상은 세월이 갈수록 힘이 떨어지고 아름다운 것도 쇠하나, 하나님 말씀대로 사는 곳에는 세월이 지날수록 더욱 아름답고 능력 있는 삶이 됩니다. 이전 포도주보다 말씀대로 행하여 얻는 다음 포도주가 훨씬 맛있을 것입니다.

우리 크리스천들은 현실문제에 봉착하면 당황하지 말고 하나님께 기도해야 합니다. 하나님께 기도하여 해결방법을 질문해야 합니다. 자신이 당하는 모든 문제의 해결방법은 하나님께서 가지고 계시기 때문입니다. 우리들이 인생길을 걸어 나아갈 때 우리 스스로 해결할 수 없는 문제들이 많이 있습니다. 사람들은 문제를 만나면 먼저 마음이 무너집니다. 어느 젊은 여 집사가 저에게 전화를 했습니다. 목사님! 저는 지금 정상이 아닙니다. 직장을 다니고 있는데 몸이 비정상입니다. 가슴이 답답하고, 잠을 자도 늘 피곤하여 닭이 병든 것과 같이 꾸벅꾸벅 졸기 일 수입니다. 기도가 막혀서 기도를 할 수가 없습니다. 그리고 조그마한 소리도 받아들이지 못하고 짜증이 심합니다. 불안하고, 두렵고, 우울할 때도 있습니다. 몸이 천근만근 무겁습니다. 그래서 서울대 병원에 입원하여 450만원을 들여서 건강검진을 받았습니다. 그런데 결과는 모든 기능이 정상으로 나왔습니다. 그런데 몸은 비정상입니다. 목사님! 이유와 원인이 무엇입니까? 하나님의 은혜로 해결 받고 싶습니다.

필자가 이렇게 말했습니다. 집사님은 영육의 탈진에 빠진 것입니다. 세상의사들이 말하는 만성 스트레스에 걸린 것입니다. 집사님이 바르게 아셔야 할 것이 있습니다. 집사님은 예수를 믿어서 하나님의 자녀가 되었습니다. 하나님의 자녀는 하늘에 시민권이 있습니다. 이제 하나님께서 주시는 것으로 살아야 합니다. 영육의 문제도 하나님이 알려주시는 방법으로 치유를 해야 합니다. 하나님께서는 자녀들의 문제를 하나님의 사람을 통하여 치유하십니다. 세상에서 치유하지 못하는 문제도 하나님께 기도하면 하나님께서 하나님의 사람을 만나게 하여 치유하십니다. 하나님은 치유하지 못하시는 것이 없습니다. 하나님께서 치유하실 것이니 걱정하지 마세요. 그리고 영육의 탈진은 세상의술이나 방법으로 불가능합니다. 반드시 성령의 역사가 일어나야 합니다. 잠재의식에 쌓인 스트레스를 정화해야 하기 때문입니다.

여 집사가 토요일 날 개별 집중치유를 예약하여 집중치유를 받았습니다. 첫날 기도를 하는데 성령세례를 받지 않은 상태였습니다. 일단 성령의 임재가 여 집사를 장악하게 하여 성령세례가 임하도록 했습니다. 얼마 지나자 성령세례가 임했습니다. 소리를 내면서 한동안 울었습니다. 울음이 그치니 기침을 사정없이 했습니다. 그러면서 분노가 올라왔습니다. 들어보니 남편을 향한 분노였습니다. 제가 남편이 힘들게 합니까? 그랬더니 울먹

이는 소리로 그렇다는 것입니다. 사사건건 충돌이 일어난다는 것입니다. 계속 기도를 하게 했습니다. 또 다른 문제가 있었습니다. 아파트를 매매하려고 1년 6개월 전에 부동산에 매물로 내놓았는데 나가지를 않는다는 것입니다. 세종시에 아파트를 분양받아 대전아파트가 나가야 되는 데 나가지를 않는다는 것입니다.

필자가 돌아가서 남편을 설득해서 남편하고 같이 와서 치유를 받으라고 했습니다. 의외로 남편이 쉽게 성령으로 장악이 되었습니다. 안수를 하니까, 깊은 곳까지 치유가 일어났습니다. 여집사의 깊은 곳에서 치유가 일어났습니다. 남편도 생전처음 성령으로 세례를 받고 체험했다고 좋아했습니다.

돌아가서 이렇게 메일로 소식이 왔습니다. "한 달 전 남편과 같이 대전에서 올라와 치유 받은 ○○○ 집사입니다. 답답했던 가슴이 뚫리고 기도가 너무나 잘됩니다. 건강도 아주 좋아졌습니다. 더군다나 1년 6개월 동안 팔리지 않았던, 대전 아파트가 며칠 전 계약이 되었습니다. 먼저 하나님께, 그리고 목사님께 감사드립니다. 목사님께서 알려 주신 데로 남편과 같이 순종하면서 열심히 대적 기도를 했습니다. 대적기도의 결과 응답되었고, 앞으로 마귀를 불러들이는 일은 하지 않아야겠다고 깨닫게 되었습니다." 이분들은 문제를 통하여 하나님의 군사가 된 것입니다.

예수를 믿고 성령의 인도를 받아 교회에 나온 크리스천은 하나님의 방법으로 문제를 해결해야 합니다. 자신의 문제를 해결하려고 이리 뛰고, 저리 뛰고 해도 해결되지 않습니다. 세상방법으로 해결이 된 다해도 임시요법에 불과한 것입니다. 다시 재발한다는 말입니다. 하나님의 자녀의 문제는 하나님의 방법으로 해결을 해야 합니다. 문제가 생겼을 때 불필요한 시간 낭비 마시고 주님만이 나의 모든 문제의 해결 자가 되십니다. 주여! 나를 도와주옵소서. 나를 불쌍히 여겨 주옵소서. 하고 주님께 나와 기도하면 방법을 알려주시고 순종하면 해결하여 주십니다.

둘째, 하나님께서 살아계심을 증명하신다. 하나님은 이적과 기사와 능력으로 오늘도 살아계심을 증거 하십니다. 반드시 살아계심을 나타내십니다. 살아계신 것을 눈으로 보고 몸으로 체험하여 믿게 하기 위해서입니다. 과학의 문화는 기적을 인정하지 않습니다. 그러나 믿음의 세계에는 날마다 기적이 일어납니다. 아침에 해가 뜨는 것도, 별이 반짝이는 것도, 봄에 싹이 트고, 겨우내 얼었던 강물이 풀려 소리 내며 흘러가는 것도, 꽃이 피며 새가 노래하는 것도 다 기적이 아닙니까? 필자는 날마다 기적을 체험하면서 살아가고 있습니다. 사람들의 마음이 왜 사랑으로 설레는지, 세상은 어떻게 이렇게 질서 있게 돌아가며, 역사는 그 많은 문제와 모순 속에서도 큰 강물처럼 도도히 흘러가는지, 그리하여 결국 하나님의 목적과 의도대로 모든 것이 이루어지는지… 믿음의 눈으로 보면 모든 것이 기적이요, 기사입니다.

그러나 여기에 머무르지 않고 하나님은 때로 초자연적인 능력으로 기적을 일으키셔서 당신이 우리 삶에 개입하고 동행하고 계심을 보여주십니다. 우리 충만한 교회는 매주 화-수-목 집회가 있습니다. 집회 때마다 여러 가지 기적이 나타납니다. 물론 모든 분들의 문제와 질병이 다 나았거나 모든 사람이 다 초자연적인 은사를 체험한 것은 아닙니다. 그러나 적어도 인정할 수밖에 없는 몇 가지 기적만으로도 우리는 하나님이 우리 가운데 기적으로 역사하고 계시는 것을 알 수가 있습니다.

허리에서부터 얼굴까지 반신불수가 되어 12월 20일부터 다음해 4월 25일 충만한 교회에 오기 전까지 반신불수가 되어 거동을 못하며 집안에서 지내던 목사님의 이야기 입니다. 교회는 문을 닫았고 영적으로 육적으로 고통을 당했습니다. 친한 친구 목사님들이 충만한 교회에 가면 치유가 된다는 말을 듣고 차에 실려 우리 교회 성령치유 집회에 참석하여 은혜를 받았던 이야기 입니다. 그런데 참석한 첫날부터 강한 성령의 불을 받고 온몸이 불덩어리가 되더니 몸이 뒤틀리기 시작 했습니다. 악한 귀신들이 발작을 한 것입니다. 제가 "예수 이름으로 명하노니 허리를 잡고 있는 더러운 귀신은 떠나가라"하고 안수 기도를 할 때마다 수많은 귀신들이 발작을 하면서 떠나고 소리를 지르면서 떠나갔습니다.

목사님의 이야기입니다. "저는 이때까지 내가 허리디스크와 좌골 신경통으로 이렇게 거동을 못하게 되었지, 악한 영의 역사로 이렇게 되었다고는 꿈에도 생각을 하지 않고 병원치료만 하였습니다. 한마디로 영적인 무지한이었습니다. 성령님의 인도로 충만한 교회에 와서 성령의 불을 받고 아~ 이것이 영적으로 문제가 되어 발생한 것이구나! 체험적으로 인정을 했습니다.

저는 충만한 교회에 오기 전에 영적인 집회에 참석을 많이 했습니다. 심지어는 미국에 가서 빈야드 집회도 참석을 했습니다. 그때도 몸이 뒤틀리고 발작을 했습니다. 거기 있는 사역자들이 성령의 불을 받은 것이라고 했습니다. 저는 성령의 불을 받았기 때문에 저에게 악한 영이 역사한다는 것은 꿈에도 생각을 못했습니다. 저의 허리를 아프게 하는 것은 악한 영의 역사라고 인정을 하니 귀신이 떠나가고 치유되기 시작하다가 며칠 지나니 저 혼자도 걸을 수가 있었습니다.

강 목사님이 안수 기도를 하면 할수록 몸이 편안해졌습니다. 허리 아픈 것이 점점 없어졌습니다. 몸이 뒤틀리고 발작하는 것도 없어졌습니다. 정말 신기할 정도로 안정을 찾았습니다. 치유되고 능력을 받으니 심령이 읽어지는 지식의 말씀의 은사가 나타나고 안수 기도하면 강요셉 목사님 같이 성령의 역사가 강하게 나타났습니다. 그래서 다시 목회를 시작하니 교회가 점점 부흥이 되었습니다. 몇 개월 다니면서 치유를 받으니 이제 몸도 완치가 되었습니다. 저를 치유하신 하나님에게 영광을 돌립니다. 현실 문제를 기적같이 치유하시면서 군사가 되게 하신 것입니다.”

하나님은 오늘도 기적으로 역사하십니다. 과학의 시대를 사는 사람들은 애써 기적을 인정하지 않으려 합니다. 그러나 성경에 근거하여 성령 사역을 하는 필자는 책을 읽는 분들에게 상식과 과학을 인정하는 것처럼, 기적도 인정하라고 권면하겠습니다. 하나님은 기적의 하나님이십니다. 그리고 기적과 이사와 능력을 통하여 오늘도 하나님의 살아계심을 의심하는 사람들에게 보여주십니다. 하나님은 사모하는 영혼들에게 오늘도 기적을 보여주시고, 기적을 통하여 하나님 살아계심을 보이십니다.

셋째, 믿음의 생활을 통해 기적을 증명해야 한다. 긍정적으로 생각하고 이루어진 모습을 꿈꾸고 그리고 말씀을 그대로 시인하고 믿고 확신이 오면 담대하게 입술로 고백해야 합니다. 그러면 기적은 일어나게 되는 것입니다. 우리가 삶을 다스리기 위해서는 진리가 있어야 하며, 또 그 진리를 알아야 다스릴 수 있습니다. 진리를 모르면 마귀의 협박과 공갈에 넘어가게 됩니다. 따라서 성경을 믿으면 우리는 십자가 대속의 은혜의 터전에서 삶을 다스릴 수 있는 것입니다.

예수님을 믿으면 죄의 세계에서 옮겨서 그 사랑의 아들 나라로 이주를 받게 됩니다. 우리는 지금 죄의 나라의 시민이 아니라, 예수 그리스도의 죽으신 보혈을 통하여 죄를 청산하고 벗어버리고 하나님의 아들 나라로 옮긴 것입니다. 그러므로 우리가 어디를 가든지 예수님을 마음속에 주인으로 모시고 있으면 내게서 죄는 사라지고 악은 사라지도록 다스릴 수 있는 것입니다.

그리고 병을 다스릴 수 있는 것은 성경 베드로전서 2장 24절에 "친히 나무에 달려 그 몸으로 우리 죄를 담당하셨으니 이는 우리로 죄에 대하여 죽고 의에 대하여 살게 하려 하심이라 그가 채찍에 맞음으로 너희는 나음을 얻었나니"라고 말씀하고 있습니다. 그러므로 "질병아, 너는 나에게 달라붙으려고 애를 쓰지만 예수님이 2천 년 전에 채찍에 맞음으로 내가 나음을 입었다. 성경에 기록되어 있다. 그러니 물러가라!"하며 다스릴 수 있는 것입니다.

주님이 주신 권위를 사용하여 하나님의 살아계심을 세상에 증명해야 합니다. 환경이 어려워지고 가시와 엉겅퀴가 나오고 사업이 안 되고 가정이 풍비박산이 되면 성경 고린도후서 8장 9절에 "우리 주 예수 그리스도의 은혜를 너희가 알거니와 부요하신 이로서 너희를 위하여 가난하게 되심은 그의 가난함으로 말미암아 너희를 부요하게 하려 하심이라"고 기록되어 있습니다.

그러므로 우리는 스스로 "나는 예수님의 은혜로 부한 삶을 살게 되어 있다" 담대하게 선포하여 환경을 바꾸어 하나님의 살아계심을 세상 사람에게 증명시켜야 합니다. 살아있는 권위가 주어졌습니다.

충만한 교회에서는 매주 토요일 10:00-12:30까지 2시간 30분 동안 개별 특별집중 기적치유 시간을 갖고 있습니다. 한번에 4-6명밖에 할 수 없으므로 1주일 전에 지정된 선교헌금을 입금하시고 예약을 합니다. 자세한 것은 홈페이지를 참고하시기를 바랍니다.

이 책을 통해 예수님이 땅끝까지 전파 되기를 소원합니다.
(출판으로 인한 이익금은 문서선교와 개척교회 선교에 사용합니다.)

카리스마로 영적세계를 장악하는 법

발 행 일ㅣ 2016. 09. 2초판 1쇄 발행

지 은 이ㅣ강요섭

펴 낸 이ㅣ강무신

편집담당ㅣ강무신

디 자 인ㅣ강요섭

교정담당ㅣ강무신

펴 낸 곳ㅣ도서출판 성령

신고번호ㅣ제22-3134호(2007.5.25)

등록번호ㅣ114-90-70539

주   소ㅣ서울 서초구 방배천로 4안길 20(방배동)

전   화ㅣ02)3474-0675/ 3472-0191

E-mail ㅣ kangms113@hanmail.net

유   통ㅣ하늘유통. 031)947-7777

ISBN ㅣ 978-89-97999-48-4 부가기호 ㅣ 03230

가   격ㅣ 16,000원